社区矫正工作预防职务犯罪教育

主　编　敖　翔　周　娟
副主编　贡太雷　郑　艳　吴永好
参　编　孙　毅　劳杰星　郑人仁
　　　　纪金锋　危攀攀　赵　爽

中国人民大学出版社
·北京·

图书在版编目（CIP）数据

社区矫正工作预防职务犯罪教育 / 敖翔，周娟主编
. --北京：中国人民大学出版社，2021.11
ISBN 978-7-300-30050-4

Ⅰ. ①社… Ⅱ. ①敖… ②周… Ⅲ. ①社区-监督改造-中国-教材 Ⅳ. ①D926.7

中国版本图书馆 CIP 数据核字（2021）第 240721 号

社区矫正工作预防职务犯罪教育

主　编　敖　翔　周　娟
副主编　贡太雷　郑　艳　吴永好
参　编　孙　毅　劳杰星　郑人仁　纪金锋　危攀攀　赵　爽

Shequ Jiaozheng Gongzuo Yufang Zhiwu Fanzui Jiaoyu

出版发行	中国人民大学出版社		
社　　址	北京中关村大街 31 号	**邮政编码**	100080
电　　话	010－62511242（总编室）		010－62511770（质管部）
	010－82501766（邮购部）		010－62514148（门市部）
	010－62515195（发行公司）		010－62515275（盗版举报）
网　　址	http://www.crup.com.cn		
经　　销	新华书店		
印　　刷	北京溢漾印刷有限公司		
规　　格	170 mm×240 mm　16 开本	**版　　次**	2021 年 11 月第 1 版
印　　张	14	**印　　次**	2022 年 7 月第 2 次印刷
字　　数	262 000	**定　　价**	42.00 元

前言

Preface

社区矫正是立足于我国基本国情发展起来的具有中国特色的刑事执行制度，它经历了2003年开始试点、2005年扩大试点、2009年全面试行、2014年全面推进、2020年《中华人民共和国社区矫正法》（以下简称《社区矫正法》）正式颁布实施五个阶段。司法大数据显示：社区矫正对象在矫正期间重新犯罪率一直处于0.2%左右的较低水平。这一方面说明我国社区矫正制度发挥了积极的法治效果，另一方面也和社区矫正工作人员为之付出了巨大的努力与牺牲密切相关。在看到成绩的同时，我们也需要正视目前仍存在的很多问题和不足。除了社区矫正一些制度、机制有待完善外，现实中也存在一些社区矫正工作人员因执法不当或廉政意识薄弱，抑或业务能力不足而受到党纪、政纪处分，甚至被追究刑事责任，实在令人惋惜。正是基于这一考虑，我们组织相关理论和实务方面的专家共同研磨，打造了这本关于社区矫正工作人员依法开展社区矫正的案例教程。

“以铜为镜，可以正衣冠；以古为镜，可以知兴替；以人为镜，可以明得失”，真实且典型的案例往往会起到很好的警示教育作用。本书通过分析大量典型社区矫正案例，希望能对社区矫正工作人员依法实施社区矫正有所启示与帮助。本书第一章至第四章选取并分析了玩忽职守、滥用职权、受贿、贪污四大类常见的社区矫正工作人员职务犯罪案例，涵盖了社区矫正调查评估、报到接收、日常监管、考核奖惩等诸多工作环节。案例中的被问责主体既包括社区矫正机构工作人员，也有参与社区矫正的社会工作者，甚至还有社区矫正组织的辅助工作人员。值得注意的是，随着社区矫正工作的不断推进，社区矫正工作者的执法管理法治保障也在不断增强，编者特别将四则无罪判决案例整理后作为第五章；同时，编者还选取了近年来检察机关检察监督的五则案例作为第六章，案例中既有监督社区矫正机构要依法履行职责的，也有对社区矫正对象权利予以保护的。通过第五章和第六章的案例，以期让社区矫正工作者在社区矫正工作中对正确行使权力和依法保护社区矫正对象权利有一个全面和正确的认知。最后，本书还收录了社区矫正及社区矫正职务犯罪的相关法律法规，以方便读者检索。

本书中的每个案例分为“基本案情”“案例评析”“启示与思考”三个部分，部分案例后附有“延伸阅读”。“基本案情”全部或主要源于中国裁判文书网及相关官方媒体报道，案情客观真实。“案例评析”侧重于分析违法渎职行为的构成及其原因，清晰有据。“启示与思考”部分通过提炼出案例反映的普遍或关键问题，结合当前工作实际，提出针对性工作建议，力求引发读者思考，创新工作方式方法。“延伸阅读”部分为与正文案例相关的知识点或相似案例，以供读者借鉴。

这是一本借助真实案例探索社区矫正工作风险防控与工作创新的简明教程，对当前社区矫正工作的开展具有很好的借鉴和反思意义，旨在为社区矫正工作人员防范执法管理风险、实现职业安全与发展提供新鲜的案例指导和启示思考。本书内容严谨、可读性强，尤其是“启示与思考”部分，既有对社区矫正工作人员的警示内容，又包含对健全社区矫正制度的若干思考与建议。

本书由社区矫正宣传网和中央司法警官学院司法人权研究中心主持编写，编者中既有政法职业院校社区矫正领域的专家学者，又有多年从事社区矫正工作的一线实务专家。为了能更客观、更全面地看待当前社区矫正工作中存在的问题和不足，更好地满足社区矫正工作的实际需求，本书积极借鉴吸收了检察系统、纪检监察系统同志的意见和建议。在此，对他们一并表示感谢。

由于编者水平所限，加之时间仓促，书中疏漏和错误之处在所难免，恳请有关专家和读者不吝赐教，以斧正此书，共同助益社区矫正理论研究和实践工作不断向前发展。

编者

2021 年 9 月

目 录

Contents

第一章

玩忽职守类犯罪

根据《社区矫正法》的相关规定，社区矫正作为专业性很强的刑事执行工作，承担着监督管理、教育帮扶两大任务。社区矫正机构及接受委托的司法所能否将法定的各项职责落实到位，关乎社区矫正对象能否顺利融入社会，并与社区安全与社会稳定息息相关。《社区矫正法》的实施，一方面，通过权威、科学和高效的监督管理和教育帮扶工作，促进社区矫正对象顺利融入社会，预防和减少犯罪，其法治效果和社会效果良好，受到了各级党委、政府以及社会大众的普遍认可；另一方面，我们也注意到，该法在实施过程中由于受多重因素影响，仍然存在不少问题，面临诸多挑战。部分社区矫正工作人员仍未能树立刑事执行理念，存在法治意识不足、执法能力欠缺等问题，在日常工作中对依法开展社区矫正工作认识不到位、责任心不强。近年来，全国多地有社区矫正工作人员因玩忽职守等行为被严肃问责处理，甚至被追究刑事责任，这着实令人惋惜。

本章梳理了近年来社区矫正工作人员因玩忽职守而被追责的各种案例，希望通过解读这些案例，能给广大社区矫正工作人员带来一些思考与启示。玩忽职守不同于工作失误，工作失误虽然也有可能造成重大的损失，但就工作失误本身而言并没有违反相关职责义务的要求，甚至是工作人员十分认真地履行了职责，在主观上并没有过失，只是由于工作人员工作能力有限、业务水平不高、客观条件变化导致判断失误等原因，最终造成了损失。玩忽职守罪，是指国家机关工作人员严重不负责任，不正确履行或者放弃履行其职责，致使公共财产、国家和人民利益遭受重大损失的犯罪。从人民法院相关案件的审判结果来看，玩忽职守罪的主体不仅仅指国家机关工作人员，非国家机关工作人员在受委托、聘用等情况下并依法行使国家机关工作人员职责时，也会被认定为国家机关工作人员。玩忽职守罪侵犯的直接客体为国家机关工作人员职务活动的勤政性，一切擅离职守的不履行职责行为或马虎草率地不认真履行职责的行为都是对职务活动勤政性的侵犯。在客观方面，本罪包括具体的行为与造成的特定后果。从客观表现形式来看，本罪有多种形式，既包括不履职，如对社区矫正对象违规的行为未依法予以处罚、提请收监，也包括不认真履行职责，即：有能力履行职责，但不严肃认真地对待其职责，或者在履行职责时不尽心、不得力，草率从事或敷衍搪塞。在行为方式上，本罪多以不作为形式表现，例如社区矫正工作人员怠于或疏于履行职责等。就结果而言，本罪主要指因不履职和不认真履职行为给公共财产、国家和人民利益造成重大损失，且玩忽职守行为与重大损失结果之间有法律上的因果联系。在主观方面，玩忽职守罪多由过失心理构成，少数情况下也由间接故意构成。主观过失是指国家机关工作人员本应恪尽职守，时刻保持必要注意，但行为人却因疏忽大意或过于自信的心理状态，对自己玩忽职守的行为可能导致的危害后果应当预见而没有预见，或者已经预见但轻信可以避免，以致造成重大损害后果。

目前，社区矫正在监督管理和教育帮扶工作中出现的种种问题，固然有物质保障、技术保障、制度保障等多方面不足的客观原因，但也有社区矫正工作人员对相关工作重视程度不够、业务能力不强、责任意识不足，导致其不能依法履行好职责的主观原因。此外，还存在极少数社区矫正工作人员无视党纪国法、违规接受请客送礼、索贿受贿私自为社区矫正对象“开绿灯、行方便”的不法乱象。习近平总书记强调：“有权必有责、有责要担当、失责必追究。”法律的红线不容挑战，渎职者必须担责。社区矫正是新时期国家赋予司法行政机关的一项重要职权，肩负着70万名社区矫正对象的执法管理职责，责任艰巨而光荣。广大社区矫正工作者要尽好职、履好责，切实担负起历史和人民的重托。

弄虚作假失职严重
玩忽职守被判徒刑

基本案情

王某，男，原系 HF 省 QY 县司法局 YU 司法所所长。

王某自 2016 年 6 月起任 QY 县司法局 YU 司法所所长一职。2016 年 12 月 30 日至 2019 年 12 月 29 日，徐某在该司法所辖区接受社区矫正。在社区矫正期间，徐某因多次未按规定时间履行报告义务而分别于 2017 年 4 月、2018 年 12 月受到 QY 县司法局警告处理，但其分类管理级别却未被相应地调整为严管级[①]，反而被违规调整为宽管级。在调整管理级别后，徐某又有打架斗殴、多次不按规定参加教育学习和公益活动等违反监督管理规定的行为，更于 2017 年 7 月、8 月连续两个月未按规定到 YU 司法所报告。对于徐某的上述违规情况，王某本应给予徐某警告处理，但王某并未依法作出，本应及时将徐某脱管超过一个月的情况上报 QY 县司法局而未上报，导致 QY 县司法局未能及时提请撤销缓刑。更为严重的是，王某还指使他人对徐某社区矫正档案中的部分学习记录表、到所报告记录表等进行虚假填写、代为签名。徐某在社区矫正期间还多次参与黑社会性质组织的违法犯罪活动，涉嫌参加黑社会性质组织罪、聚众斗殴罪、开设赌场罪、寻衅滋事罪等多项罪名，且被认定为在犯罪活动中起主要作用，是黑社会性质组织的积极参加者。王某作为司法所工作人员，在徐某接受社区矫正期间严重不负责任，不正确履行职责，放松了对徐某的监督管理，更因未能及时依法提请撤销徐某缓刑而导致其有参加黑社会性质组织并长期从事违法犯罪活动的机会，致使国家和人民利益遭受重大损失，造成了恶劣的社会影响，其行为已构成玩忽职守罪。

经 HF 省 TG 县人民法院审理，依法判决王某犯玩忽职守罪，判处有期徒刑六个月。王某对一审判决表示不服。HF 省 KU 市中级人民法院进行了二审审理，依法裁定驳回王某的上诉，维持原判。

---

① 在《社区矫正法》实施前，部分省、自治区、直辖市的社区矫正规范性文件将社区矫正对象分为三个管理等级：严管、普管、宽管。

案例评析

《社区矫正法》第二十三条规定:“社区矫正对象在社区矫正期间应当遵守法律、行政法规,履行判决、裁定、暂予监外执行决定等法律文书确定的义务,遵守国务院司法行政部门关于报告、会客、外出、迁居、保外就医等监督管理规定,服从社区矫正机构的管理。”督促社区矫正对象遵守这些规定主要是为了让国家法律能够得到严肃执行,让社区矫正机构能够更好地对社区矫正对象进行监督管理和帮扶教育,预防和减少社区矫正对象再次犯罪的可能性。作为社区矫正工作人员,应当严格按照法律、法规以及其他相关规定,履行好监督管理职责,认真防范和及时处置社区矫正对象在社区矫正期间发生的违规违法行为。本案虽发生在《社区矫正法》出台之前,但当时适用的《刑法》《刑事诉讼法》《社区矫正实施办法》中亦有相关规定。在本案中,王某作为司法所所长,在开展社区矫正工作中疏于作为,未能依法履行监督管理职责,对社区矫正对象出现的违法违规行为该处置的不处置,甚至在档案材料中弄虚作假,这些纵容徐某的行为,使得社区矫正的法律规范形同虚设。徐某在2017年4月被给予警告处罚后,王某就未能依法及时处置;徐某在2017年7月、8月连续两个月均未按规定向司法所履行报告义务,仍然未能引起王某高度重视并依法及时处置违规情况。正是因为王某的怠于履职行为,使得屡屡不遵守监督管理规定的徐某未能被提请撤销缓刑,阻断其进一步违法犯罪的可能,长期逍遥法外,损害国家法治的尊严。从徐某后来的人生轨迹来看,他从多次违反监督管理规定,再到打架斗殴,最后到参加黑社会性质组织并多次进行违法犯罪活动,包括聚众斗殴、开设赌场、寻衅滋事等,是一个为非作恶不断升级的过程,因此徐某在违法道路上越走越远,最终深陷犯罪泥潭,也给社会秩序造成了严重危害。所以对社区矫正对象依法进行监督管理,无论是适用之前的《社区矫正实施办法》,还是适用如今的《社区矫正法》《社区矫正法实施办法》等法律规范,都应对其违规违法行为“防早防小”,这既是对社区矫正对象个人前途命运负责,防止其偏离矫正的轨道再次走入“误区”,也是对社区矫正工作人员职业安全负责,防止因本人行为的失当而被追究党纪责任甚至是刑事责任。

最终王某为自己玩忽职守的行为付出了惨痛的代价,被人民法院判处有期徒刑六个月。

启示与思考

启示一:

《社区矫正法》的颁布及实施,推动了我国“轻重有序”的刑事执行体制的进一步完善,宽严相济的刑事政策得到了进一步贯彻落实,同时又适时顺应了国际社会刑罚轻缓化的发展趋势。显而易见，管制、缓刑、假释、暂予监外执行将会被更多地在刑事司法领域适用，社区矫正对象数量增长也是大势所趋。与此同时，我们也应看到，与社区矫正对象数量增长趋势不相适应的是：在当前的社区矫正工作中，仍存在缺乏足够的人员、经费及其他资源的保障等问题。在各种保障均不足的严峻形势下，要顺利开展社区矫正工作，科学调度有限的人、财、物资源，实现法律效果和社会效果的有机统一目标，实施分类管理无疑是一条最佳途径。根据《社区矫正法》第二十四条的相关规定以及各地对社区矫正工作深入总结和提炼的实践经验，分类管理主要是指根据社区矫正对象的犯罪原因、犯罪类型、危害程度、悔罪表现、家庭和社会关系，通过综合分析和风险评估，将社区矫正对象的管理级别分为严管类（一级）、普管类（二级）、宽管类（三级）三个类型（级别）。分类管理意味着因人施教，以社区矫正对象存在的可能重新犯罪的因素作为采取矫正措施的依据，让社区矫正机构在个案中能够科学把握工作方向和抓住工作重点，合理分配矫正资源，提升矫正效能。在本案中，王某就既没有充分认识到分类管理制度的工作价值和重要意义，更没有认识到分类管理是其应当依法履行的法定职责，甚至在徐某受到警告处罚后，违规将徐某的管理级别调整为宽管类，这就是典型的不认真履行职责的行为，符合玩忽职守罪的构成要件。

启示二：

黑恶势力是黑势力与恶势力的统称，其存在严重危害了国家政权的稳固，破坏了社会秩序的稳定。当前，我国正处于经济模式和社会结构的重要转型时期，如何清除黑恶势力这一毒瘤，保障经济和社会持续健康发展，成为当前社会治安综合治理工作需要关注的重点问题。2018 年 1 月，为贯彻落实党的十九大部署和习近平总书记的重要指示精神，中共中央、国务院发出《关于开展扫黑除恶专项斗争的通知》，自此全国范围内的扫黑除恶专项斗争拉开了序幕。社区矫正机构作为扫黑除恶专项斗争的一线主力，一直坚持运用法治思维和法治方式，依法全面履行社区矫正的法定职责，斗争措施有效，斗争保障得力，积极助力扫黑除恶专项斗争全面、深入、有效开展。王某身为司法所所长，对依法履行监督管理职责缺乏责任心，存在履职不到位的情形，虽还未起到充当黑恶势力“保护伞”的作用，但客观上已让黑恶势力肆无忌惮，这严重地损害了司法行政机关在人民群众心中的形象。

王某玩忽职守的案例并非个例。在社区矫正实践中，仍有少数社区矫正工作人员受主客观方面因素的制约，在工作理念和方式方法上还未达到“扫清黑恶势力”的工作要求。例如：有的社区矫正工作人员错误地认为社区矫正工作只是简单地管理罪犯的工作，社区矫正对象只要按时报告、定期参加学习教育活动即可，至于社区矫正对象是否参与黑恶势力组织的活动，是受其主观思维影响，社区矫正机构没有能力采取预防措施。事实上，这种错误的想法正是忽视了社区矫正工作中矫正措施应发挥的预防犯罪的作用。社区矫正机构可以通过开展心理矫治、警示教育等活动进行必要干预，增强社区矫正对象的自我认知能力和控制力，进而使其远离黑恶势力组织。同时，扫黑除恶专项斗争是一项长期性工作，社区矫正工作人员应在深入挖掘自身职能优势的基础上，探索具有针对性的矫正技术和方式方法。此外，社区矫正工作的开展还需要各级司法行政机关主动请示汇报，努力争取地方党委、政府领导的重视。社区矫正机构若能在扫黑除恶工作中主动有为、有所作为，就能够赢得地方党委、政府领导的重视和支持，进而获得各种社会资源的倾斜。

对象脱管未提撤缓
酿成再犯依法问责

基本案情

马某某（曾用名马某群），男，原系HL省BM市LK县WO司法所所长。

李某因犯重大责任事故罪被LK县人民法院依法判处有期徒刑二年，缓刑三年，执行期限自2015年11月24日起至2018年11月23日。

在李某接受社区矫正期间，马某某负责对李某开展监督管理和教育帮扶工作。李某在缓刑考察期间曾以父亲住院需要陪护为由离开居住地，对此马某某没有按照当时适用的《社区矫正实施办法》等法律规定严格执行申请外出的批准程序，在李某外出时间超过七日时并未报请县级司法行政机关批准。自2017年7月起，在李某失联下落不明后，马某某未按照相关法律规定向LK县司法局汇报李某脱管情况，使LK县司法局未能依法及时启动撤销缓刑程序、向有管辖权的人民法院提出撤销缓刑建议。同时，马某某开展社区矫正档案管理工作也不到位，存在档案内容缺失、记录失实等问题。为应付LK县司法局监督检查工作，马某某本人或通过授意他人对李某档案中缺失的内容进行了不符合客观事实的填补。2017年8月起至2018年1月止，李某在缓刑考察期间重新犯罪，实施了抢劫及盗窃行为，被认定为涉恶犯罪。

HL省BM市JL区人民法院经审理认为，马某某身为国家机关工作人员，未认真履行职责，致使社区矫正对象李某处于脱管状态并在缓刑考验期限内重新犯罪，造成了严重的社会影响，其行为已构成玩忽职守罪。虽然马某某辩称工作任务重、工作条件有限是造成李某脱管的客观原因，但上述客观原因不能免除其本人在工作中没有认真履行职责而应承担的责任。马某某在发现李某脱管后虽向村主任及李某的妻子核实了情况，并到BM市利用手机定位寻找李某，但却未能及时将相关情况向LK县司法局汇报，导致未能启动撤销缓刑程序、李某不能被及时收监而再犯罪。故法院经审理，依法判决马某某犯玩忽职守罪，免予刑事处罚。一审后，马某某表示不服判决，后经HL省BM市中级人民法院二审审理，依法裁定驳回上诉，维持原判。

案例评析

根据司法部颁布的《社区矫正术语》（SF/T 0055—2019），脱管即社区矫正对象在社区矫正期间脱离执行地社区矫正机构的监督管理，导致下落不明或者虽能查找到下落但拒绝接受监督管理的情形。脱管是社区矫正对象常见、易发的违规行为。作为社区矫正工作人员，对于社区矫正对象出现的脱管行为要及时依法处置，立即组织查找，可以采取通信联络、信息化核查、实地查访等方式，且在查找时应注意同步做好记录，固定证据。对经多次查找仍无法查明下落的社区矫正对象，社区矫正机构应当及时通知公安机关，由公安机关协助查找，并将组织查找的情况通报人民检察院。查找到社区矫正对象后，社区矫正机构应根据其脱离监管的情形给予适当的处罚：对于脱离监管未超过十日的社区矫正对象，要依法予以训诫；对于脱离监管超过十日，不满三十日的社区矫正对象，要依法予以警告，并可以视情况向公安机关提请予以治安管理处罚；对于脱管超过一个月的社区矫正对象，要依法提请撤销缓刑、假释或者暂予监外执行收监执行。

本案中，马某某未认真履行社区矫正对象外出审批工作职责，导致李某违规外出。其后在发现李某出现脱管情形后虽采取了措施进行查找，但在超过一个月仍未能查找到李某下落的情况下未依法提请撤销缓刑。从李某再次犯罪的时间来看，其所犯抢劫罪和盗窃罪的时间段为 2017 年 8 月起至 2018 年 1 月，这充分说明在李某脱管的一个月后，马某某不仅未依法处置，反而为了应付检查对相关档案材料进行造假，以掩盖李某脱管的事实。最终，马某某为自己的失职行为付出了沉重代价，被判处玩忽职守罪，免于刑事处罚。因此，作为一名社区矫正工作人员，应认真履职尽责，避免出现社区矫正对象脱管情况。若不幸发生脱管情况，要在第一时间依法处置，尽全力预防社区矫正对象重新犯罪。

启示与思考

自改革开放以来，经济社会发展日益加速，交通、通信等基础设施不断完善，人际联系日益紧密，整个中国社会呈现出资金、人员、技术等生产生活要素流动性不断加强的发展趋势。在这种经济社会发展大趋势下，人们的生产生活环境也发生了巨大的变化，社区矫正对象因正常工作、生活、生产等需要而申请外出的需求日益增加。是否符合审批条件、审批的时长如何把握、外出期间如何管理，也成为广大社区矫正工作人员面临的棘手难题。在这里，就有必要结合《社区矫正法》对社区矫正制度的价值、功能、目的进行认真梳理，深刻认识到社区矫正是基于恢复性司法理论、刑罚人道主义理论、深化的复归理论和行刑社会化理论的运用而产生的制度，其中行刑社会化理论是这一制度的根基所在。因此，社区矫正工作人员在审批社区矫正对象外出时，要准确理解和适用法律，依法进行监督管理，保障社区矫正对象的合法权益，在社区矫正实践中做到监督管理宽严相济。社区矫正工作人员在审批社区矫正对象外出时要注意以下方面。

一、权力和权利之间的平衡

《社区矫正法》第二十七条规定："社区矫正对象离开所居住的市、县或者迁居，应当报经社区矫正机构批准。社区矫正机构对于有正当理由的，应当批准；对于因正常工作和生活需要经常性跨市、县活动的，可以根据情况，简化批准程序和方式。"如何理解该条规定中的"正当理由"？我们可以从特殊到一般和从一般到特殊的人们正确认识客观事物的认识规律出发进行分析：首先，对社区矫正对象的申请外出原因根据实际情况在法理上进行扩大或者缩小解释；其次，需要把握好对"正当性"的判断，这就需要听取社区矫正工作各方的意见，尤其是检察机关的意见。总而言之，对该条款的理解应以"社会安全与保障权利平衡"的理念为基础，通过正确解释和运用法律，实现"权利与权力的精妙平衡"。当然，这同时也是在外出审批事项上运用从特殊到一般的认识规律对法律理解应得出的必然结论。

二、平等保护与合理差别的平衡

从一般到特殊的认识规律出发，可以对社区矫正对象中的一些特定群体的正当理由进行准确理解。2018 年 11 月 1 日，习近平总书记在主持召开民营企业座谈会时提出："对一些民营企业历史上曾经有过的一些不规范行为，要以发展的眼光看问题，按照罪刑法定、疑罪从无的原则处理，让企业家卸下思想包袱，轻装前进。"社区矫正机构应正确理解《社区矫正法》的相关规定，立足自身职能，让社区矫正对象中的民营企业家群体能在遵守法律法规的前提下，仍然保持开展生产经营活动的积极性，助力民营经济健康发展，为稳定就业、科技进步、经济增长提供良好的发展环境，不让"申请外出难"和"审批程序烦琐"等问题影响民营企业的正常经营和健康发展。

社区矫正工作人员应充分认识到，在审批民营企业家外出时，若标准过严，会影响"再社会化"功能的发挥，进而偏离矫正目的；若标准过宽，则会导致执法尺度过松过软，有损制度公正性进而背离法治精神。因此，社区矫正工作人员绝不能简单依据《社区矫正法》第二十七条的规定，认为可以对民营企业家的外出审批降低标准，在进行审批时一定要坚持司法办案的理念，恪守程序规定，按法律办事，学会运用法治思维来解释和适用法律。

三、监督机制与执法权力的平衡

在这里，还要关注最高检部署开展涉民营企业社区矫正对象赴外地生产经营请假活动法律监督试点工作。根据工作部署，从 2021 年 4 月中旬起至 10 月中旬，检察机关刑事执行检察部门在京津冀、广东大湾区、海南自贸区、成渝双城经济圈及该项工作开展较好的地区，组织开展为期半年的涉民营企业社区矫正对象赴外地从事生产经营请假管理及法律监督工作试点，以更好地促进民营企业健康发展。社区矫正机构及其工作人员在审批涉民营企业社区矫正对象外出时，就应注意和检察机关保持密切沟通，主动接受监督，就外出事由、外出时间、外出管理等情况通过检察听证的方式达成一致意见，在充分保障有关社区矫正对象合法权益的同时，也对社区矫正执法合法性进行审查，这有利于确保执法活动没有错误，更好地保障社区矫正工作人员的职业安全。

四、依法审批与监督管理之间的平衡

《社区矫正法》虽然已经颁布实施，但法律并未对社区矫正机构如何监督管理外出期间的社区矫正对象作出详细规定，这就导致在社区矫正实践过程中出现了“一批了之”的情况，即在外出审批程序结束后，社区矫正工作人员就没有再进行后续的监督管理。“法律空白”的出现直接产生了执法风险，即社区矫正对象在外出期间，出现违规违法甚至重新犯罪情况时，社区矫正机构及其工作人员获得相关信息存在滞后性。这一问题造成的负面影响十分突出，往往导致社区矫正机构难以及时收集、固定证据，迅速对社区矫正对象的不法行为进行处置，进而导致工作被动，最终极易被追究各种责任。因此，在社区矫正对象外出期间，社区矫正工作人员可以充分利用智慧矫正平台以及钉钉、QQ、微信等即时通信工具开展信息化核查和通信联络，及时掌握社区矫正对象在外活动情况，也可依法委托当地社区矫正机构对社区矫正对象进行协助管理，从而减少脱管问题的发生。

总而言之，为了更好地贯彻落实《社区矫正法》第二十七条，申请外出审批制度必然会进一步得到规范，其中应尤为注重社区矫正对象外出期间的监督管理规定的细化和责任的明确。按照《社区矫正法》的规定，社区矫正机构可以通过信息化技术，采用定期和随机抽查等方式对社区矫正对象进行跟踪管理。此外，根据全国部分省级司法行政机关制定的社区矫正规范性文件的相关规定，执行地社区矫正机构可以请求外出目的地的社区矫正机构协助进行监督管理，并要求社区矫正对象在到达和离开时向外出目的地社区矫正机构报告。当发现社区矫正对象违反外出期间的监督管理规定时，社区矫正机构应当责令其立即返回并视违规情节轻重予以相应处理，必要时，社区矫正机构可派员将其带回。

履职不实假释重犯
虚假考核两人被判

基本案情

张某某，女，原系 HA 省 WX 市 QC 区司法局 CV 司法所负责人（主持全面工作），后任 WX 市 QC 区司法局 ZN 司法所所长。王某某，女，原系 HA 省 WX 市 QC 区司法局 CV 司法所社区矫正专职社会工作者。

2006 年 5 月 29 日，许某因犯贩卖毒品罪被 YS 省 XD 自治州中级人民法院依法判处有期徒刑十五年，并处罚金二万元。2014 年 1 月 18 日，YS 省 YF 市中级人民法院对许某依法裁定假释，假释考验期自 2014 年 1 月 27 日起至 2016 年 7 月 5 日止（许某在监狱服刑期间曾获得减刑），由 HA 省 WX 市 QC 区司法局 CV 司法所负责具体开展社区矫正工作。CV 司法所在对许某实施社区矫正中并未认真按照 HA 省社区矫正工作相关规范性文件的规定落实对许某的各项矫正措施，致使监督管理工作流于形式，使许某有机会频繁地与涉毒人员来往。2015 年 4 月 15 日左右，许某得知胡某、袁某想要贩卖毒品牟利，遂加入。2015 年 4 月 18 日，许某违反社区矫正监督管理规定，乘航班离开 HA 省飞往 YS 省，于次日将包装好的毒品“麻果”交给袁某，由袁某将毒品运回 HA 省。2015 年 4 月 21 日，许某从 YS 省 XS 市乘航班返回 WX 市。2015 年 5 月 6 日，民警将胡某、袁某抓获，并查获了上述毒品共重 487.54 克，并检出甲基苯丙胺。2017 年 3 月 18 日，已解除社区矫正的许某在实施运输毒品犯罪行为时被当场抓获，现场查获毒品甲基苯丙胺片剂净重1 154.84 克。2017 年 10 月 18 日，许某因犯运输毒品罪，被 YS 省 PB 市中级人民法院判处死刑缓期二年执行，剥夺政治权利终身，并处没收个人全部财产。

在本案中，CV 司法所就存在档案管理不规范的问题，尤其是许某社区矫正工作档案中的大部分关键材料缺失，致使其在实施犯罪行为后难以被有关部门及时发现。此外，针对许某经常不参加 CF 社区的公益活动，CF 社区居委会难以为许某出具考核证明材料的情况，王某某为了应对上级检查，授意张某某协调 CF 社区居委会出具虚假证明，伪造“考核记录”“接受教育情况记录”“社区矫正对象监管情况反馈登记”“社区矫正对象分级处遇表”“社区矫正对象外出审批表”等虚假材料，这就是典型的以虚假考核材料来掩盖没有认真履职的行为。因此，张某某、王某某的行为构成玩忽职守罪。

经HA省JS市SG区人民法院审理，依法判决被告人张某某犯玩忽职守罪，免予刑事处罚；判决被告人王某某犯玩忽职守罪，免予刑事处罚。

案例评析

一名社区矫正对象的重新犯罪却让两名社区矫正工作人员被判玩忽职守罪，让人唏嘘不已！该案中，原司法所负责人张某某、专职社会工作者王某某疏于对社区矫正对象许某的监督管理，为应付上级检查，竟协调社区居委会出具虚假证明，编造档案材料，致使整个社区矫正监督管理形同虚设。张某某、王某某把社区矫正工作变成弄虚作假的“档案工程”，最终导致自己构成犯罪的结局，应当能让广大社区矫正工作人员受到警醒。

近年来，我国毒品问题仍较为严重，影响了社会和谐和经济稳定发展。针对涉毒犯罪类社区矫正对象，社区矫正工作人员应高度重视，要在对其进行严格监督管理的前提下，通过针对性、科学性的教育帮扶措施使之远离涉毒违法犯罪活动。张某某、王某某二人身为社区矫正工作人员，在对许某开展社区矫正工作时本应依法履职，但她们却弄虚作假，最终二人因为许某再次进行毒品犯罪而被判玩忽职守罪！

审视张某某、王某某二人的犯罪事实，归根结底还是没有认识到以下两点：一是没有认识到社区矫正是一项严肃的刑事执行工作。社区矫正工作不同于律师管理、公证管理等法律服务行业管理业务，其本质是刑事判决、刑事裁定和暂予监外执行决定的执行，属于刑事执行领域。工作不到位，不仅会增加社区矫正对象重新犯罪的概率，也会将自身置于触犯渎职犯罪的风险境地。二是没有认识分类矫正的重要性。《社区矫正法》提出的分类管理概念就是要考虑罪犯的类别、犯罪类型、犯罪原因等不同情况，有针对性地开展监督管理和教育帮扶，消除社区矫正对象可能重新犯罪的因素，帮助其成为守法公民。针对贩毒、盗窃、危险驾驶、诈骗等重新犯本罪概率比较高的罪犯，社区矫正工作人员要注意对其重点管理，同时注意开展相关教育工作，预防和减少其再次触犯本罪的可能性。

启示与思考

社区矫正工作人员要提升对社区矫正工作档案规范性建设的重视程度，杜绝虚假“档案工程”现象的出现。

首先，要搞清社区矫正执法同档案管理工作之间的关系。社区矫正工作中的档案管理作为社区矫正机构日常工作的重要组成部分，既是社区矫正日常执法活动的详细记录，也是社区矫正工作人员工作能力及工作态度的直接反映，同时也是工作中非常重要的证据和凭证，故档案管理制度的健全不容忽视。这里需要特别注意的是，社区矫正工作绝不等同于“做档案”。在社区矫正实践中，仍有不少社区矫正工作人员法律规范意识欠缺，重档案材料、轻工作过程，甚至将社区矫正工作等同于档案整理工作。本案中的两位工作人员在日常工作中并没有对社区矫正对象进行严格管理并落实各项矫正措施，却把主要精力放在了协调社区出具虚假证明以及补充档案材料上，这在一定程度上反映出她们对社区矫正工作性质的认知出现了偏差，颠倒了监督管理、教育帮扶等具体工作同档案整理工作的主次关系。

其次，社区矫正工作人员应提升对社区矫正档案管理制度规范性建设的重视程度。尽管作为宏观性、指导性的《社区矫正法》并不会对社区矫正档案管理制度建设进行详细规定，但这一制度的规范化建设却是提升社区矫正工作整体水平的重要影响因素。档案中所记载的信息会随着时间的不断积累而逐渐全面、完整，能更好地描绘出社区矫正对象的“犯罪画像”，进而可帮助社区矫正工作人员进行科学研判，对下一步工作的开展提供决策依据。若相关信息在工作环节中就出现缺失、错误、遗失等问题，则很可能会导致在迁居或变更执行地后，后续负责的社区矫正工作人员无法正确、完整地解读之前的工作信息内容，难以了解之前对社区矫正对象的各项矫正措施的制定依据和实施效果，这就容易使社区矫正工作出现断裂的情况，并将最终影响社区矫正工作的进一步开展，制约社区矫正工作质效的提升。工作档案也是上级机关监督下级机关及追究执法过错责任、检察机关进行法律监督及维护司法公正的重要依据，若档案中的相关信息缺失或出现错误，不仅会使上级机关和检察机关难以全面、准确地了解社区矫正工作的开展情况，相关的社区矫正工作人员也会因档案管理疏漏问题影响社区矫正而承担相应责任。

总而言之，《社区矫正法》的颁布实施，给社区矫正机构及其工作人员开展对社区矫正对象的监督管理和教育帮扶工作提出了更高的要求。对社区矫正工作人员而言，一方面要严格依法开展各项工作，另一方面要如实记录工作内容，保存好工作中形成的档案材料，让档案既能成为完整的社区矫正执法全过程记录的基本形式，也能成为全面展示社区矫正个案成果的有效载体。

监外失察未提收监
对象犯罪苦果自担

基本案情

李某某，男，原系HQ省ZA县司法局SD司法所负责人。

2016年2月4日，朱某因犯敲诈勒索罪被ZA县人民法院判处有期徒刑四年。2月25日，因朱某属于正在哺乳自己婴儿的妇女，ZA县人民法院决定将其暂予监外执行并交付ZA县司法局，由SD司法所对朱某执行社区矫正，HQ省ZA县司法局SD司法所原负责人李某某作为社区矫正小组组长负责社区矫正相关工作的开展，社区矫正期限至2016年6月9日止。2016年5月23日，朱某因怀孕提出暂予监外执行申请，后ZA县人民法院组织鉴定并再次作出暂予监外执行决定，社区矫正期限至2017年7月9日止。2016年8月，李某某在得知朱某已经在医院接受了人工流产手术后，前往RT县妇幼保健医院进行调查，但未提出收监执行建议。2017年6月，朱某再次因怀孕申请暂予监外执行，ZA县人民法院予以批准，社区矫正期限至2018年8月9日止。2017年12月至2018年1月，朱某在暂予监外执行期间离开ZA县，先后在BG市QY区、WT县参与犯罪活动。2018年1月15日，朱某在LP县犯罪后被LP县公安局抓获，8月27日，朱某因犯抢劫罪被LP县人民法院判处有期徒刑。

李某某作为ZA县司法局SD司法所负责人，在对社区矫正对象朱某开展社区矫正工作中严重不负责任，发现朱某不符合暂予监外执行条件后，没有按照法律规定向县司法局汇报，亦未提出收监执行建议。李某某不认真履行工作职责的行为导致社区矫正对象朱某多次利用怀孕逃避刑罚且在暂予监外执行期间重新犯罪。经ZA县人民法院审理，依法判决李某某犯玩忽职守罪，免予刑事处罚。

案例评析

《中华人民共和国刑事诉讼法》（以下简称《刑事诉讼法》）中规定的暂予监外执行，是指对患有严重疾病、需要保外就医的，怀孕或者正在哺乳自己婴儿的妇女，生活不能自理且不致危害社会的三类罪犯，在法定期间和法定条件下，离开监狱到社会上接受社区矫正机构监督管理和教育帮扶的一种刑罚执行变更制度，同时也是我国刑事执行活动的重要组成部分。从暂予监外执行制度的内容来看，其有两个特别之处：一是对刑罚执行方式进行变更，包括执行场所、执行内容等的变更；二是暂予监外执行期间在符合法定条件时计入刑期。

在社区矫正工作中，被决定或批准暂予监外执行的社区矫正对象往往人员构成复杂，个体情况比较特殊，在监督管理和教育帮扶的内容上亦有别于其他类型的社区矫正对象。例如：接受社区矫正的期限相对不固定；普遍存在生理特殊时期、身体功能不健全或病变的情况。在对暂予监外执行的社区矫正对象进行具体管理的措施上，除了报告、走访外，还需要其提供保证人和及时掌握暂予监外执行罪犯的身体状况以及疾病治疗等情况，每三个月应审查保外就医罪犯的病情复查情况。

此外，被决定或批准暂予监外执行的罪犯并非是不用再进监狱接受刑罚，相反，在法定条件下，其仍可能会被收监继续执行刑罚。在本案中，无论是依据当时适用的《社区矫正实施办法》《暂予监外执行规定》，还是依据现行的《社区矫正法》《社区矫正法实施办法》等法律法规，收监执行的法定条件主要包括以下方面：

（1）不符合暂予监外执行条件。

（2）未经社区矫正机构批准擅自离开居住的市、县，经警告拒不改正，或者拒不报告行踪，脱离监管。

（3）因违反监督管理规定受到治安管理处罚，仍不改正的。

（4）受到社区矫正机构两次警告的。

（5）保外就医期间不按规定提交病情复查情况，经警告拒不改正的。

（6）暂予监外执行的情形消失后，刑期未满。

（7）保证人丧失保证条件或者因不履行义务被取消保证人资格，暂予监外执行的社区矫正对象不能在规定期限内提出新的保证人。

（8）其他违反有关法律、行政法规和监督管理规定，情节严重。

暂予监外执行的社区矫正对象若出现在上述八种情形，将会被执行地县级社区矫正机构提出收监执行建议。在本案中，2016 年 8 月，李某某在得知罪犯朱某已经在医院接受人工流产手术，并到 RT 县妇幼保健医院调查核实后，应当确认朱某暂予监外执行的条件已经丧失，并立即依法提请收监执行，但李某某此时却没有依法提请。此后直至 2017 年 6 月社区矫正期限届满时，朱某又再次因怀孕被决定暂予监外执行，并在暂予监外执行期间离开 ZA 县前往 BG 市 QY 区、WT 县参与犯罪活动。倘若李某某能依法履职尽责，在发现朱某不符合监外执行条件后，就依法提请收监，朱某便会失去再犯罪的可能性。正因如此，李某某为自己的渎职行为付出了代价，被判处玩忽职守罪。

本案中李某某的行为充分说明，开展社区矫正工作既要“宽有度”，也要“严有规”。社区矫正工作人员在对暂予监外执行罪犯的监督管理和教育帮扶中，要时时注意、及时反映、依法处置，尤其要注意认真审查罪犯是否还符合暂予监外执行的条件，预防和遏制包括通过屡次怀孕逃避收监、伪造病例等骗取暂予监外执行等不法行为。

启示与思考

对怀孕或者正在哺乳自己婴儿的妇女依法被判处剥夺自由的刑罚，但却暂不羁押而由社区矫正机构负责监督管理和教育帮扶的执行方式，属于暂予监外执行制度中的常见类型。这在尊重刑罚确定性的同时，也增强了刑罚执行灵活性，既满足了罪犯的合理期待，同时也是我国刑事执行工作基于人道主义，贯彻和落实《中华人民共和国宪法》中关于“尊重和保障人权”的法律规定，给予罪犯最大限度宽容的体现。但目前，在对怀孕或者正在哺乳自己婴儿的妇女开展社区矫正工作的过程中却暴露出了不少问题，严重损害了法律的权威性和严肃性。

一、对怀孕或者正在哺乳自己婴儿的女性罪犯适用社区矫正的现实困境

（一）价值发挥难

在社区矫正实践中，类似朱某这样的女性罪犯反复利用怀孕来逃避刑罚的情况并不鲜见。她们在孕育生命和逃避刑罚两者之间进行“性价比”衡量后，选择了“亵渎”法律。试问那些与朱某相似情况的社区矫正对象如此不尊重生命，又怎么能够承担做母亲的责任，怎么能够为孕育的新生命提供一个健康、安全、舒适的成长环境！罪犯趋利避害的本性和暂予监外执行制度中的刑期计算规则的结合产生的弊端，是暂予监外执行制度的人道主义价值难以体现的原因之一。

（二）有效管理难

因怀孕或者正在哺乳自己婴儿而被决定或批准的暂予监外执行的女性罪犯，其管理主体是社区矫正机构及依据《社区矫正法》第九条接受委托的司法所。目前，司法所除了要负责社区矫正外，还承担着普法宣传、人民调解、安置帮教等其他八项职能，要完成乡镇党委、政府交办的其他工作。在社区矫正实践中，司法所在面对工作头绪繁杂的情况下，往往面临人员不足、没有专门办公场所、装备缺乏、无健全工作体制机制保障等各种困境，这就直接导致对暂予监外执行罪犯的监督管理更多是停留在法律“纸面条文”的层面，难以落到实处。

在社区矫正期间，暂予监外执行罪犯的人身自由并未完全被剥夺，故在社区矫正实践中，社区矫正机构往往难以实时掌握其动向，对此要进行有效的监督管

理本身已经困难重重，而女性怀孕这一行为又涉及个人隐私和公民人权而难以被事先预防或事中控制，所以只要社区矫正工作人员思想上稍有松懈，便会出现“工作裂缝”，那些因怀孕或者正在哺乳自己婴儿而暂予监外执行的女性罪犯就会利用反复怀孕的行为来逃避刑罚制裁，进而脱管、漏管甚至重新犯罪，给社区安全和社会稳定带来极大隐患。

（三）收监执行难

《社区矫正法》《社区矫正法实施办法》等相关法律法规对因怀孕或者正在哺乳自己婴儿而被决定或批准暂予监外执行罪犯的收监执行规定尚有很多不足之处。目前存在的规范文件量少、执法标准模糊、执行主体多元、衔接机制不畅、经费保障不足等问题，导致社区矫正机构在执行收监的过程中往往会遭遇以下困境：

一是因怀孕或者正在哺乳自己婴儿而暂予监外执行的女性罪犯在违反监督管理规定且身体健康符合收监执行的情况下，会因本人正好处于妊娠期或哺乳期，导致收监执行程序无法启动，这就极易让此类罪犯产生法律奈何不了本人的错误思想，不仅增加了社区矫正机构后续对其进行监督管理和教育帮扶的难度，也极大地损害了法律的权威和尊严。

二是若因怀孕或者正在哺乳自己婴儿而暂予监外执行的女性罪犯在收监执行的过程中再次妊娠、分娩而不宜被羁押，这就会让社区矫正机构陷入尴尬的两难境地。若继续进行收监执行程序则难以实现惩戒意义，并会造成司法资源的不必要浪费，但若停止收监执行程序又会损害司法的公正性，影响社区矫正机构乃至司法行政机关的执法形象和执法权威。

二、破解因怀孕或者正在哺乳自己婴儿的女性罪犯适用社区矫正难题的路径

（一）发挥检察机关的法律监督作用

关于如何解决因怀孕或者正在哺乳自己婴儿的女性罪犯在适用社区矫正中存在的各种问题，学术界与实务界普遍认为要建设一支高水平的社区矫正工作队伍，这已是老生常谈的话题，在此不再赘述。在这一问题上，我们认为应做到视野开阔，可以将注意力转移至如何与检察机关协同工作上。检察机关在实施全程法律监督的过程中，对此类女性罪犯可以联系拥有资质的医院进行司法鉴定或请专业医师对女性罪犯怀孕情况进行检查。同时，检察机关能够对社区矫正机构开展工作情况进行法律监督，了解各项矫正措施是否落实到位，防止社区工作人员出现违法乱纪行为。

（二）健全社区矫正法律制度体系

对此类女性罪犯要想执行到位、有效，完善的法律体系是制度保障的关键和根本。这需要进一步修订《暂予监外执行办法》，细化因怀孕或者正在哺乳自己

婴儿的妇女的暂予监外执行适用条件、监督管理规定、鉴定主体的资格、追责制度、收监程序等执法环节内容，提升可操作性。当然，“标本兼治”的方法在于修订《刑事诉讼法》，对暂予监外执行制度做大刀阔斧的改革，建立暂停执行制度，对女性罪犯因怀孕或正在哺乳自己婴儿的这段时间不计入刑期。

玩忽职守助逃避责
天网恢恢数罪并罚

基本案情

王某某，男，原系YN省HE州ML市（县级市）司法局MK司法所所长。

2013年12月17日，ML市人民检察院在发现社区矫正对象王某1有吸毒行为后，向ML市司法局发出撤销王某1缓刑的检察建议，HE州司法局于2014年1月6日向HE州中级人民法院提出撤销王某1缓刑的建议。王某某为帮助王某1逃避被收监执行刑罚，违反工作规定将王某1即将被撤销缓刑的情况告知其父亲王某2（另案处理），并为王某2出谋划策，让王某2带王某1到司法所制作笔录，同时通过电话帮王某2联系HE州中级人民法院承办该案件的法官，要求暂不作出撤销缓刑的裁定，随后由MK司法所出具“社区矫正对象王某1现实表现情况”并亲自带王某2到ML市司法局，由ML市司法局时任局长在“社区矫正对象王某1现实表现情况”材料上签署“情况属实”的字样后加盖ML市司法局公章，随后安排人员将上述材料送到中级人民法院交给承办法官，HE州中级人民法院于2014年1月20日根据“社区矫正对象王某1现实表现情况”的材料作出不予撤销王某1缓刑的函，导致王某1得以逃避收监执行的刑罚处罚。

后经查实，王某某于2011年3月至2017年12月以个人名义兼职担任社区矫正对象王某1的父亲王某2及其家庭设立的公司的法律顾问，收取法律顾问费共计人民币110 000元，为以王某2为首的黑社会性质组织提供帮助，充当“保护伞”。2014年3月5日，王某1因其他违法犯罪行为被HE州中级人民法院撤销缓刑收监执行。2014年12月15日，王某1因犯故意毁坏财物罪和寻衅滋事罪被判处有期徒刑共五年，加上原判有期徒刑三年，数罪并罚，决定执行有期徒刑七年零六个月。

ML市人民法院根据查证事实及相关证据，依照《中华人民共和国刑法》之规定，一审判决王某某犯玩忽职守罪，判处有期徒刑一年零六个月，犯帮助犯罪分子逃避处罚罪，判处有期徒刑二年，总和刑期三年零六个月，决定执行有期徒刑三年零六个月。王某某退缴的违法所得人民币 110 000 元没收上缴国库（由 ML 市监察委上交）；宣判后，法定期限内原公诉机关 ML 市人民检察院提出抗诉，认为一审判决认定事实有误，适用法律不当，判决确有错误，HE 州人民检察院支持 ML 市人民检察院的抗诉。王某某也提起上诉。

YN 省 HE 州中级人民法院在二审判决中认为王某某无视国家法律，身为司法行政机关工作人员，以法律顾问的名义长期非法收受王某 2 黑社会性质组织好处，为王某 2 黑社会性质组织充当“保护伞”，在王某 2 黑社会性质组织成员王某 1 被依法实行社区矫正时，故意不向单位报告自己与王某 2 之间的利益关系，在参与王某 1 的矫正工作时，不认真履行工作职责，当司法所工作人员向其汇报王某 1 失管失控问题时，徇私舞弊放纵王某 1 的行为，使社区矫正对王某 1 形同虚设，王某 1 在社区矫正期间吸食毒品并先后两次再犯新罪，造成了恶劣的社会影响；在撤销罪犯王某 1 缓刑、对其收监执行期间，向王某 2 通风报信、出谋划策、提供便利，帮助应该收监执行的王某 1 逃避刑罚的处罚，其行为已构成玩忽职守罪和帮助犯罪分子逃避处罚罪。王某某一人犯数罪，依法应当数罪并罚。二审判决维持王某某退缴的违法所得人民币 110 000 元没收上缴国库（由 ML 市监察委上交）；王某某犯玩忽职守罪，判处有期徒刑二年零六个月，犯帮助犯罪分子逃避处罚罪，判处有期徒刑二年，总和刑期四年零六个月，决定执行有期徒刑四年。

案例评析

王某某作为司法所所长，违反司法部关于社区矫正工作人员的“六个不准”要求，违规为社区矫正对象王某 1 的父亲王某 2 及其家庭设立的公司担任法律顾问，收取法律顾问费。王某某在参与王某 1 的矫正工作时，不认真履行工作职责，在明知王某 1 出现违反监督管理的行为时，仍故意放纵王某 1 的行为，致使对王某 1 的社区矫正形同虚设，最后王某 1 在社区矫正期间犯故意毁坏财物罪和寻衅滋事罪，造成了恶劣的社会影响，故王某某的行为已然构成玩忽职守。同时，在 HE 州司法局向 HE 州中级人民法院提出撤销王某 1 缓刑的建议时，王某某违反工作规定，私自将该情况告诉王某 2，并积极出谋划策，通过为王某 1 出具表现良好的证明，导致 HE 州中级人民法院对王某 1 不予撤销缓刑，王某 1 得以逃避收监执行的处罚，其行为已然构成滥用职权罪。王某某作为一名司法所所长，不仅没有依法履行好法律赋予的职责，反而处处放纵社区矫正对象，甚至协助其逃脱法律的制裁，着实令人震惊！最后，王某某也为自己的肆意妄为付出了代价，从一名执法者变为阶下囚！

启示与思考

社区矫正工作人员承担着对社区矫正对象的监督管理职责，其中就包括审批申请外出、执行地变更、奖惩考核等权力。正如孟德斯鸠在《论法的精神》中所言："一切有权力的人都容易滥用权力，这是万古不易的一条经验。"王某某的案例告诫广大社区矫正工作人员：要时刻牢记有权不能任性、用权不能妄为，任何权力的实施，都必须依法依规，恪守法治精神。司法部曾在 2016 年提出社区矫正工作人员必须做到"六不准"，即：不准违法违规办理社区矫正对象执行变更事项；不准违法违规实施监督管理、教育帮扶措施；不准徇私枉法办理调查评估案件；不准收受社区矫正对象及其亲友的财物和宴请；不准泄露社区矫正工作秘密；不准隐瞒不报影响社区矫正安全稳定的重要情况、重要事件。"六不准"基本涵盖了社区矫正工作中常发、易发的失职渎职行为。作为社区矫正工作人员，一定要筑牢思想防线、树立道德高线、坚守纪律底线，始终将警钟长鸣于耳边，让警示铭记于心间。

同时，本案也反映出社区矫正执行主体错位以及工作缺乏相应制约的问题。即使按照当时适用的《社区矫正实施办法》第三条之规定，社区矫正工作的实施主体是县级社区矫正机构，司法所承担的仅仅是日常工作，故提出撤销缓刑建议等涉及刑事执行变更的工作只能由县级社区矫正机构进行。但在本案中，在 HE 州司法局已经向 HE 州中级人民法院提请撤销缓刑的情况下，MK 司法所及 ML 市司法局却又自行开展调查取证，并越级向中级人民法院出具同上级司法行政机关意见相左的社区矫正对象现实表现材料，最终导致 HE 州中级人民法院未对王某 1 撤销缓刑。更为重要的是，在此期间 HE 州司法局也没有提出异议，制止下级司法局、司法所的越权行为，这就表明本案中的司法所及市州两级司法局均对案件执法主体存在错误认识，出现"错位""越位"等不正常现象。社区矫正工作的本质是"办案"而非"办事"，HE 州司法局既然已经承担了建议撤销缓刑的工作，那在这一环节就已经成为对王某 1 进行监督管理的执法主体，而非单纯的材料转递部门。ML 市司法局在将案件移送上级机关后，也就不应当以自己的名义再出具意见，干扰上级机关办案。另外，不论是州司法局对下级司法局、县级市司法局对下属司法所的办案行为，还是检察机关对案件的整个流程，都缺乏必要的监督，这也是出现违规调查取证、越级出具意见等问题的重要原因。

本案是一份教训深刻又富有教育意义的反面材料。一方面，它告诫每一名执法人员要洁身自好、严于律己。在执法过程中，要始终坚持"管小节、重大节"的忧患意识、慎独意识，注重自身廉政思想文化建设，自觉遵守廉政准则，切实做到廉洁自律。要充分认识到廉政建设责任制的重要性，严格执行有关规定，提高拒腐防变能力和抵御风险的能力。另一方面，本案也教育社区矫正机构及司法所要牢固树立“办案”意识，明确各环节的执法主体，建立完善的案件移交制度及内部制约监督机制。社区矫正工作人员尤其要注重养成证据意识，在执法过程中要对监督管理和教育帮扶活动中反映社区矫正对象遵规守纪情况的各种线索材料进行整合处理；要注重养成程序意识，对社区矫正对象的奖惩考核必须要讲程序，充分听取各方意见，不能搞“一言堂”；注重养成管理意识，对社区矫正对象的执法全过程要注重卷宗化，做好材料收集和档案管理工作，实现执法工作精细化、执法过程可视化，能够通过卷宗进行常规评查、重点评查、专项评查等，发现、分析、解决社区矫正执法工作中存在的各种问题。检察机关做好刑事执行检察领域内的案件，可从规范的角度对办案工作进行完善和加强，依法对社区矫正工作进行司法审查和判断，增强办案程序所要求的刚性约束，实现监督在位也到位，提升监督的针对性、有效性，也是全面加强对社区矫正案件的全流程监督、依法保障检察建议得以正确落实的有效举措。

对象脱管重新犯罪
怠于监管追责后悔

基本案情

任某某，原系SX省XY市JP县XK司法所所长，负责对辖区社区矫正对象进行监督管理及教育帮扶。2014年1月18日至2019年1月17日，社区矫正对象吴某某在XK司法所接受社区矫正。

2017年3月底，XK司法所从事社区矫正的工作人员高某某因车祸休假至2018年2月。在高某某休假期间，吴某某一直未到司法所报到并接受社区矫正，一年时间内均处于脱管状态。2017年11月至2018年5月，吴某某组织了一个以其本人为首的恶势力犯罪集团，盘踞在SX省某市从事敲诈勒索违法犯罪行为长达半年之久。2018年5月，任某某在得知吴某某因涉嫌犯罪被公安机关刑事拘留后，才对其提出撤销缓刑的意见并指示高某某补充吴某某在脱管期间的思想汇报、考核记录等档案材料。后吴某某作为恶势力犯罪集团首要分子因犯敲诈勒索罪、故意毁坏财物罪被XY市WY人民法院判处有期徒刑九年。

法院认为，任某某身为国家机关工作人员，在工作期间不认真履行社区矫正管理职责，致使社区矫正对象吴某某脱离监管，并且在脱管期间重新犯罪，造成恶劣社会影响，其行为已构成玩忽职守罪。任某某的辩护人则主张其存在以下免予刑事处罚情节：

（1）被告人任某某是没有经过正式任命的司法所负责人，不是专业和专职的社区矫正工作人员，对社区矫正工作认识不足是重要原因之一。

（2）被告人任某某同时负责多项工作，工作头绪多、任务重、压力大，是其对社区矫正工作有所忽视的客观原因。

（3）被告人任某某工作表现突出，参加工作以来几乎年年受到表彰，是一位优秀的基层年轻干部。

（4）被告人任某某被立案调查以后，积极配合，认罪悔罪态度好。

（5）社区矫正对象吴某某的再次犯罪完全是其个人的主观因素造成的，被告人任某某的行为与吴某某重新犯罪的行为之间联系过于薄弱，情节显著轻微。

（6）对被告人任某某免予刑事处罚能够充分体现“教育为主、惩罚为辅”的立法原则，充分体现党的容错纠错机制的包容性，充分体现宽严相济的刑罚精神和认罪认罚从轻处罚制度的良好社会效果。

最终，人民法院经审理，依法判决任某某犯玩忽职守罪，免予刑事处罚。

案例评析

本案有以下两个方面值得关注：

第一，玩忽职守罪属于渎职类罪范畴，《中华人民共和国刑法》规定，渎职罪旨在保护国家机关公务的合法、公正、有效执行。通常情况下，只要国家机关工作人员依法履行职责，就可以最大限度地避免或者降低风险；反之，则可能会使其职责范围内的社会风险失去控制，从而产生严重的危害后果，因此确认工作人员是否具备法定职责是首要任务。本案的特殊之处在于，2017 年 3 月底，XK 司法所从事社区矫正的工作人员高某某因车祸休假至 2018 年 2 月，在此期间任某某是否履行了社区矫正的法定职责是认定玩忽职守的关键。从案件中辩护人提出的两点意见来看：一是主张被告人任某某是没有经过正式任命的司法所负责人，不是专业和专职的社区矫正工作人员，对社区矫正工作认识不足；二是主张被告人任某某同时负责多项工作，工作头绪多、任务重、压力大，是其对工作有所忽视的客观原因。从这里可以看出，任某某在特殊期间是否有法定职责其实存在着一定争议，但人民法院最终认定其负有法定职责。

第二，本案在认定因果关系上可进行不同层面的分析。任某某作为司法所负责人，因其未认真履职导致社区矫正对象吴某某脱离管理，使吴某某再次犯罪的可能性增大，任某某的不认真履职行为与吴某某的脱管之间有因果关系，这就是用“条件说”加以分析，即行为与结果之间如果存在逻辑上的“如果没有前者，就没有后者”的必然条件关系，就存在刑法上的因果关系。“条件说”以逻辑的因果关系为立足点，认为一切行为只要在逻辑上是发生结果的条件，即认定存在刑法上的因果关系。同时，若依据“相当因果关系说”，即判断行为与结果之间是否存在刑法上的因果关系，就应以客观事实为基础，并依据一般人的经验加以判断。吴某某再次犯罪的根本原因在于其自身的主观恶性，这种主观恶性是异常的介入因素，能够独立发挥作用，故任某某不正确履职的行为与吴某某重新犯罪之间缺乏必然的因果关系。正是因为这种因果关系薄弱，最终法院判决对任某某免于刑事处罚。

启示与思考

启示一：

司法所工作人员是否有开展社区矫正工作的法定职责，不能仅凭个人职务、岗位安排，或者在相关工作文书上签字就简单认定。在当前司法实践中，存在仅依据职务、岗位和是否签字作为认定职责的标准的现象，但行为人处于某职务地位，并不代表其就具备了相应的职责。以司法所为例，社区矫正只是其中一项职能，所以要认定司法所工作人员是否具备相应的社区矫正工作的法定职责，首先需要依照国情、职业惯例、国家机关惯例、内部决定和命令等来确定。此外，还需注意在该国家机关内部应有明文规定，是在法定的职责范围内的补充和细化，且不能超越该职业一般从业人员的预测可能性。具体而言，法定职责应满足以下三个条件：一是职责来源必须有证据加以证明，即使是依照惯例、口头决定、命令形成的职责，要成为玩忽职守罪的职责来源，也必须有相应的证据支持。二是不能超越或与法定的职责范围相抵触，而只能是在其范围之内的补充、细化和落实。三是对其履行职责所应达到效果的要求不能超越该职业一般从业人员的预测可能性，且该职责的完成必须在该职业一般从业人员看来具有可行性。

启示二：

本案中玩忽职守罪的行为构造非常特殊。玩忽职守罪是一种侵害国家法益的渎职犯罪，它直接危害的是国家管理职能正常运作与公众对国家机关工作人员职务活动客观公正性的信赖。无论是国家机关工作人员不履行职责还是不认真履行职责，都不能直接侵害公共财产、国家和人民利益，而是通过中介因素，为危害结果的发生提供了物理意义上的原因力，才导致了危害结果的发生。介入因素导致玩忽职守罪中的因果关系判断起来更为复杂，其不仅直接产生了结果，而且使得某些本来不会产生这种结果的先行行为与最终危害结果发生了某种联系。这里的介入因素主要包括他人行为、被害人自身行为或者自然事件。在有介入因素的场合，应以玩忽职守罪因果关系的一般认定标准为基准，具体考虑介入因素对因果关系成立产生的影响。

假释犯脱管犯重罪
司法所长弃责判缓

基本案情

王某某，男，原系 HY 省 SU 市 DI 区司法局 CO 司法所所长。

1997 年 11 月 24 日，车某 1 因犯故意杀人罪，被判处无期徒刑，进入 HY 省 CL 监狱服刑，后数次减刑。2013 年 5 月，HY 省 CL 监狱委托 SU 市 DI 区司法局对车某 1 是否适用假释进行调查评估。2013 年 5 月 17 日，SU 市 DI 区司法局指派该局刑释解教安置帮教工作管理站站长李某和时任该局 CO 司法所所长的王某某对车某 1 户籍所在地村委会进行调查评估，但没有找被害人征求意见。其后，CO 司法所出具了建议对车某 1 适用社区矫正的意见，SU 市 DI 区司法局于同年 5 月 21 日向 HY 省 CL 监狱出具了建议慎用社区矫正的调查评估意见书。2013 年 7 月 12 日，HY 省 YA 市中级人民法院裁定对车某 1 予以假释，假释考验期至 2016 年 2 月 22 日止。2013 年 7 月 21 日，车某 1 到 CO 司法所报到接受社区矫正，CO 司法所成立了车某 1 社区矫正小组，小组成员由王某某、车某 2、车某 3 组成，王某某担任组长，负责社区矫正具体工作，车某 2、车某 3 协助管理。在车某 1 适用社区矫正期间，王某某未按规定组织学习教育、社区服务，未定期到车某 1 的家庭、居住社区走访，了解、核实其思想动态和现实表现，也未定期对其接受矫正的表现进行考核。车某 1 在社区矫正期间，亦多次不按相关规定定期向司法所报告，提交思想汇报材料。2014 年初至 2015 年底期间，车某 1 未经批准擅自外出，先后至 JS 省 NY 市、GH 省 KP 市、ZJ 省 SW 市、GB 省 ZY 市等地打工，每次外出时间长达 20 天至 2 个月不等。在此期间，车某 1 均于外出前或在异地时，打电话告知王某某外出务工的情况。对车某 1 未按相关规定接受管理的情况，王某某未及时调查核实情况、向上级部门提出处理意见，致使车某 1 长期脱管。2015 年 9 月 8 日，车某 1 在 SX 市抢劫，致一人死亡；同年 9 月 10 日，车某 1 在 GK 自治区 GL 市报复杀人，致一人死亡、一人重伤。2016 年，GL 市中级人民法院以车某 1 犯故意杀人罪、抢劫罪，判处死刑，剥夺政治权利终身。2017 年 5 月 23 日，王某某到 SU 市 DI 区人民检察院投案，如实供述本人玩忽职守的事实。SU 市 DI 区人民法院判决王某某犯玩忽职守罪，判处有期徒刑一年，缓刑一年。王某某不服判决，提出上诉。

HY 省 SU 市中级人民法院二审认定：王某某身为国家工作人员，在对车某1进行社区矫正管理期间，违反相关规定，不正确履行工作职责，严重不负责任，造成车某1长期脱管的行为，给予了车某1在脱管期间实施故意杀人、抢劫的可能，王某某的渎职行为与车某1重新犯罪存在法律上的因果关系，其行为已构成玩忽职守罪。HY 省 SU 市中级人民法院依照《中华人民共和国刑事诉讼法》之规定，裁定驳回上诉，维持原判。

案例评析

本案有以下几点值得关注：

(1) 本案发生在《社区矫正法》颁布实施前，依照当时适用的《社区矫正实施办法》的相关规定，司法所承担日常工作，因此负有相应的职责。依据现行《社区矫正法》第二章第九条、第四章第二十六条的规定，司法所在开展社区矫正工作时，即使是接受委托，仍要履行相关职责。所以无论是按旧法还是按新法，司法所都应该了解社区矫正对象的活动情况和行为表现，这也是社区矫正工作人员的职责来源的重要法律依据。所谓“活动情况和行为表现”，主要是指社区矫正对象在社会生活中的家庭关系、婚恋动态、思想状态、工作态度、生活方式及履行法律义务等。另外，按照《HY 省社区矫正实施细则》的规定，调查评估内容需包括被害人意见，这是该省社区矫正规范性文件明确的职责，又是社区矫正工作人员职责来源的另一法律依据。故上述法律法规的相关规定，就是司法所社区矫正工作人员构成玩忽职守罪要件中的职责来源。

(2) 玩忽职守行为主要分为不履行自己的职责和不正确履行自己的职责。不履行职责包括完全不履行职责的行为和未完全履行职责的行为，而不正确履行职责的行为主要包括滥用职权行为和超越职权行为。在调查评估中，没有找被害人征求意见，构成未完全履行职责的行为；未按规定组织学习教育、社区服务，未定期到车某1的家庭、居住社区了解、核实其思想动态和现实表现，未定期对其接受矫正的表现进行考核，属于完全不履行职责的行为；知道车某1外出务工的情况，王某某未提出警告，没有及时调查核实情况、向上级部门提出处罚意见，属于滥用职权行为。

(3) 法院坚持了客观归责原则。一、二审法院均认定车某1在社区矫正期间违反监督管理规定时，王某某没有正确履行职责，严重不负责任，致使车某1长期脱管失控而重新犯罪，王某某的渎职行为与车某1重新犯罪存在法律上的因果关系。在这里，需要对客观归责理论的主要内容进行说明。该理论认为，行为人的行为违反行为规范，对行为客体制造了法所不容许的风险，在具体结果中实现了这个风险，而且结果存在于构成要件的效力范围之内，那么这个行为所引起的结果就可以认定是行为人的结果，归责于行为人。具体来说，客观归责理论的内容主要包含以下三个方面：第一，行为是否制造了法不容许的风险；第二，危险行为是否导致结果发生——实现法所不容许的风险；第三，因果流程是否在构成要件的效力范畴内。毫无疑问，依照该理论，两审法院必然会对王某某未能依法履职行为和社区矫正对象再犯罪之间因果关系持肯定态度。

启示与思考

启示一：

要明白社区矫正工作职责具体包括哪些内容。玩忽职守罪属于职务犯罪的一种，而衡量社区矫正工作人员的行为是否达到了玩忽职守的标准，首先就是判断其职责的来源。换言之，国家机关工作人员的职责就是认定玩忽职守罪的关键所在。根据我国国家机关工作人员职责来源的现状，职责具有法定性的鲜明特点，是由法律法规，特别是由条例、细则等规范性文件进行了细化规定。不同的岗位确定了不同的职责，只要国家机关工作人员在该岗位工作，就要履行该职责。例如，《人民警察法》中关于人民警察的职责规定，以及各种岗位责任制中对特定国家机关工作人员的职责规定都属明文规定的职责，具有很强的规范性。这就要求广大社区矫正工作者认真掌握涉及社区矫正的相关法律、行政法规及各种规范性文件的相关内容，要有一份清晰的“职责清单”。

启示二：

应关注人民法院在审理玩忽职守罪时如何认定因果关系。客观归责理论认为，归因与归责分属不同的两个层次，归因是事实判断问题，以“条件说”为判断标准；归责是价值评价问题，以客观归责的三个基本规则为判断方法。也就是说，行为与结果之间是否具有因果关系，只是形式意义上的事实判断，在行为与结果之间符合条件关系时，即具有因果关系，至于这个因果关系中的结果能否归责于实施行为的行为人，则是实质意义上的价值判断。所以社区矫正工作人员要严格按照社区矫正的法律法规开展工作，一旦某个工作环节有所疏漏，就要自我审视是否构成客观归责理论中因果关系的形成，及时查漏补缺，弥补漏洞，尽力避免重大损失结果的发生。

疏于管理造成后果
工作人员要担刑责

基本案情

罗某某，男，原系YB省KN市XM区司法局社区矫正工作管理科科长。李某某，男，原系YB省KN市XM区司法局社区矫正科工作人员（系签订合同的劳务派遣人员）。

2013年5月，罗某某被YB省KN市XM区司法局任命为社区矫正工作管理科科长；2014年11月，李某某被KN市人力资源和社会保障局劳务派遣至YB省KN市XM区司法局工作。罗某某与李某某二人在从事社区矫正工作期间，不认真履职，疏于管理社区矫正对象，积压多名社区矫正对象的档案材料，直接致使27名社区矫正对象处于实际脱管状态，且脱管的两名未成年人胡某、李某又因在社区矫正期间实施盗窃构成新犯罪，被判处有期徒刑九个月。罗某某与李某某两人的玩忽职守行为给国家和人民利益造成了重大损失，造成了恶劣的社会影响。后经KN市XM区人民法院审理，依法作出如下判决：罗某某犯玩忽职守罪，判处有期徒刑一年；李某某犯玩忽职守罪，判处有期徒刑六个月，缓刑一年。

一审宣判后，罗某某不服，提出上诉，认为其在本案发生期间的行为与本案的损害结果不存在因果关系，不应承担刑事责任，请求二审改判其无罪；其辩护人提出辩护意见，认为该危害结果是由李某某个人独立完成，且无法预防、无法发现。罗某某的管理行为与李某某积压公文的行为之间没有任何因果关系，无证据证实罗某某存在过错，请求改判罗某某无罪。

YB省KN市中级人民法院二审认为：罗某某作为国家工作人员，在工作期间玩忽职守，致使国家和人民利益遭受重大损失，其行为已构成玩忽职守罪，应依法惩处。相关证据能够证实罗某某作为社区矫正工作管理科科长，其工作职责包含对于本部门社区矫正工作的监督管理，本人及辩护人所作出的李某某独立完成工作，其不知晓、未发现原审被告人李某某积压文书的辩解及辩护意见不能成为其无罪的理由，不予采纳。此外，一审法院认定李某某犯玩忽职守罪，判处有期徒刑六个月，并适用缓刑亦无不当。故YB省KN市中级人民法院依法裁定驳回上诉，维持原判。

案例评析

玩忽职守罪的主体为特殊主体，即只有国家工作人员才能成为玩忽职守罪的主体。根据《中华人民共和国刑法》第九十三条的有关规定，国家工作人员是指在国家机关中从事公务的人员。根据《中华人民共和国宪法》和有关法律法规，国家机关具体是指我国各级国家权力机关、行政机关、司法机关、军事机关；在这些国家机关从事公务的人员是国家工作人员。另外，根据《全国人民代表大会常务委员会关于〈中华人民共和国刑法〉第九章渎职罪主体适用问题的解释》，非国家工作人员受委托、聘用等，依法行使国家工作人员的职责时，也应视为国家工作人员，可以构成玩忽职守罪的主体。因此本案中李某某虽系签订合同的劳务派遣人员，但仍符合玩忽职守罪的主体要件。

玩忽职守罪在主观方面一般表现为过失，即行为人应当预见自己的行为会致使公共财产、国家和人民的利益遭受重大损失，这可以是因疏忽大意而没有预见，也可以是已经预见而轻信能够避免。本案中，罗某某、李某某均符合国家工作人员身份，而且两人有直接上下级关系，作为上级的罗某某身为社区矫正机构的负责人，对整个社区矫正工作负责，对下级工作人员是否依法开展工作有着监督指导的职责，故对李某某积压公文的行为有义务及时发现、及时处理。同时结合社区矫正实务工作来看，检查执法档案是否完整是必经的工作流程，不存在没有能力查知下级工作人员工作疏漏或失误的可能性，所以其辩解理由显然不成立。最后从本案案情中，亦可以很明显地看出罗某某在主观上至少存在过失。

启示与思考

启示一：

从本案当事人之一罗某某的辩解来看，值得我们关注的是如何区分工作失误与玩忽职守。事实上，两者在客观上都可能造成公共财产、国家和人民利益遭受重大损失的后果，但二者还是有区别的。最主要的区别在于国家工作人员对待工作职责的主观心理态度如何：工作失误的行为人并不想违反其职责，甚至是十分认真地履行了职责，本人在主观方面并不存在过失，但由于行为人工作能力有限、业务水平不高、客观条件变化导致判断失误等原因，结果造成了损害。在这种情况下，“法律不强人所难”，对相应的国家工作人员可以批评教育或者调离岗位，但更应该做的是多一点关心和爱护，应从职业能力教育培训、完善工作机制体制、注重执法风险控制等方面着手，通过规范执法办案程序，营造廉洁高效的执法环境来减少工作失误。玩忽职守罪的行为人不仅在客观方面具有玩忽职守行为，更重要的是在主观方面具有过失，即存在疏忽大意的过失和过于自信的过失。在这种情况下，行为人有能力也有义务去避免损害结果发生，但是却因自身的过失而未能避免，故承担刑事责任无可厚非。

启示二：

要注意加强县级社区矫正机构同司法所之间的衔接配合。本案的发生系因罗某某、李某某二人积压多份公文所致，而考虑到我国社区矫正工作长期由司法所实际承担的情况，这里的积压公文应是指二人未将社区矫正对象的案卷材料送达司法所，导致司法所未能及时将相应的社区矫正对象纳入管理。在本案中，尽管案发当时适用《社区矫正实施办法》，但受各种因素限制，实际上包括 XM 区在内的不少地区的社区矫正机构能承担的仅仅是入矫接收、特定事项审批等少数工作事项，而监督管理和教育帮扶等多数工作事项仍由司法所来承担。在这样的工作模式之下，更需要县级社区矫正机构在依法接收社区矫正对象后，及时通知司法所做好管理工作并送达文书材料，避免出现文书积压或者将文书交由社区矫正对象代为送达等错误情形。

启示三：

要重视社区矫正档案管理工作。很多社区矫正工作人员对执法办案很重视，但对一些程序性工作、辅助性工作却不重视，其实这也是执法风险。社区矫正档案中记录的相关信息包括了罪犯信息和执法过程，这是判断社区矫正机构及其工作人员是否依法开展社区矫正工作的重要证明材料。由于认识上和管理上的原因，在档案管理工作中存在着很多共性问题和个性问题，具体表现在：一是不重视档案管理，认为档案只要不丢失，能够查阅，应付各级各类检查就可以了；二是档案管理力量薄弱，水平不高，手段落后，在配备档案管理工作人员时，没有选配专业人员，进而造成档案管理混乱；三是不重视档案室硬件建设；四是档案制作不规范。所以本案也提醒广大社区矫正工作人员要认识到社区矫正档案规范管理的重要性，避免因档案管理不善出现职务犯罪问题。

缓刑对象脱管杀人 依法追责矫正干部

基本案情

陆某某，女，汉族，原系SG省JH市司法局SH司法所所长。张某某，男，汉族，原系SG省JH市司法局社区矫正中心副主任。

彭某某，男，系JH市人。2015年12月11日，彭某某因犯诈骗罪被LK县人民法院判处有期徒刑三年，缓刑三年。2015年12月29日，JH市司法局社区矫正中心接收社区矫正对象彭某某，社区矫正期限为2015年12月29日至2018年12月28日，对其的社区矫正日常工作由SH司法所具体承担。SH司法所为彭某某确定了以时任SH司法所所长的陆某某为组长、SH镇LK村村委治保主任乔某、彭某某配偶赵某某为成员的矫正小组。2017年2月20日，彭某某在未向SH司法所及JH市司法局社区矫正中心履行申请外出手续的情况下，乘坐火车前往GA省JC市。2017年5月20日，彭某某因涉嫌犯故意杀人罪、盗窃罪被JC市公安局刑事拘留，同年8月3日被执行逮捕。JC市公安局于2017年9月27日将彭某某涉嫌犯故意杀人、盗窃罪一案向JC市人民检察院移送审查起诉，该院于同年12月28日以彭某某构成故意杀人罪、盗窃罪向JC市中级人民法院提起公诉。

陆某某作为JH市司法局SH司法所所长，负责SH司法所的社区矫正工作。陆某某未依法依规对彭某某进行监督管理，在填写《走访登记表》时伪造走访人“乔某某”签字；未依据《SG省社区矫正实施细则（试行）》第三十六条之规定，去社区矫正对象彭某某的家庭、所在单位和居住的社区走访，了解、核实彭某某的思想动态和现实表现等情况，也未按照《SG省社区矫正对象考核奖惩办法（试行）》对其严格考核。2017年2月20日，彭某某未履行申请外出手续私自离开JH市。2017年3月10日前，彭某某未按规定到SH司法所报告，陆某某也未将该情况及时向JH市司法局社区矫正中心报告，直到2017年4月初才电话联系彭某某让其返回JH市。2017年4月中旬，陆某某向张某某作了口头汇报。直至2017年5月20日，陆某某也未向JH市司法局社区矫正中心报告彭某某一直未返回JH市接受社区矫正的情况。

JH市司法局社区矫正中心负责全市的社区矫正工作，指导、督促司法所落实对社区矫正对象的监督管理，提出对社区矫正对象的奖惩建议。张某某作为JH市司法局社区矫正中心副主任，负责该中心的日常管理、业务等全面工作。2017年4月中旬，张某某在听取了陆某某关于彭某某2017年4月初去了GA省的口头汇报后，便未再过问此事，直至2017年5月20日彭某某在GA省被刑事拘留。张某某对社区矫正对象彭某某脱离监管超过一个月以上的行为，未依据《SG省社区矫正实施细则（试行）》第四十一条之规定，及时向原审法院提出撤销缓刑建议书。

人民法院审理后认为，陆某某作为JH市司法局SH司法所所长，不认真履行工作职责，未按规定对社区矫正对象彭某某进行日常监管，未按照规定对彭某某的脱管行为及时向JH市司法局社区矫正中心报告；张某某作为JH市司法局社区矫正中心副主任，不认真履行工作职责，对彭某某未经批准离开JH市的行为未及时督促SH司法所进行监管，对彭某某脱离监管超过一个月以上的情况未及时向原判法院提出撤销缓刑建议书，致使彭某某在脱管后实施故意杀人犯罪，两人的行为均已构成玩忽职守罪，应予惩处。最后，法院依法判决陆某某犯玩忽职守罪，免予刑事处罚；张某某犯玩忽职守罪，免予刑事处罚。

案例评析

依照当时适用的《社区矫正实施办法》和《SG省社区矫正实施细则（试行）》的相关规定，JH市司法局社区矫正中心负责全市的社区矫正工作。《社区矫正法》颁布实施后，依照该法第九条之规定，社区矫正工作的执法主体明确为社区矫正机构，司法所接受委托开展工作。“社区矫正机构”是指负责对被判处管制、宣告缓刑、假释和暂予监外执行的社区矫正对象具体实施社区矫正的机构。社区矫正机构依照《社区矫正法》第九条之规定，既可直接开展监督管理和教育帮扶工作，也可以委托司法所承担社区矫正相关工作。因此可以得出结论，只要社区矫正机构委托司法所承担社区矫正相关工作，社区矫正机构工作人员和司法所负责社区矫正工作的人员都有履行职责的义务。同时，按照《社区矫正法》第二十七之规定，社区矫正对象离开所居住的市、县或者迁居，应当报经社区矫正机构批准，则从法律上明确了社区矫正机构的审批权限。

本案虽然发生在《社区矫正法》颁布实施前，但有两个方面仍值得关注：一是社区矫正对象未按规定报告时，陆某某未及时向JH市司法局社区矫正中心报告。后发现情况严重时，仅作了口头汇报。社区矫正对象被刑事拘留时，又未及时汇报。二是张某某作为社区矫正中心副主任，负责指导司法所开展社区矫正工作，但未能及时跟进社区矫正对象未按规定报告的后续处置。社区矫正对象被刑事拘留时，张某某对其脱离监管超过一个月的行为，又未依据《SG省社区矫正实施细则（试行）》第四十一条之规定，及时向原审法院提出撤销缓刑建议书。就本案而言，司法所在开展社区矫正工作时存在程序意识不强、证据意识薄弱的问题，而社区矫正中心则未能充分理解执法主体责任的意义，对社区矫正对象违法行为处置不及时。因此，今后在开展工作时，如何按照《社区矫正法》第四章“监督管理”中的各项规定，认定社区矫正机构和司法所的职责安排和履职标准，对广大社区矫正工作人员而言尤为重要，这需要通过建章立制来明确。

启示与思考

我国《刑法》分则条文由罪状和法定刑构成。罪状是对犯罪特征的描述，玩忽职守罪的罪状形式为简单罪状，即仅简单描述了玩忽职守罪的基本特征。一般来说，从构成要件的行为类型来看，国家工作人员具有严重的玩忽职守行为，通说认为是严重不负责任、不履行或者不认真履行职责。但这三种分类，也导致无论在理论界还是在司法实践界，对玩忽职守罪的犯罪构成存在较大的分歧，这些分歧导致的理解不同，造成同样性质、同样行为、同样事实的渎职侵权犯罪案件，在不同地方的法院可能会作出有罪和无罪两种完全相反的判决。探讨这些问题对指导司法实践具有非常重要的意义。

结合本案来看，国家工作人员具有严重的玩忽职守行为，是指国家工作人员在工作中严重不负责任，不履行或者不认真履行职责，具体内容如下：

（1）不履行职责。行为人应履行职责，但不积极主动履行其职责。这种情形主要以不作为方式体现：一是积极不作为。最典型的就是擅离职守行为，即行为人违反职责中关于时间和空间的明确义务性规范，在特定时间内擅自离开该义务性规范所要求的特定场所，以致没有履行其职责。二是消极不作为。即行为人虽然在工作岗位，但没有履行法定的职责，没有按法定的职责行事。

（2）不认真履行职责。行为人应履行职责，但不能严肃认真地尽责履行，以致在履行职责过程中出现了重大失误，主要表现为履行职责不尽心、不得力、不认真、马马虎虎、粗心大意、草率从事、敷衍搪塞等。

本案中，两人的行为均符合不认真履行职责的特征，这需要广大社区矫正工作人员引以为戒，明白执法责任重如泰山，一点也马虎不得。

伪造资料应付检查
专职人员渎职被查

基本案情

2010年10月，仲某被聘为ZF市司法局某司法所DG片区社区矫正专职社会工作者，主要负责对社区矫正对象进行法制教育、技能培训、公益劳动、奖惩等日常管理和具体考核工作，同时也负责DG片区的综治、信访、司法等其他工作。

唐某于2011年4月因犯非法买卖制毒物品罪被SN省CB县人民法院判处有期徒刑一年八个月，缓刑二年，并处罚金人民币五万元，缓刑考验期间自2011年9月26日起至2013年9月25日止，在某司法所接受社区矫正，由仲某负责对唐某进行日常监督管理。在对唐某实施社区矫正期间，仲某不认真履行职责，未按照规定对唐某开展法治、道德等主题教育及组织开展公益活动，并伪造、编造思想汇报材料等，以应付上级检查。唐某在社区矫正期间，自2012年11月至2013年4月先后五六十次离开ZF市，到GW县、CR市、NY市、CI市等地买卖邻酮①，因其知道社区矫正期间离开ZF市要申请，就在矫正期间事先写好24份书面汇报，其中19份写“本月基本无外出”。2012年7月，书写内容为“本月基本无外出行为，除工作需要到周边城市与镇县之外，无出省等行为”。唐某将这些书面汇报交给仲某后，仲某从未认真查看过，也没有向唐某核查过离开ZF市的情形，导致唐某逐渐对申请外出制度不再重视，后唐某多次擅自离开ZF市非法买卖易制毒物品邻酮40余吨，又将非法购得的邻酮出售给吴某、陈某、李某、刘某，致使国家和人民利益遭受重大损失。唐某于2013年4月24日被刑事拘留，2014年6月26日因犯非法买卖制毒物品罪被JU省GY县人民法院判处有期徒刑四年，处罚金人民币一百八十万元，并撤销缓刑，执行有期徒刑五年，并处罚金人民币一百八十五万元。仲某在唐某被公安机关抓获后，为掩盖其在管理方面的渎职真相，补填相关《社区矫正对象个别教育月记录表》。后仲某行为被发现，经人民法院审理，依法判决仲某犯玩忽职守罪，免于刑事处罚。

---

① 邻酮是制造氯胺酮的中间体，属于管制化学品。

案例评析

本案发生的时间虽在《社区矫正法》实施前，但就当时适用的《社区矫正实施办法》来看，仲某作为社区矫正专职社会工作者，在开展社区矫正工作中未按照相关法律规定对唐某开展教育学习、组织社区服务等活动，在履职中确实存在疏于管理问题。同时，仲某还存在伪造、编造思想汇报材料等弄虚作假行为。上述行为足以认定仲某严重不负责任。此外，在唐某提交的思想汇报中多次提及本人外出情况，仲某都没有引起应有的注意，未能及时对唐某擅自外出行为进行查证，堵住管理漏洞。仲某严重不认真履职尽责的行为最终导致唐某对申请外出审批制度不以为然，数十次离开居住地，先后到GW县、CR市、NY市、CI市等地买卖邻酮40余吨。从唐某涉案的情况来看，该案涉案人员多、买卖制毒物品数量大且均通过非法渠道流入社会，又是跨地域作案，涉及JT省的多个县市及AU省、HT省、GR省等地，可以认定是一起重大涉毒案件。仲某不认真履职尽责的行为对国家、社会造成了巨大危害，符合玩忽职守罪的构成要件。

启示与思考

本案中的仲某作为一名受聘于司法所的社区矫正专职社会工作者，因玩忽职守行为不仅失去了工作，还背负了罪名，对其本人而言可谓教训惨痛，同时这也给广大社会工作者敲响了警钟。该案例带给我们的启示如下：

启示一：要加强社区矫正专职社工队伍建设

本案中，仲某作为ZF市司法局某司法所的社区矫正专职社会工作者，在从事社区矫正工作的同时，还承担了综治、信访等其他工作，客观上牵扯了其很多精力。可以说，仲某的情况在乡镇（街道）司法所具有一定的典型性。目前，司法所除承担社区矫正工作外，还承担着人民调解、普法宣传、综治信访等诸多错综复杂的工作，且普遍存在着双重管理、多头指挥的体制机制问题。另外，司法所往往受编制所限，很多所只有2～3名工作人员，在中西部地区还存在相当数量的一人所、无人所。各种不利因素叠加在一起，导致在面对社区矫正工作时，很多司法所工作人员力不从心。据统计，截至2015年底，按中央政法专项编制的分配情况划分，无人所（即没有政法编制的司法所，以下类推）3 145个，占7.72%；一人所14 808个，占36.35%；二人所14 808个，占34.55%；三人及三人以上所8 712个，占21.38%。[①] 社区矫正工作是一项专业性较强的刑事执行工作，其行刑社会化理念的基础又亟待一支专业社工队伍的参与。换言之，需要

---

① 吴海平，李晏子，蒋晓军，周孟龙．台州社区矫正机构建设的实践与探索［C］//社区矫正机构队伍建设与教育矫正研究：首届台州社区矫正论坛论文集．北京：法律出版社，2017：5.

一定数量专职且专业的社会工作者参与才能保障这项工作有效开展。在这方面，各地都有过规划与探索。例如：四川省高级人民法院、人民检察院、公安厅、司法厅和财政厅联合出台《关于全面推进社区矫正工作的实施意见》，提出社会工作者按照与社区矫正对象 1∶10 的比例进行配置；2014 年，浙江省“两办”印发的《关于进一步加强社区矫正工作的意见》中明确规定，社会工作者按照与社区矫正对象1∶20 的配置比例招录；2015 年，广州市政府常务会议审议通过《广州市司法社会工作项目体系建设实施方案》，提出通过政府购买服务的方式，按照 20∶1 的比例配备专业社工，为社区矫正对象和刑满释放人员提供专业服务……尽管很多地方都提出按照一定标准配备相应数量的社工，但因经费保障等各种原因，很多规范性文件并没有得到有效落实。

启示二：提升社区矫正专职社工的职业归属感

目前，社区矫正专职社工队伍普遍存在待遇相对较低、职业归属感不强、人员流动性较大等诸多问题，尤其是积累多年工作经验的优秀社工的严重流失，对社区矫正工作的有序开展产生了很大的消极影响。社区矫正工作的有序开展，需要一支相对稳定的专职社工队伍的支持，如何保持这支专职社工队伍的稳定，很值得我们思考和探讨。

近年来，不少地区就专职社工队伍建设作出了一些有益尝试，希望通过建立社区矫正经费全额保障制度，将社区矫正专职社工经费纳入财政年度预算，并根据工作发展的需要，建立薪资动态增长机制，逐步提高专职社工的工资待遇。如江西景德镇市财政局发文，2017 年社区矫正辅助岗位按平均每人每月 2 500 元的经费予以保障。浙江省“两办”《关于进一步加强社区矫正工作的意见》中指出，社区矫正社会工作者参照城市社区社会工作者管理，相关经费纳入同级财政保障，同时健全专职社工队伍教育、管理、培训、考核、奖励等制度，经常性地组织开展技能比武、岗位练兵、总结评比等活动，提高社工业务能力。总之，各地司法行政机关应通过多种措施，营造拴心留人的环境，使社区矫正社会工作者逐步树立起职业的归属感，确保队伍稳定。

启示三：明确社区矫正专职社工的职责范围

从专业知识和技能来看，社会工作者所从事的是以帮助服务对象解决其在生活、工作等领域各种困难的社会服务性工作。从《社区矫正法》及《社区矫正法实施办法》的相关规定来看，对社区矫正对象的监督管理工作显然不是社区矫正专职社工的法定职责。但在本案中，却出现了社区矫正专职社工承担监督管理职能并为此承担法律责任，身份与作为执法者的社区矫正机构工作人员混同的情况。究其原因，除上面提到的人员和经费缺乏之外，社工管理制度的缺位和职责范围的模糊显然也是原因之一。这就需要依据《社区矫正法》第八条之规定，由主管本行政区域内社区矫正工作的县级以上司法行政机关来制定出台相关的社区矫正社会工作者管理制度，明确专职社工的岗位职责和工作纪律，严格限定专职社工的履职范围，防止越权执法。

延伸阅读

HR省TY市司法局某司法所所长孙某某玩忽职守案

孙某某，原系HR省TY市司法局某司法所所长。其在主持司法所的全面工作期间，对社区矫正对象的管理仅停留在书面，并未将监督管理的相关内容落到实处。在开展社区矫正工作的过程中，孙某某仅建立了社区矫正对象档案，签订了社区矫正监护帮教协议，制作了社区矫正对象个案矫正计划书等文书档案，进行所谓的"监督管理"。

孙某某在要求社区矫正对象张某、王某二人当月提交思想汇报材料，又分别进行首次谈话后，就再未对二人提交思想汇报、参加公益活动、学习教育完成情况进行核查，造成监督管理"外紧内松"。在监督管理过程中，孙某某明知张某、王某未参加学习教育、多次未经批准擅自离开居住地的情况下，仍放任不管。张某、王某则在社区矫正期间伙同他人先后窜至HR省HC市、HF县、JL县等地以神医治病消灾的方式诈骗老年妇女的钱财，共同作案8起，涉案金额6万余元。在得知二人因犯罪被公安机关抓获后，孙某某第一时间想到的不是配合相关部门查明事实，而是要求谢某伪造张某和王某2014年2—4月的"劳动证明"、1—4月的思想汇报、日常报告记录及考察鉴定表等相关材料，力求自保。

最终，人民法院判决孙某某犯玩忽职守罪，免予刑事处罚。

未按矫规履职尽责
协理人员依法追责

基本案情

2010年8月，程某某与DX市HV镇政府签订司法协理员聘用协议，专职协助司法所所长潘某开展社区矫正工作，并完成司法所交办的其他工作任务。

2012年5月2日，罪犯刘某被裁定假释，假释考验期为2012年4月26日起至2014年4月18日止，在假释期间由HV镇司法所依法实施社区矫正，由程某某协助司法所所长潘某（亦被判处玩忽职守罪，免于追究刑事责任）对刘某进行日常监督管理。在对刘某实施社区矫正期间，程某某对工作严重不负责任，未认真协助司法所所长履行关于社区矫正工作的走访、考核奖惩、再犯罪风险评估等职责，未能及时掌握刘某的日常行踪、思想动态、经济状况和社会交往等情况。刘某于2013年3月30日下午将手机关机后，未经批准擅自离开DX市。2013年4月19日，刘某电话联系司法局工作人员周某，告知其身处SH市。程某某按司法局工作人员周某提供的电话号码回拨，但未能联系到刘某。5月初，刘某回到DX市，并于5月16日到司法所报到，但程某某未按规定整理刘某脱管材料，依法报请撤销假释建议，而是在司法所所长潘某授意后，将刘某的脱管起始时间记录为4月19日，在社区矫正信息管理系统中只打印4月19日后反映脱管记录的内容，并以刘某脱管二十天，上报司法局批准给予警告处分。后司法所也未按当时适用的《ZG省社区矫正对象奖惩考核暂行办法》中的相关规定将刘某的矫正处遇等级变更为严管级，也未对刘某落实严管级的矫正措施。

2013年6月26日，刘某手机关机，脱离监管。程某某不认真履行工作职责，未及时协助潘某向公安机关发协查函，仅通过联系刘某家属、村干部的方式进行查找，导致未能及时与公安机关协作通过刘某上网、住宿登记等信息予以查找，错失了查找刘某行踪的最佳时机。直至2013年8月23日，程某某和潘某才将撤销假释建议材料上报司法局，随后DX市司法局于8月29日上报JL市司法局。2013年7月底，刘某在脱管期间与张某等人密谋抢劫犯罪。2013年9月3日下午，刘某等人对从事外币兑换生意的蒋某某实施抢劫并将其杀害，共劫得港币

76 万元、人民币 1 万元及美元、欧元等各种外币若干。

经人民法院审理，依法判决程某某犯玩忽职守罪，免于刑事处罚。

案例评析

程某某作为司法协理员，主要负责协助司法所所长做好社区矫正工作及其他相关工作。在履行职责过程中，程某某从社区矫正对象刘某第一次擅自外出，再到脱管，直到最后重新犯罪，思想上均未引起高度重视，不仅未能严格依照法律规定及时采取相应的处置措施，反而伪造上报脱管时间记录，导致刘某违规违法态势逐渐升级，最后发展到抢劫杀人，对公民的人身安全和财产安全都造成了重大损害。

ZG 省司法厅 2013 年曾下发《ZG 省社区矫正工作人员“八条禁令”（试行)》，规定严禁隐瞒案情、弄虚作假、知情不报等行为。从本案来看，程某某违反“八条禁令”，未能认真履行职责是不争的事实，其行为也造成了严重后果，构成玩忽职守罪，被追究刑事责任理所当然。诚然，社区矫正对象刘某脱管并重新犯罪，或许还存在犯罪因素多因一果，如工作人员配备不足、业务素养不高、岗位责任不明、与公安机关的衔接机制不畅等诸多因素，但这些都不能成为程某某不认真履行职责的理由。试想，如果能牢固树立“司法办案”思维，如果在刘某第一次脱管时就能充分重视，积极主动搜集线索材料，及时改变管理级别和向上级部门汇报相关情况，刘某抢劫杀人的重新犯罪行为或许就能得以避免。

启示与思考

《社区矫正法》颁布实施后，社区矫正作为刑事执行活动，在执行的过程中仍受诸多客观不利因素的制约，对执行效果产生了一定程度的不利影响，其中最典型的就是社区矫正机构人员数量不足，一人身兼数职的现象还普遍存在。在本案中，程某某除负责社区矫正工作之外，还要完成司法所交办的其他工作，这必然会牵扯其一部分精力，不能心无旁骛地投入社区矫正工作之中，极易放松对社区矫正对象的管理，进而导致“小恶变大恶”的现象出现。本案的意义除了应思考如何减轻和避免客观不利因素对执法效果的影响之外，还需要我们进一步深思如何在制度上加强对专职社工、辅助人员的管理。

启示一：及时发现和处理“苗头性”隐患

我们不难发现，许多重新犯罪的社区矫正对象在社区矫正期间的表现往往也一般，或多或少存在参加学习或活动敷衍了事、报告超期、擅自外出等违规情况。这些可能诱发重新犯罪的“苗头性”隐患如果没有被社区矫正工作人员及时发现、及时制止，并通过调整矫正方案，采取更为严格的监督管理措施约束其言行，就很容易使社区矫正对象产生侥幸心理，假以时日就极易再次走上犯罪道路。因此，社区矫正工作人员在进行监督管理的过程中，要注意发现社区矫正对象日常行为中可能出现的“苗头性”隐患，一旦发现其有违反监督管理规定的可能，就应立即指出并告知其法律后果，及时进行批评教育或通报责令检查，并可根据情节给予训诫或者警告处理，戳破其“幻想泡沫”，打消其试探性违规的念头。

启示二：健全对社区矫正社会工作者和辅助人员的绩效考评机制

本案虽过去多年，但类似的情况仍不断出现。就本案而言，刘某自 2012 年 4 月接受社区矫正，到 2013 年 6 月再次犯罪，这期间已经多次出现违反监督管理规定的行为。与此同时，程某某在协助司法所长开展社区矫正工作中，也出现了多次不按照规定对社区矫正对象刘某依法进行监督管理的行为，但均未能得到及时纠正。直到今天，在社区矫正实践中，这种社区矫正社会工作者和辅助人员不认真履职的情况依然存在。这其中原因虽颇多，但没有制度上的保障，尤其是欠缺一套科学合理的绩效考评机制是问题的核心所在。社区矫正社会工作者作为开展社区矫正工作的一支重要力量，若在工作中对其缺乏合理的绩效考评机制，就会导致部分社会工作者工作积极性不高，怠于履职。同样，辅助人员在社区矫正队伍建设还很薄弱的情况下，发挥了一定的作用，对他们进行必要的管理，通过绩效考核机制提高其工作积极性，对社区矫正工作进行专业化分工和提高工作效能是大有裨益的。

当然，就如何建立科学合理的绩效考评机制，很多地区都做了尝试。有些地区通过健全社区矫正社会工作者和辅助人员的工作制度来明确其权责，如一些省份制定了社区矫正社会工作者管理办法、社区矫正协管员管理办法、社区矫正协管员考核实施办法等；有些地方通过完善激励机制来规范和引导社区矫正社会工作者和辅助人员积极参与；有些地方则推行社区矫正社会工作者评级制度，将其级别与待遇直接挂钩；有些地方通过合理构建薪酬组成的方式，人员待遇由基本工资、岗位津贴、奖金组成，其中奖金根据绩效考核结果有所区分。通过种种改革举措，建立起与本地经济社会发展水平与工作水平相适应的绩效考评机制，可以有效地调动社区矫正社会工作者和辅助人员的工作积极性，增强其工作责任感。

启示三：加快社区矫正工作人员职业保障制度建设

本案中程某某在发现刘某脱管时，个人擅改脱管日期，使刘某避免被收监，就已经涉嫌滥用职权。同时程某某还存在未按相关规定将刘某的管理等级变更为“严管级”并落实“严管级”相应的矫正措施的行为。在不少地区，这种不按相关规定落实分级管理的问题还不同程度存在。这类问题的性质本质上是错误执法，即社区矫正工作人员在执法活动中，在认定事实、适用法律时出现错误。工作人员若存在主观上的故意或过失，一般是要承担相应的法律责任的。对这类问题进行分析，可以发现既有工作人员业务不熟、贪图省事的原因，也有因人情世故，抹不开面子的原因，更有担心对社区矫正对象进行“严管”后可能会被对方打击报复的原因。对于社区矫正工作人员中的聘用制辅助人员而言，因其多为当地人，接受社区矫正的罪犯也多为本地的居民，聘用制辅助人员对本人的社区人际关系和自身安全的顾虑就显得越发突出。这种顾虑极易导致聘用制辅助人员在监督管理工作中瞻前顾后、为难发愁，出现“不想管、不愿管”“你好、我好、大家好”“只求过得去，不求过得硬”等情况。为此，我们可以参照《中华人民共和国人民警察法》中对人民警察的职业保障条款，加大对社区矫正工作人员尤其是其中的聘用制辅助人员的职业保障机制建设，既包括对因在社区矫正工作中遭受打击报复的社区矫正工作人员及其家属进行救助，帮助解决其后顾之忧，也要加大对威胁、恐吓、侵害社区矫正工作人员的社区矫正对象的惩处力度，以此维护社区矫正工作人员的尊严，彰显社区矫正的权威性和严肃性。

第二章

滥用职权类犯罪

《中华人民共和国社区矫正法》第八条规定："国务院司法行政部门主管全国的社区矫正工作。县级以上地方人民政府司法行政部门主管本行政区域内的社区矫正工作。"同时该法第九条还明确规定："县级以上地方人民政府根据需要设置社区矫正机构，负责社区矫正工作的具体实施。……司法所根据社区矫正机构的委托，承担社区矫正相关工作。"这些规定，从立法上明确了司法行政机关负责社区矫正的指导管理和组织实施的法律地位，也确立了社区矫正机构的执法主体地位，使其拥有了监督管理和教育帮扶的具体职权。社区矫正机构及接受委托的司法所具体承担社区矫正监督管理和教育帮扶工作，这是国家赋予它们的神圣职责，社区矫正机构及接受委托的司法所应当严格依照法律规定的权限和程序认真履行职责，任何超越法定权力范围，包括违法决定或无权决定、无权处理、违反法定程序等都是滥用职权的行为。

《中华人民共和国刑法》第三百九十七条将滥用职权罪和玩忽职守罪并列，规定："国家机关工作人员滥用职权或者玩忽职守，致使公共财产、国家和人民利益遭受重大损失的，处三年以下有期徒刑或者拘役；情节特别严重的，处三年以上七年以下有期徒刑。本法另有规定的，依照规定。国家机关工作人员徇私舞弊，犯前款罪的，处五年以下有期徒刑或者拘役；情节特别严重的，处五年以上十年以下有期徒刑。本法另有规定的，依照规定。"滥用职权罪与玩忽职守罪均属于渎职罪，其犯罪客体均为"国家机关的正常管理活动"。但渎职罪中的各种具体犯罪，又有其自身的特殊性，有学者认为区分的关键是侵犯的直接客体不同。滥用职权罪侵犯的直接客体是国家机关工作人员职务活动的正当性，玩忽职守罪侵犯的直接客体是国家机关工作人员职务活动的勤政性，本书认同此观点。所谓滥用职权罪，是指国家机关工作人员故意逾越职权，违反法律决定、处理其无权决定、处理的事项，或者违反规定处理公务，致使公共财产、国家和人民利益遭受重大损失的行为。

滥用职权罪的主观方面主要由故意构成，个别情况下也可以由过于自信的过失构成。滥用职权客观表现为：一是超越职权的滥用，即行为人超越法定权力范围，违法决定无权决定的事项、擅自处理无权处理的事务；二是违法行使职权的滥用，即行为人违反法定办事程序，胡作非为，滥施淫威，随心所欲地违法处理公务，主要以作为的方式超越法定职权，决定、处理无权决定、处理的事项，或者违法行使职权随心所欲地处理公务。滥用职权罪与玩忽职守罪在客观方面最大的区别还在于结果要求上的不同。[①]

根据刑法及相关司法解释的规定，通说认为滥用职权罪是结果犯，以是否造成法定的损害结果来认定是否构成犯罪。滥用职权罪是 1997 年《刑法》设定的罪名，而社区矫正制度则是从 2011 年《刑法修正案（八）》颁布施行以及 2012 年《刑事诉讼法》修订之后才逐渐确立起来的。在社区矫正工作过程中滥用职权造成的损害结果标准除依照《最高人民检察院关于渎职侵权犯罪立案标准的规定》外，还应当考虑滥用职权行为是否对社区矫正制度所构建的法律秩序造成了损害、是否给国家和社会造成了公共利益的重大损失或产生了严重的不良社会影响。

“大道至简，有权不可任性”，“有权必有责、权责必相称、用权受监督”。权力不能关进“笼子”，就容易被无限度地滥用，为腐败埋下隐患。《社区矫正法》出台后，在社区矫正工作中仍存在着立法对制度性质规定模糊、工作人员身份不明确、部门衔接不畅等客观问题，再加上少数社区矫正工作人员对社区矫正作为刑事执行活动的本质属性认识不清，法治、纪律观念淡薄，才会把公权当作谋取私利的工具和筹码。例如：有的社区矫正工作人员在社区矫正工作中故意违背职责，允许社区矫正对象不按规定报告个人情况，或在明知社区矫正对象外出、迁居的理由不具有正当性的情况下予以批准，致使社区矫正对象脱离监管，甚至引发其在社区矫正期间重新违法犯罪；有的社区矫正工作人员利用法律赋予的职权，违规向社区矫正对象乱摊派、乱收费或索取借款，给社区矫正对象及其家属的正当权益造成重大损失。目前，在社区矫正实践中，滥用职权的原因主要包括：受人请托、领导交代、收受贿赂以及工作人员法治观念淡薄、对刑事执行活动性质认识不足等。

---

① 最高人民检察院《关于人民检察院直接受理立案侦查案件立案标准的规定（试行）》中，对两种犯罪的危害结果要件作出了略有区别的司法解释。如滥用职权造成死亡 1 人，或者重伤 2 人、轻伤 5 人以上即可立案，而玩忽职守除造成死亡 1 人以外，重伤 3 人、轻伤 10 人以上才能立案；滥用职权造成直接经济损失达 20 万元即可立案，而玩忽职守则要造成直接经济损失达 30 万元才能立案等。

不遵规定滥用职权
专职社工依法判缓

基本案情

嵇某，中共党员，原系YG市JL区司法局XB司法所社区矫正专职社会工作者。

嵇某于2006年进入YG市JL区司法局XB司法所工作，至案发前一直在该所工作（其间在该所入党、多次被表彰），也领取了一定数额的酬劳。司法局将嵇某作为聘用人员进行统计，并于2014年为其办理了社区矫正工作证。嵇某作为社区矫正小组的组长，从社区矫正对象的报到入矫开始，再到工作中的定期报告、思想汇报、申请外出等事项及最后的期满解矫，甚至包括违规行为的处理都由嵇某先行审核，出具初步意见。

2011年至2015年7月，嵇某作为YG市JL区司法局XB司法所的社区矫正工作人员，在对56名社区矫正对象实施社区矫正期间，严重违反相关规定，擅自放宽定期报告的次数、违规审批外出，并为数十名社区矫正对象伪造月度考核表、电话汇报记录簿等档案资料，致使32名社区矫正对象各自脱管时间长达数月至三年不等、24名社区矫正对象未被依法规范管理，造成了恶劣的社会影响。截至2015年7月，嵇某利用职务便利向54名社区矫正对象借款共计人民币200余万元未归还，引发数十名社区矫正对象报警、提起民事诉讼、聚众到XB司法所索要借款的群体性事件。嵇某在被给予相应的党纪、政务处分后，最终也被依法追究刑事责任。

经YG市JL区人民法院审理，依法判决嵇某犯滥用职权罪，判处有期徒刑二年，缓刑二年。

案例评析

从案件来看，嵇某被JL区司法局实质上赋予了相应的职责，也行使了对社区矫正对象的管理职权，这就足以认定嵇某是执行公务的国家工作人员。嵇某作为国家工作人员，其滥用职权的行为，不仅使社区矫正对象把国家颁布的法律视为儿戏，同时也造成了国家和人民利益的重大损失，极大地损害了法律的权威性。更为严重的是，嵇某的行为会让社会公众与司法行政机关之间产生隔阂，从而导致对司法行政机关的评价下降，进而对政府的公信力产生怀疑。

本案发生的时间虽然在《社区矫正法》颁布实施前，但其中社区矫正社会工作者如何正确发挥作用的问题依然值得我们研究探讨。《社区矫正法》颁布实施后，社区矫正工作将会持续推进和深入，社区矫正社会工作者（专业社工）的力量和作用也会愈加凸显。在立法之后，社会工作者在推进社区矫正工作的过程中又会存在一系列新问题，包括：社会工作者应如何依法定位？担负着怎么样的具体职责？能起到什么样的作用？可以说，这一系列的新问题对社区矫正机构、社会工作组织、社工群体而言都值得在新形势下加快思考，找到答案。

从《社区矫正法》的立法精神、价值取向、条文内容来看，社区矫正社会工作者是一支独立的工作力量，能够对社区矫正对象进行环境评估、人际关系维系、心理疏导与调整、思想教育与督导等工作，促进社区矫正对象认识自我，矫正思想、行为偏差，减少再犯罪率，促使其健康平稳再社会化，最终促进社会和谐、区域稳定的社区矫正工作目标的达成。基于此，社会工作者是教育者、辅导者、支持者、咨询者的角色，能够起到政策影响、资源协调的作用。《社区矫正法》第四十条规定："社区矫正机构可以通过公开择优购买社区矫正社会工作服务或者其他社会服务，为社区矫正对象在教育、心理辅导、职业技能培训、社会关系改善等方面提供必要的帮扶。"这一条款为社会工作者发挥自身专业知识和技能开展工作提供了法律保障。但是由于一些地方并未正确认识社会工作者的作用，将社会工作者当做执法辅助人员使用，甚至任由其单独行使执法权，这在客观上使社会工作者同样成为行使国家职权、从事国家公务的人员，进而产生滥用职权的风险。

从相关法律规定和立法、司法解释来看，滥用职权罪作为渎职犯罪的一类，其主体虽然是国家工作人员，即在国家机关中从事公务的人员，但根据《全国人民代表大会常务委员会关于〈中华人民共和国刑法〉第九章渎职罪主体适用问题的解释》（以下简称《解释》）中的规定，在依照法律、法规规定行使国家行政管理职权的组织中从事公务的人员，或者虽未列入国家机关人员编制，但在国家机关中从事公务的人员，在代表国家机关行使职权时，有渎职行为，构成犯罪的，依照《刑法》关于渎职罪的规定追究刑事责任。渎职罪包含滥用职权罪、玩忽职守罪、徇私枉法罪等，故《解释》显然将代表国家机关行使职权的非国家机关工作人员也纳入渎职犯罪主体范围。社会工作者虽然不具有《社区矫正法》中规定的社区矫正机构工作人员身份，但在实际工作中如果获得授权，实际行使着与社区矫正机构工作人员同样的职权，就会被检察机关纳入渎职罪主体范畴。正因如此，本案中嵇某被认定为实际具有并行使了对社区矫正对象的管理职权，即嵇某所从事的工作是“从事公务”，符合滥用职权罪的身份要件。

渎职罪侵犯的客体是国家机关的正常管理活动。渎职罪在客观方面表现为国家机关工作人员不履行或者不正确履行应当履行的职责，严重妨害国家机关的正常管理活动，损害公民对国家机关的合法性、公正性和有效性的信赖，致使公共财产、国家和人民利益遭受重大损失的行为。所以从客观方面来看，滥用职权罪的其他构成要件，包括行政机关及其工作人员在行使职权、实施具体行政行为的过程中故意违背法定目的、背离基本法理、造成后果显失公正而应予以撤销的违法行政行为。

结合本案分析，嵇某的行为从客观方面符合滥用职权罪的要件。

(1) 社会工作者拥有该项职权。最高人民检察院《关于渎职侵权犯罪案件立案标准的规定》中指出：“滥用职权罪是指国家机关工作人员超越职权，违法决定、处理其无权决定、处理的事项，或者违反规定处理公务，致使公共财产、国家和人民利益遭受重大损失的行为。”根据该规定，滥用职权行为主要表现为两种形式：超越职权和不正确行使职权。无论表现为哪种形式，都以有一定职权为前提。故从法律授权的依据、司法局颁发的工作证、社区矫正小组长的审核权限等内容，可以认定嵇某拥有与国家机关工作人员一样的权限。

(2) 违背法律宗旨实施职务行为。《社区矫正法》要求社区矫正工作应当依法进行。但客观上，因嵇某的原因造成了背离法定目的和利益的结果，具体包括：1) 嵇某出于私人利益而使工作行为目的与法定目的不一致；2) 嵇某考虑了不相关的因素或者没有考虑相关的因素而导致了与法定目的不一致。

(3) 造成严重的损害后果。嵇某的行为包括滥用裁量权，擅自放宽定期报告的次数、擅自审批外出等，造成社区矫正对象脱管。上述行为是对其职责的明显违背，造成了恶劣的社会影响。其向多名社区矫正对象借款且不予归还的行为也给社区矫正对象的正当权益带来了重大损失，破坏了国家机关的公信力。因此可认定其滥用职权行为同损害后果之间具有因果关系。

(4) 从主观方面来看，以故意为要件。本罪在主观方面表现为故意，行为人明知自己滥用职权的行为会发生致使公共财产、国家和人民利益遭受重大损失的结果，并且希望或者放任这种结果发生。从司法实践来看，对危害结果持间接故意的情况比较多见，但本案中嵇某有向社区矫正对象借款的行为，所以直接故意的可能性更大，这也反映出嵇某的主观恶性是较大的。至于行为人是为了自己的利益滥用职权，还是为了他人的利益滥用职权，并不影响本罪的成立。

(5) 要出于非法目的。非法目的是滥用职权的诱发原因，如果没有非法目的存在，便不会有滥用职权的发生。换言之，法律授予行政机关权力是为了服务于公共利益的目的，因此行使权力必须符合法律所规定的目的，否则即构成权力滥用。

启示与思考

启示一：认同社会工作理念，重视社会工作价值

行刑社会化理念不仅是社区矫正制度的理论基础，同时也是国际刑事执行领域的一个重要发展趋势，从比较法的角度来说，社会力量广泛参与是国际上社区矫正通行的做法。《社区矫正法》第三条之规定，昭示了专门机关和社会力量相结合，鼓励社会力量参与社区矫正是国际上的成功经验，可以很好地移植到我国的社区矫正法律制度中来。从国内外，尤其是我国十几年的实践经验来看，社区矫正不使罪犯与社区联系处于隔离状态，反而能够充分利用社区资源，加强罪犯与社区的联系，其中专业的社会工作者在其中就发挥了无可替代的作用。在社区矫正实践中，也的确客观存在着社会工作者协助或单独从事监督管理工作的情况，且这种情况会导致出现滥用职权的违法犯罪行为。尽管如此，我们也不能因噎废食，不能因为极个别人的违法犯罪行为就否定社会工作者的努力，要充分认识到社会工作理念及其工作方式方法在社区矫正工作中的重要意义。

启示二：合理设定岗位和职责，避免权力过分集中

本案的另一个特点即嵇某所从事的具体工作，其作为社区矫正小组的组长，从社区矫正对象的报到入矫开始，再到工作中的定期报告、思想汇报、申请外出等事项及最后的期满解矫、违规行为处理等，都由嵇某先行审核，出具初步意见，可以看出嵇某基本上参与了社区矫正的各个执法环节，存在权力皆系一人之手的问题。历史的经验告诉我们，权力若垄断起来，高度集中于一人之手，实际上也把所有的矛盾集中于一人之身。在社区矫正领域，这就是将职务犯罪的风险集于一人之身，那这会最终导致什么样的情况发生呢？正如封建帝王，当其人为明君时，不但能够维持，而且还会保证国家机器的高速运转，从而提高行政效率；当其人为昏君时，滥用权力，胡作非为，必然导致天怒人怨，身死国灭。所以执法权力的高度集中往往是滥用职权的前提之一。本案中的嵇某就是在单独从事社区矫正工作期间，出现了各种违法决定、无权决定等滥用职权的行为，最终被依法追究刑事责任。

启示三：以制度建设为核心，强化社区矫正监督

党的十九大报告提出："加强纪律教育，强化纪律执行，让党员、干部知敬畏、存戒惧、守底线，习惯在受监督和约束的环境中工作生活。"滥用职权对党和国家危害严重，如何预防社区矫正领域滥用职权行为的发生，让社区矫正工作人员习惯监督和约束，从根本上解决滥用职权行为，还要从以下几个方面着手：

（1）要健全相关法律法规，完善立法。虽然《社区矫正法》已开始施行，但是配套的相关制度还需要进一步完善，而预防滥用职权行为，则应当在规范社区矫正机构及其工作人员行为上建章立制，完善社区矫正工作权力运行机制，让监督有法可依。

（2）要提高刑事执行工作队伍的素质，加强队伍建设。从本案来看，滥用职权犯罪主体可能在业务方面有专长，但对法律法规的理解和执行却可能不到位。因此，除了要加强业务能力培养之外，还必须加强工作队伍素质建设，提高相关工作人员对法律法规的理解、运用能力。

（3）要强化政务公开，健全监督机制。根据我国法律相关规定，如《政府信息公开条例》确定的政务公开的原则是以公开为原则，不公开为例外。社区矫正机构也要通过政务公开，保障百姓，尤其是社区矫正对象的知情权、参与权、表达权、监督权，最大限度减少执法人员滥用职权行为的发生。随着互联网、微博、微信、抖音等新兴媒体的广泛应用，利用新科技规范政务公开越来越重要，社区矫正机构要高度重视网络监督，建立健全网络监督机制，对网络监督发现的问题要及时整改，杜绝滥用职权行为的发生。

受贿枉法私改决定
矫正股长数罪并罚

基本案情

张某，男，汉族，原系HM省XS县司法局社区矫正管理股股长兼县社区矫正中心主任。

2012—2020年，张某在担任XS县司法局社区矫正管理股（社区矫正中心主任）股长期间，利用职务便利，违反相关规定，徇私舞弊、滥用职权、以权谋私，索取或非法收受彭某某等人人民币共计172 888元及香烟、手机（未进行价值鉴定）等物，造成了恶劣的社会影响。

一、滥用职权罪相关情况

张某多次违背XS县司法局局长办公会对被告人或罪犯作出的“建议不适用”或“建议慎用”社区矫正的集体研究决定，私自向法院、监狱等委托机关出具“建议慎用”或“建议适用”的《社区矫正调查评估意见书》，致使委托机关在判决、裁定中采纳相关意见，对彭某某、吴某某、张某丙、曹某某、杨某甲、郭某某、楚某某、李某甲、汪某某等多名被告人或罪犯适用了缓刑或假释，造成了恶劣的社会影响。

张某多次未经XS县司法局局长办公会集体研究决定，私自向委托机关出具“建议慎用”或“建议适用”的《社区矫正调查评估意见书》，致使委托机关在判决、裁定中采纳相关意见，对肖某甲、肖某乙、龙某某、朱某甲、朱某乙、张某丁等多名被告人或罪犯适用了缓刑或假释，造成了恶劣的社会影响。

张某对于被判处缓刑的罪犯在XS县辖区内进行社区矫正报到时，违反规定，私自决定不录入HM省智慧矫正一体化平台，或者录入后删除社区矫正对象的系统信息，并向法院出具虚假接收凭证；在社区矫正对象提出变更执行地申请后，未经外地县级司法行政机关同意接收，就将社区矫正档案交由社区矫正对象带往外地司法行政机关，并销毁外迁社区矫正对象的相关档案材料。在社区矫正期间，故意放松对社区矫正对象的管理，不按照规定执行社区矫正。张某的上述行为造成彭某某、张某丙、曹某某、肖某甲、肖某乙、马某某、胡某某、李某乙、张某乙、罗某某、邓某某、王某某、冯某某、朱某等多名社区矫正对象脱管漏管，造成恶劣的社会影响。

二、受贿罪相关情况

2012 年 7 月，张某利用职务便利，在杨某甲执行社区矫正期间给予其管理方面的关照，非法收受杨某甲父亲杨某乙所送人民币 5 000 元。2017 年 3 月，张某利用职务便利，违背 XS 县司法局局长办公会集体研究决定，私自为杨某甲出具《社区矫正调查评估意见书》，非法收受杨某乙所送软芙蓉王香烟一条。

2017 年 6 月，张某利用职务便利，故意不将罗某某的信息录入 HM 省智慧矫正一体化平台，造成罗某某漏管，非法收受罗某某所送人民币 5 000 元。

2017 年 12 月，张某利用职务便利，违背 XS 县司法局局长办公会集体研究决定，私自为彭某某出具《社区矫正调查评估意见书》，且故意不将彭某某的信息录入 HM 省智慧矫正一体化平台，造成彭某某漏管，非法收受彭某某及其所委托的人所送人民币 15 888 元。

2018 年 9 月，张某利用职务便利，放松对邓某某的监管，非法收受邓某某所送人民币 15 000 元。

2018 年 10 月，张某利用职务便利，对王某某以变更执行地的形式解除其社区矫正，造成其脱管达 1 年 10 个月。其间，张某向王某某索要人民币40 000 元，并非法收受王某某所送手机一部。

2018 年 1 月，张某利用职务便利，违背 XS 县司法局局长办公会集体研究决定，私自为张某丙出具《社区矫正调查评估意见书》，且违规将社区矫正档案交给张某丙本人，造成张某丙漏管，非法收受张某丙姐姐张某戊所送人民币 5 000 元。

2018 年 1 月，张某利用职务便利，未经 XS 县司法局局长办公会议决定，私自为朱某甲、朱某乙出具《社区矫正调查评估意见书》，非法收受朱某甲、朱某乙委托的人所送人民币 8 000 元。

2018 年 9 月，张某利用职务便利，违背 XS 县司法局局长办公会集体研究决定，私自为曹某某出具《社区矫正调查评估意见书》，且故意不将曹某某的信息录入 HM 省智慧矫正一体化平台，造成曹某某漏管，非法收受曹某某所送人民币 4 000 元。

2018 年下半年，张某利用职务便利，故意将胡某某的信息从 HM 省智慧矫正一体化平台中删除，造成胡某某脱管，非法收受胡某某所送的人民币5 000 元。

2019 年 6 月，张某利用职务便利，故意不将冯某某的信息录入 HM 省智慧矫正一体化平台，造成冯某某脱管 1 年 2 个月，非法收受冯某某所送人民币 10 000 元。

2019 年 9 月，张某利用职务便利，违背 XS 县司法局局长办公会集体研究决定，私自为李某某出具《社区矫正调查评估意见书》，非法收受李某某所送和天下香烟二条。

2019 年 10 月，张某利用职务便利，故意不将张某乙的信息录入 HM 省智慧矫正一体化平台，造成张某乙脱管 8 个月。其间，张某甲向张某乙索要人民币 40 000 元。

2020 年 1 月，张某利用职务便利，故意不将朱某的信息录入 HM 省智慧矫正一体化平台，造成朱某政脱管 4 个月，非法收受朱某所送人民币20 000 元。

经 XS 县人民法院审理，依法判决张某犯滥用职权罪、受贿罪，数罪并罚判处有期徒刑二年六个月，并处罚金人民币十万元。

案例评析

调查评估是国际上通行的重要的社区矫正工作制度，能够充分体现社区矫正决定机关在对被告人或罪犯适用社区矫正时的审慎态度。本案虽发生在《社区矫正法》实施之前，但无论是依据当时适用的《社区矫正实施办法》第四条，还是依据现行《社区矫正法》第十八条的规定，即“社区矫正决定机关根据需要，可以委托社区矫正机构或者有关社会组织对被告人或者罪犯的社会危险性和对所居住社区的影响，进行调查评估，提出意见，供决定社区矫正时参考。居民委员会、村民委员会等组织应当提供必要的协助”，都可以看出社会调查评估工作能否依法开展，对降低罪犯重新犯罪的风险、提高社区矫正工作质量水平有重要的意义。这主要表现在如下三个方面：

一是为委托机关对被告人或罪犯是否适用社区矫正提供重要参考依据。在司法实践中，社区矫正机构通过开展调查评估，为委托机关出具书面调查评估意见书，使委托机关能够具体了解犯罪人的人身危险性、家庭关系、被害人谅解情况以及是否能够被社区重新接纳等重要信息，进而提高适用社区矫正的准确率。

二是保护公民权利和社区安全。监禁刑的负面作用是对罪犯家庭造成破坏。对拟适用社区矫正的被告人或者罪犯进行全面的调查评估，从保护公民权利来说，可以帮助被告人或罪犯维持相对稳定的家庭关系，也是对其他家庭成员的保护；对维护社区安全来说，由于社区矫正对象具有相当大的自由，一方面只能接纳预期不会对社区其他公民人身和财产安全造成损害的人员，另一方面也可以促进其修复受损的社会关系。

三是保障社区矫正工作能有序开展。依据《社区矫正法》的相关规定和司法实践，开展调查评估和负责社区矫正执行的往往是同一社区矫正机构。通过进行调查评估，可提早全面了解社区矫正对象的犯罪背景、个人性格特点、文化知识水平、婚姻家庭情况、社会交往关系等重要信息，在后续的监督管理和教育帮扶中能够科学地、有针对性地制订矫正方案，确保各项矫正措施得当，使社区矫正工作取得实效。

正因如此，社会调查评估制度在刑事诉讼中也有自己的一席之地，且社区矫正决定机关对调查评估报告的重视程度，也随着《社区矫正法》的实施不断增加。从目前的司法实践来看，通常情况下，只要社区矫正机构出具“同意社区矫正”“适合社区矫正”等相关的调查评估报告，社区矫正决定机关对被告人或罪犯适用社区矫正的概率就会较高，一些“有心之人”也认识到了权力可以寻租之处。如果在社区矫正的“入口关”就滥用职权，那在后续的监督管理中“放水”也就是见怪不怪了。本案值得关注的特别之处就是社区矫正机构负责人张某如何滥用社区矫正的执法权力进行“寻租”，谋取非法利益，而且滥用职权和贪污贿赂犯罪交织。

本案还有两个需要思考的地方：第一，张某的行为是否构成牵连犯罪；第二，追究张某刑事责任是否以其具备司法工作人员身份为必要。从本案来看，需要从以下四个方面来分析：

一是社区矫正工作中的滥用职权和受贿行为不存在必然的逻辑先后。在犯罪评价中，一个符合犯罪客观要件的行为能吸收另一个符合犯罪客观要件的行为，从而只按一个犯罪行为来评价，被称为吸收犯。其要求前行为是后行为的必经阶段，后行为是前行为的发展结果。就张某的个人行为而言，受贿与滥用职权之间虽存在一定的因果联系，但普遍来说，受贿与滥用职权之间并不存在必然的逻辑先后，两个行为各自独立。换言之，张某违规出具调查评估报告、放松日常管理等行为与受贿行为之间并非牵连关系。

二是滥用职权和受贿的目的指向不同。所谓牵连犯，是指“行为人以实施某一犯罪为目的，其方法行为或结果行为又触犯其他罪名的犯罪形态”。牵连犯强调手段、目的和行为结果，各行为之间具有牵连关系且最终目的指向具有统一性。就张某的滥用职权和受贿而言，其犯罪目的分别指向了渎职和钱财，且两行为之间并不具备类型化、通常性的牵连关系，故不应将张某的行为认定为牵连犯，进而从一重罪论处。

三是滥用职权罪与受贿罪所保护的法益不同。虽然滥用职权罪与受贿罪均属于职务犯罪，但二者所保护的法益并不重合。滥用职权罪所侵犯的法益则是国家机关的正常活动，具体是指“国家机关公务的合法、公正、有效执行以及国民对此的信赖”；而受贿罪所侵犯的法益是“国家工作人员职务行为的不可收买性”，具体是指职务行为与财物的不可交换性。

四是社区矫正机构的工作人员目前依法不属于刑法意义上的司法工作人员范畴。根据全国人大常委会法工委刑法室主任王爱立主编的《中华人民共和国刑事诉讼法释义》一书中对《刑事诉讼法》第十九条的释义，该条所规定的“司法工作人员”所指的，就是《刑法》第九十四条所规定的有侦查、检察、审判、监管职责的工作人员。中国人大网刊登的《刑法中规定的司法工作人员是指哪些人员?》一文中对四类人员是这样解释的：负有监管职责的人员。它包括各级公安机关、国家安全机关以及司法行政部门所属的监狱中担任监管犯罪嫌疑人、被告人、罪犯职责的人员，也包括在劳动教养场所中担任监管劳教人员职责的人员。值得注意的是，最高人民法院、最高人民检察院、公安部、国家安全部、司法部联合印发的《关于对司法工作人员在诉讼活动中的渎职行为加强法律监督的若干规定（试行)》（高检会〔2010〕4号）中规定：“本规定所称的司法工作人员，是指依法负有侦查、检察、审判、监管和判决、裁定执行职责的国家工作人员”，这似乎又涵盖了社区矫正机构工作人员。考虑到刑法作为国家基本法律，其效力位阶远高于最高人民检察院的文件，故应以刑法为准。我国《刑法》第二百四十八条规定了虐待被监管人罪，即监狱、拘留所、看守所、强制隔离戒毒所等监管机构的监管人员对被监管人进行殴打或者体罚虐待，情节严重的，即构成该罪。因此，本书观点认为拘留所、强制隔离戒毒所等并非刑事执行场所，判断一项工作的性质是否是“监管”，主要是看这项工作是否具备剥夺被监管人的人身自由的特征，社区矫正则同监管工作相反，以不剥夺罪犯人身自由为特征，所以社区矫正机构工作人员不具备刑法上规定的监管职能，不符合《刑法》第九十四条对于司法工作人员这一法律概念所作的解释，不是刑法、刑事诉讼法意义上的司法工作人员。

具体到本案，因张某的职务行为不具有司法活动性质，故不构成《刑法》第三百九十九条专为打击司法工作人员滥用司法职权而规定的犯罪，从一重罪被处罚，而是构成犯罪主体为一般国家机关工作人员的滥用职权罪，进而以滥用职权罪和受贿罪被人民法院数罪并罚。本案警示广大社区矫正工作人员，尤其是社区矫正机构的负责人，要明白滥用职权罪所产生的刑事责任往往不是单一的，需要防微杜渐。

启示与思考

一、滥用职权的危害

滥用职权罪的核心在于对滥用职权的认定，其意指违背职责行使职权。职权的内容和职责的界定是一个问题的两个方面，国家工作人员在行使职权时也履行职责，职责就是行使职权时所应当遵循的要求。如果行为人没有违反职责，则当然不构成滥用职权。所以职责的界定是滥用职权罪需要考虑的重要问题。

从张某滥用职权的行为可以看出，此类犯罪的危害是非常明显的：一是损害了党和政府的形象，败坏了党风政风，影响了政府的公信力。二是损害了社会公平正义。党和国家一直注重和维护社会公平正义，滥用职权行为导致了政务不公开和不透明，侵害了公民的知情权、监督权，严重损害了社会公平正义。三是助长了特权思想。滥用职权行为腐蚀了国家机关公务的合法、公正、有效执行以及公民对此的信赖，最终必然侵害公民个人的合法利益。滥用职权的行为通常还伴随着贪贿类犯罪，损害公务人员的廉洁性，两者往往共生共长。可以说，滥用职权行为是导致特权思想滋生蔓延的重要因素，因此必须对这种行为予以严厉打击，进而规范刑事执行活动。

二、滥用职权的预防

阳光是最好的防腐剂，从本案可以看出健全监督机制的重要性。

（一）要建立健全系统内监督机制

司法行政机关，尤其是社区矫正机构要建立社区矫正执法监督检查工作制度，通过自查、互查、抽查、联查等方式，认真组织开展社区矫正执法工作的日常监督检查工作，对社区矫正全过程进行监督检查，对执法活动中的关键性执法环节进行重点监督。

（二）要建立健全外部监督机制

积极发挥检察、人大、政协等机关法律监督职能作用，主动邀请检察院在司法局设立社区矫正检察室，对社区矫正执法实施日常监督；邀请人大、政协等机关视察检查工作，及时研究并努力解决制约社区矫正工作开展的普遍性难题；认真办理人大代表建议和政协委员提案，坚决执行人大决议，争取各部门对社区矫正工作的关心和支持，促进社区矫正工作规范、有效地开展。

（三）要重视并认真对待社会监督

真诚对待群众来信来访，对群众反映强烈的突出问题要仔细研究、积极回应、着力整改，并耐心做好疏导解释工作，争取群众的理解和支持。正确对待和应对媒体监督，及时回应并正向引导舆论事件，避免恶性炒作。在遵守宣传纪律的前提下，充分利用各类媒体资源特别是新媒体平台宣传社区矫正工作制度、先进经验和典型案例，提高群众对社区矫正工作的认知度和满意度。

延伸阅读

XS县人民检察院针对在查办张某滥用职权案中发现的社区矫正管理工作中存在管理漏洞、监督检查工作机制不健全、社区矫正队伍管理不到位等问题，向XS县司法局发出检察建议，并在县司法局举行检察建议宣告送达仪式。县纪委监委派驻政法委纪检监察组负责人、县司法局局领导、股室负责人、各乡镇司法所所长参加公开宣告送达仪式。

在宣告送达仪式上，县检察院通报了张某案的案情。2014—2020年，张某在担任XS县司法局社区矫正管理股股长兼县社区矫正中心主任期间，违反相关规定，徇私舞弊，滥用职权，篡改、非法出具社区矫正调查评估意见，并非法收受、索取社区矫正对象及其亲属财物共计人民币172 888元，构成滥用职权罪、受贿罪，张某被数罪并罚判处有期徒刑二年六个月，并处罚金人民币十万元。

XS县人民检察院随后宣读了检察建议书，针对在办案过程中发现的社区矫正管理工作方面存在的问题，提出了三点检察建议：一是健全社区矫正管理制度，堵塞漏洞；二是加大监督检查力度；三是全面抓好队伍建设。

XS县司法局负责人表示，诚恳接受县检察院提出的检察建议，将采取有效措施积极整改，及时回复整改情况，并以此为契机，完善社区矫正管理制度，强化内部监督制约机制，严格社区矫正队伍管理，加强与县检察院等相关部门的工作对接，杜绝类似问题再次发生。

没有依据乱收费用
三人依法受到惩处

基本案情

徐某，原系HM省WK县司法局局长，是国家工作人员。李某某，原系HM省WK县司法局党组成员、副主任科员，分管办公室、基层股，是国家工作人员。陈某，原系HM省WK县司法局基层股股长，是国家工作人员。

WK县的社区矫正工作自《社区矫正实施办法》施行后正式运行，2012年4月开始由县司法局基层股负责此项工作，具体负责人员有主管领导李某某，基层股股长陈某、副股长赵某。李某某和陈某参加市局社区矫正会议后向县司法局局长徐某汇报，上级要求为社区矫正对象配置定位手机，由基层股统一办理，手机定位费用暂时由社区矫正对象自行负担。之后，徐某、李某某两人决定向社区矫正对象收取每人1 000元的手机定位费，由司法所代收，陈某负责具体实施。基层股收到司法所上交的1 000元后，到联通、电信营业厅办理定位手机，每部价格为200～300元，办好后在管理平台上进行登记上网定位，定位后再由司法所领回发放给相关人员。自2012年4月至2015年7月，WK县司法局共向458名社区矫正对象收取手机定位费458 000元，发放定位手机价值105 100元，给上述社区矫正对象造成经济损失352 900元。收取手机定位费没有依据，也没有任何手续，由赵某、陈某先后保管。2015年11月20日，WK县人民检察院向县人民法院提起公诉，指控徐某、李某某、陈某犯滥用职权罪。

经法院审理，依法判决徐某、李某某、陈某犯滥用职权罪，免于刑事处罚。

案例评析

2012年3月1日，《社区矫正实施办法》施行后，各地社区矫正工作全面展开，WK县司法局为落实上级要求为社区矫正对象配置定位手机的任务，因当时没有专项经费，手机定位费用暂时由社区矫正对象自行负担。但是WK县司法局社区矫正工作开展后，2013—2015年县财政每年都下拨司法局20万元专项资金，2013 年 HM 省财政下拨 20 万元社区矫正专项资金，2015 年 HM 省又下拨了 15.45 万元。根据《财政部、司法部关于进一步加强社区矫正经费保障工作的意见》（财行〔2012〕402 号），社区矫正对象定位管理设备购置费、通信网络设备购置费以及调查评估、风险评估、组织集中教育、心理矫正、社区服务等工作经费，均属于财政保障的社区矫正经费开支范围。WK 县司法局在专项资金到位的情况下，无视社区矫正经费管理规定，自 2012 年 4 月至 2015 年 7 月，持续向社区矫正对象收取手机定位费，长达 3 年之久，且司法局向每个社区矫正对象收取的 1 000 元手机定位费远高于实际价格（每部 200～300 元），给社区矫正对象造成了经济损失，总计 352 900 元。

本案中的原司法局局长、司法局党组成员（分管社区矫正的副主任科员）、司法局基层股股长，均为国家工作人员，符合滥用职权罪的主体要件。滥用职权罪的直接客体是国家机关工作人员职务活动的正当性。本案中三人利用职权，违反财政部、司法部有关社区矫正经费规定，违法收取社区矫正对象手机定位费的行为，侵犯了职务活动的正当性，这符合该罪的客体要件。滥用职权收费给社区矫正对象造成经济损失，这符合该罪的客观方面要件。最后，三名被告的行为是明知自己滥用职权的行为会发生致使公共财产、国家和人民利益遭受重大损失的结果，却长达三年之久收取社区矫正手机定位费，符合该罪故意的主观方面要件。

证人赵某的证言证实其负责收取、保管手机定位费是受陈某、李某某、徐某的安排，其负责期间收取的 28 人手机定位费一事主管局长李某某、股长陈某均知情，故作为股长的陈某亦应对赵某负责期间收取的全部费用承担责任。三人在收费过程中有的做决定，有的具体执行，不宜区分主从犯。另外，因三人的行为造成的经济损失刚达到犯罪标准，犯罪情节轻微，且在案件审理中认罪态度较好，最后法院判决滥用职权罪，免于刑事处罚。

本案发生的时间虽然在《社区矫正法》颁布实施之前，但其警示意义明显，即任何一个国家工作人员，都应当在职务活动中正确地履行职责，依法贯彻执行国家的方针、政策，一切无法律授权的滥用职权活动，都是对国家工作人员职务活动正当性原则的侵犯，从而危害到国家机关的正常管理活动。对广大社区矫正工作人员而言，开展社区矫正工作一定要有法治意识和法治思维，要始终牢记刑事执行工作首先要有法律依据。

启示与思考

本案例是司法局工作人员利用职权，违法向社区矫正对象收取手机定位费，被人民法院以滥用职权罪定罪的典型案例，其带给社区矫正工作人员的启示如下：

（1）在《社区矫正法》实施前的实践中，除了收取手机定位费外，有些社区矫正机构还收取所谓的“社区矫正保证金”“假释调查费”等。按照社区矫正经费管理有关规定，社区矫正不应当向社区矫正对象收取任何费用，各级司法行政机关不能以社区矫正经费紧张为由收取手机定位费，进行隐性摊派（比如让社区矫正对象完成报刊订阅任务、完成招商引资任务等），更不能以社区矫正对象不缴纳相关费用为由给予处罚。这种乱收费、乱摊派行为，不但会影响政府公信力，严重的会触犯刑法被追究刑事责任。

（2）社区矫正的经费保障是一项中央和地方共管的事权，地方各级人民政府应当加强财政保障，切实落实《财政部、司法部关于进一步加强社区矫正经费保障工作的意见》（财行〔2012〕402 号）。只有经费充足了，社区矫正工作人员方能顺利开展工作，履行好法律赋予其的职责。

延伸阅读

HK 省女子赵丽（化名）因诈骗被某地法院判处有期徒刑 9 个月，缓刑一年。判决生效后，某地法院向赵丽发放了一份《社区矫正告知书》，要求她携带判决书回原籍司法所报到，接受当地社区矫正。按照规定，如果赵丽不在规定时间内报到，司法行政机关将给予警告处罚，甚至撤销缓刑。

赵丽回到 HK 省居住地的司法所报到，开始接受社区矫正，并在司法所的要求下缴纳了千余元手机定位费。但其后司法所的上级单位又要求赵丽进行“二次缴费”，被赵丽拒绝。一个多月之后，原判法院收到了 HK 省社区矫正工作领导小组办公室的公函。这份名为《撤销缓刑建议书》的公函显示，赵丽“经多次联系，至今拒绝到我处报到，为其办理登记接收手续，并且未经批准长期在外地未回来，在当地影响较大”。这份公函建议某地法院撤销赵丽的缓刑。撤销缓刑就意味着收监，某地法院随即进行了核实。承办此案的法官胡海说，联系到赵丽后，赵丽称已经在法定时间内到当地司法所报到，为此当地司法所还专门为赵丽出具了证明函。证明函表明，赵丽已经于 1 月 22 日到司法所报到，且正在接受社区矫正。两份内容截然不同的公函让法院工作人员慎重起来，经过再三核实，最终确认赵丽已经在当地司法所报到。法院最终没有采纳撤销缓刑的建议。司法所和上级“对着干”的证明函帮赵丽洗清了“冤屈”。

按照目前的法律及相关规定，不管是社区矫正机构还是其主管部门的司法行政机关，均不能向社区矫正对象收取任何费用。然而在社区矫正实践中，就曾有部分地区的司法局以开展社区矫正工作的名义，要求社区矫正对象缴纳高额费用，甚至是重复缴纳，或者要求社区矫正对象购买手机且不出具任何票据，有极少数地区的司法局甚至以社区矫正对象不缴纳相关费用为由建议撤销缓刑。总而言之，这类实践中的现象虽现已被法律所禁止，但不可否认这些现象已对社区矫正工作的开展产生了消极影响，对国家机关的公信力造成了损害。“前事不忘后事之师”，在《社区矫正法》颁布实施之后，我们在建章立制的时候一定要坚持法治原则，不能仅仅为了所谓的管理方便，就随意增加社区矫正对象的义务、缩减社区矫正对象的权利，同时也要坚持任何执法活动都要有法律依据，必须在法律规定的职权范围内按法定程序进行。

擅自决定不提撤缓
矫正股长犯罪被判

基本案情

何某，原系DN县司法局社区矫正工作股股长。赵某，原系DN县XM镇司法所所长。

2011年6月3日，陈某因犯交通肇事罪被DN县人民法院判处有期徒刑二年，缓刑四年，缓刑考验期为2011年6月14日至2015年6月13日。DN县XM镇司法所负责对陈某开展日常工作，社区矫正期限为2011年6月15日起至2015年6月14日止，由DN县司法局社区矫正股负责对乡镇（街道）司法所的社区矫正工作进行监督检查及指导。陈某在2011年6月15日第一次到XM镇司法所报到被列管后，至2013年5月28日间一直未再到司法所报到，也未参加集中教育及公益活动。在此期间，时任XM镇司法所所长的赵某在2012年12月20日向DN县司法局社区矫正工作股时任股长何某提交了对陈某进行警告的书面材料，但当时DN县司法局社区矫正股没有将对陈某是否进行警告的处理意见反馈给司法所所长赵某。除此之外，赵某亦未采取其他相关有效措施对社区矫正对象陈某进行监督管理。直至2013年5月29日，司法所所长赵某向社区矫正工作股股长何某提交了对陈某提请撤销缓刑的书面材料以及陈某的矫正工作档案。2013年6月24日，何某将对陈某提请撤销缓刑的审核表送去给分管副局长雷某签字，雷某签署了“同意乡镇（街道）司法所意见”，后何某将此审核表拿到司法局办公室盖了公章。

在逐级审核同意对陈某撤销缓刑后，按照规定，社区矫正股应将材料送至县人民法院，由法院裁定是否对陈某撤销缓刑，同时将撤销缓刑建议书抄送县人民检察院和县公安机关。2013年7月，陈某及司法局法律援助中心律师李某甲因陈某撤销缓刑一事找到何某，要求其“照顾”一下，不要撤销缓刑。随后何某擅自决定不将对陈某提请撤销缓刑的材料送往县法院，而是通知赵某将陈某的矫正工作档案拿回去（包括对陈某的警告决定书及提请撤销缓刑的证据材料），让陈某继续在XM镇司法所接受社区矫正，赵某重新对陈某进行了社区矫正的接收登记。2013 年 7 月 15 日，陈某又到 XM 镇司法所接受社区矫正。在此期间，陈某仍然未按照相关规定按时到司法所报告，也未参加教育学习及公益活动。2013 年 9 月 26 日至 11 月 9 日，陈某更是长达一个半月未去司法所报告。2013 年 11 月 9 日至陈某再次犯罪的 2013 年 12 月 19 日，陈某脱离监督管理长达 40 天，司法所所长赵某发现后也未采取有效措施及时处置。

由于何某违规不提请对陈某撤销缓刑的程序，而让陈某在符合收监条件下继续接受社区矫正，同时赵某发现陈某再次脱管后也未采取有效措施，这就导致 2013 年 12 月 19 日（社区矫正期间）社区矫正对象陈某因吸毒产生幻觉，杀死其妻子（其妻腹中怀有八个多月的胎儿）的严重后果。为此，陈某被 JA 省高级人民法院裁定核准以故意杀人罪判处死刑缓期二年执行，剥夺政治权利终身，随后何某和赵某也均被追究刑事责任。

法院经审理，判决何某犯滥用职权罪，免予刑事处罚；赵某犯玩忽职守罪，免予刑事处罚。

案例评析

何某身为 DN 县司法局社区矫正工作股股长，先是对赵某提交的对陈某是否进行警告的处理意见未反馈给被告人赵某。2013 年 7 月又受人之托、碍于情面，在逐级审核同意提请对陈某撤销缓刑后，擅自决定不将陈某的撤销缓刑建议书和相关材料移送人民法院而让其继续接受社区矫正，导致陈某在社区矫正期间重新犯罪，造成其故意杀人致一人死亡的严重后果，其行为属于超越法定权力范围，擅自决定处理无权处理的事务，已构成滥用职权罪。

赵某身为 DN 县 XM 司法所所长，在上报对陈某警告的书面材料给社区矫正股后未主动及时请示处理意见，也未依法采取其他相关有效措施对陈某进行监督管理。在重新接收陈某进行社区矫正后，当再次发现陈某长达一个半月之久未去司法所报告，脱离监督管理长达 40 天时，未按照规定及时将相关情况上报，也未采取有效措施，最终导致陈某在社区矫正期间重新犯罪，故意杀人致一人死亡的严重后果。赵某的行为是典型的马虎草率、敷衍塞责的不作为，且造成严重后果，其行为构成玩忽职守罪。

此外，法院认为，由于何某的滥用职权和赵某的玩忽职守，使得陈某的吸毒恶习没有被及时发现并得到有效矫正，两人的行为均对陈某吸毒致幻杀妻的客观危害后果的产生发生了实际作用，且失去监督管理的罪犯具有人身危险性这一客观事实能为一般人所认识，所以两人的行为与危害后果之间存在刑法上的因果关系。

启示与思考

这是一起因上级滥用职权和下属玩忽职守共同造成社区矫正对象陈某重新犯罪的典型案例。该案例带给广大社区矫正工作人员的启示如下：

（1）县级社区矫正机构是社区矫正工作的责任主体，对司法所受委托从事的社区矫正工作应当进行监督并给予指导。社区矫正机构作为委托机关，应当以身作则依法行使职权，而不能超越法定权力范围，违法决定无权决定的事项、擅自处理无权处理的事务；或者违反法定办事程序，任意妄为，随心所欲地违法处理公务，进而对司法所从事社区矫正工作带来干扰和错误示范。

（2）司法所作为受委托从事社区矫正工作的机构，直接管理着社区矫正对象，要意识到自己是受委托的从事社区矫正工作的第一责任人。工作中要做到勤勉，恪尽职守，勤报告，及时采取有效措施。当发现有矫正对象脱管的情况，一定不能放任不管，而是应立即向县级社区矫正机构汇报情况，及时采取有效措施予以处置。面对社区矫正机构违反法律的错误要求，要坚决予以抵制，并要求其纠正。如果社区矫正机构不予纠正，应及时向县级司法行政机关负责人或同级检察机关报告，切不可基于“与己无关”的推诿塞责心态盲目执行违法决定。

伪造应付未提收监
司法所长追责悔晚

基本案情

刘某，原系SF省HT市MK区司法局LW镇司法所所长。

2010年5月，HT市MK区LW镇XU村村民张某乙因犯抢夺罪、盗窃罪被SF省JH县人民法院判处有期徒刑五年，并处罚金人民币二万元。2013年7月30日被SF省JY市中级人民法院裁定假释，假释考验期自2013年7月30日起至2014年10月21日止。按照当时《社区矫正实施办法》的规定，张某乙出狱后到HT市MK区LW镇司法所报到并接受社区矫正。根据规定，该司法所确立了社区矫正小组，由张某乙的父亲张某甲、社区干部朱某、司法所干部刘某组成，负责对张某乙进行监督管理和教育帮扶，并与司法所签订了社区矫正责任书。

2013年8月至12月，张某乙均能按时到司法所报告并接受谈话，但自2014年1月后，张某乙便未按时到司法所报告并接受谈话。刘某为了应付上级检查，便自行制作了谈话记录，模仿张某乙笔迹在谈话记录上签名。自2014年2月9日起，社区矫正对象张某乙不仅未按时到司法所报告并接受谈话，还未经批准擅自外出，后虽经再三督促，才于3月中旬返回并到司法所参加了一次集中教育，但其擅自外出时间已超过一个月。LW镇司法所这时才经报MK区社区矫正管理局同意，决定给予张某乙警告，并将张某乙的矫正类别由之前的“普管”改为“严管”。但张某乙仍我行我素，不按规定定期报告，后又未经批准擅自外出，拒不接受社区矫正。其后经LW镇司法所多次催促、查找，张某乙仍未能在规定时间内到司法所报告。由于刘某之前的疏于管理，未能及时对张某乙的违规行为依法进行处置，提请撤销假释，将其收监执行，导致张某乙于2014年1月至4月间，单独或伙同他人先后窜至SF省YG县、HT市MY区等地多次实施盗窃，涉案盗窃金额达103 660元。为此，刘某因涉嫌滥用职权而被追究刑事责任。

经法院审理，判决刘某犯滥用职权罪，免予刑事处罚。

案例评析

刘某身为国家工作人员，作为一名司法所所长，承担着对社区矫正对象进行监督管理和教育帮扶的职责，理应尽职尽责。当刘某发现由其负责管理的社区矫正对象脱离监管已一个多月后，本应按法律规定提请撤销假释，但他却只是给予矫正对象警告处罚而未能依法向上级部门提出撤销假释建议的行为，明显违反了当时适用的《社区矫正实施办法》的有关规定，已属滥用职权的行为。再从时间上看，张某乙从 2014 年 1 月就已经不能遵守规定履行定期报告义务，从 2 月份开始就未经批准擅自外出，这些违规行为的发生时间与张某乙的盗窃行为发生时间基本吻合。由此我们可以得出结论，若刘某能依法履行职责，严格按照《社区矫正实施办法》的有关规定对张某乙的违规行为及时予以处理，依法提请撤销假释，及时将其收监，就能降低张某乙犯罪的可能性，所以刘某滥用职权行为与张某乙的重新犯罪行为之间具有因果关系。综上，刘某完全符合滥用职权罪的构成要件。刘某归案后，认罪态度较好，犯罪情节轻微，故 MK 区人民法院依法判决刘某犯滥用职权罪，免予刑事处罚。

启示与思考

风险与权力总是相伴而生的。本案例的典型意义就在于这是社区矫正考核奖惩环节所发生的滥用职权犯罪案例，能给社区矫正工作人员带来如下启示：

（1）社区矫正工作人员应当深刻认识到社区矫正是在党中央、国务院正确领导下，立足我国基本国情发展起来的具有中国特色的刑事执行制度，每一名社区矫正工作人员都应确保社区矫正作为刑事执行活动的严肃性、规范性和权威性。社区矫正机构在接收宣告、监督管理、教育帮扶、事项审批、考核奖惩、变更解除等各执法环节都应严格遵守法定权限、法定条件、法定要求和法定程序，实现社区矫正执法工作合法性与合理性的有机统一。社区矫正工作人员应当恪守法治精神、遵循法治原则，以司法办案的思维来处置社区矫正对象违规违法行为，突出刑事执行工作的刚性。对那些违反监督管理规定的社区矫正对象，要依法及时视情况分别给予训诫、警告、提请公安机关予以治安管理处罚。倘若已达到撤销缓刑、假释以及应当予以收监执行条件时，也应及时提请社区矫正决定机关处理，且在有关机关作出决定之前与公安机关协同对社区矫正对象进行有效管控。

（2）在社区矫正执法工作中，一切故意违反《社区矫正法》规定的行为，都是对国家工作人员职务活动正当性原则的侵犯，会危害到国家机关的正常管理活动，极易造成公共财产、国家和人民利益遭受重大损失，因此很有可能会构成滥用职权罪。正因为如此，我们绝不能有只要对违反规定的社区矫正对象作出了处理就可以免责的错误心态，因为社区矫正工作人员的作为不当与“乱作为”“不作为”在本质上并没有天然的界限，滥用职权，随意降低或者提高惩处标准依然是违法行为，若造成严重后果依然会被追究刑事责任。

第三章

受贿类犯罪

受贿与贪污，古已有之，皆廉政建设之大敌，同恪尽职守、廉洁奉公、吏治清明、反对腐败为主要内容的国家廉政制度要求格格不入。受贿行为不仅严重腐蚀了国家肌体和人们的灵魂，败坏了党风和社会风气，损害了党和政府的形象，也严重扰乱了社会经济秩序和正常的经济环境，阻碍着国家政治经济体制改革的顺利进行。

近年来，全国已发生多起社区矫正工作人员因受贿被追究刑事责任的案件。表面上看似“无权无利”的社区矫正，其工作人员的受贿行为也渐渐引起了社会的广泛关注。在社区矫正工作中，受贿行为往往不是单独存在的，通常会伴随着玩忽职守、滥用职权等渎职行为，危害甚大。

本章中提到的受贿罪，是指社区矫正工作人员利用职务上的便利，索取他人财物，或者非法收受他人财物，为他人谋取利益的行为。从犯罪客体方面来看，这侵犯了国家工作人员职务行为的廉洁性，严重影响社区矫正工作的正常开展，损害了社区矫正机构及其工作人员的形象和声誉。从犯罪客观方面来看，它表现为利用社区矫正职务便利，收受他人财物作为自己职务行为的对价，并为他人谋利。其中“利用职务上的便利”，是指社区矫正工作人员在工作中利用其职务范围内的权力，即在主管、负责或者承办某项社区矫正工作（例如调查评估、监督管理、考核奖惩等事项）中所拥有的职权及其所形成的便利条件。根据受财与谋利先后顺序的不同，受贿可以分为“事前受财（贿）”和“事后受财（贿）”两种类型。受贿罪的主体是特殊主体，即“国家工作人员”，既包括依法从事社区矫正工作的公职人员，也包括依照法律法规被授权或委托从事社区矫正工作的辅助人员，例如从事社区矫正工作的专职社会工作者、政府购买服务的协理员等。受贿罪在主观方面表现为直接故意，即行为人明知利用职务上的便利索取财物或者收受财物并为他人谋取利益的行为是一种具有社会危害性的不法行为，但仍决意为之。

一般认为引发受贿罪的原因是综合性的。就主观而言，部分社区矫正工作人员放松了世界观的改造，理想信念动摇，价值观念错位，贪图享受，心理失衡，经不起权力、金钱的考验，不能抵御当前社会转型期各种思潮的冲击，这就是所谓“物必先腐，而后虫生”的道理。就客观而言，目前《社区矫正法》虽已出台，但社区矫正的工作体制机制如何健全，仍处于探索阶段；社区矫正实务工作中的执法办案尺度仍难以精准量化，“自由裁量”空间过大；社区矫正工作的执法程序及内容的监督机制仍需完善……这些问题的存在，为受贿行为在社区矫正领域滋生蔓延提供了便利，再加上部分地区的社区矫正机构在队伍管理上存在重执法和行政管理业务、轻警示和廉政教育的认识偏差，导致业务工作抓得紧、风险防范控制不到位的问题突出。

从本章收录的警示案例可以发现，社区矫正中的受贿行为在社区矫正工作的各个环节都有可能发生。例如：为了索贿借故拖延出具社会调查评估报告；收取贿赂后在监督管理中大开方便之门；收取贿赂之后降低处罚标准，应该给予训诫、警告的不予训诫、警告，应提请公安机关给予治安管理处罚或提请撤销缓刑、假释并收监执行的不提请……受贿的形式既有社区矫正工作人员直接收受社区矫正对象及其家属财物，也有利用社区矫正工作人员的近亲属间接收受财物或通过提供虚假服务方式变相收受财物，但无论手法如何花样翻新，其本质上都属于受贿行为。

接受吃请索取财物
徇私舞弊终被判刑

基本案情

余某，男，2010年5月任SY县司法局社区矫正股股长，2014年8月任SY县社区矫正工作管理局局长，2016年12月任SY县司法局党组成员、副局长，因涉嫌犯徇私舞弊暂予监外执行罪，于2019年7月26日经SY县人民检察院决定逮捕。

刘某，男，2006年9月任SY县SU镇司法所所长，因涉嫌犯徇私舞弊暂予监外执行罪，于2019年7月26日经SY县人民检察院决定取保候审。

SY县人民检察院于2019年10月31日向HB省SY县人民法院提起公诉，指控被告人余某、刘某犯徇私舞弊暂予监外执行罪。本案在审理期间，SY县人民检察院又追加起诉，于2020年1月7日向HB省SY县人民法院提起公诉，指控被告人余某犯受贿罪。HB省SY县人民法院经审查决定将两案合并审理，依法组成合议庭，公开开庭进行了审理。

SY县人民法院审理查明，2013年1月，SY县司法局收到DB区人民法院委托，由SY县社区矫正办公室为犯故意伤害罪的方某进行审前社会调查评估。2013年1月30日，由SY县社区矫正办公室出具了《调查评估意见书》。据此，DB区人民法院判决方某有期徒刑一年，缓刑二年（缓刑考验期为2013年5月30日起至2015年5月29日止）。2013年6月至2013年8月，方某伙同吕某、余某1、宋某等人组织、领导以销售商品为名，要求参加者缴纳费用从而骗取钱财，涉案价值三百二十余万元（因该案方某于2013年9月至2014年7月分别被QJ市公安局、QJ市法院取保候审）。2016年1月21日，QJ市人民法院判处方某有期徒刑七年，并处罚金人民币五十万元，其判决于2016年6月30日生效。后方某以患有严重疾病为由，要求QJ市人民法院对其决定暂予监外执行。2016年11月，方某与其哥哥方某2找到刘某，要求其办理暂予监外执行的社会调查评估，刘某予以拒绝。几天后，方某带着一条黄鹤楼软珍香烟和一提富硒茶叶来到刘某办公室，再次请求办理暂予监外执行审前社会调查。刘某表示：该工作需要余某同意才能办理。十几天后，方某、方某2带着一条黄鹤楼软珍香烟再次来到刘某办公室，请求刘某带其二人去找余某。随后刘某带其二人来到余某办公室，并将二人委托事项告诉了余某，余某予以拒绝。之后，方某、方某2多次请求余某办理暂予监外执行的社会调查评估，并表示愿意出钱办事。余某表示同意，建议通过中介律师向方某收取钱款办事。2016年12月13日，SY县社区矫正工作管理局在收到HB省QJ市人民法院《委托审前社会调查函》后，向SU镇司法所下达了《审前社会调查指派通知书》。2016年12月25日，刘某独自一人（调查笔录中的李某1未到场）向方某安排的公司员工李某2、程某和徐某做了关于方某被暂予监外执行不会对周围社会环境带来不良影响以及不会对他人人身安全带来威胁或危险的调查笔录。同时，刘某将《拟暂予监外执行罪犯社会调查表》交给方某本人，向社区民警唐某查询有无违法犯罪记录。刘某在明知唐某签署的意见完全不符合调查评估要求的情况下，隐瞒方某有犯罪前科，且在缓刑考验期内再犯罪的事实，在调查表中的评估意见栏中填写方某适用监外执行。2016年12月26日，余某明知方某有犯罪前科，在缓刑考验期内有再犯罪事实的情况下，在刘某递交的关于方某《拟暂予监外执行罪犯社会调查表》上签字同意，并加盖SY县社区矫正工作管理局的公章。2016年12月29日，根据SY县社区矫正工作管理局出具的《拟暂予监外执行调查评估意见书》的评估意见，HB省QJ市人民法院对罪犯方某出具了暂予监外执行决定书。2017年1月，方某到SY县司法局SU镇司法所接受社区矫正时送给刘某两本启功书法集。

在为方某办理暂予监外执行社会调查评估期间，刘某、余某接受了方某等人的吃请，余某还伙同姚某以“法律服务费”的名义，共同非法收受方某人民币15万元，余某分得10万元，姚某分得5万元。此外，2017年1月至2019年1月，余某还利用职务上的便利为他人谋取利益，单独非法收受他人财物合计4万元。余某将上述受贿所得的14万元全部用于其个人及家庭开支。

2017年6月29日，HB省QJ市人民法院以方某所患疾病不属于保外就医严重疾病范围为由，决定将方某收监执行。

SY县人民法院认为，余某、刘某身为国家机关工作人员，利用职务上的便利，徇私舞弊，接受当事人吃请和财物，隐瞒方某有犯罪前科及在缓刑考验期内再犯罪的事实，导致不符合暂予监外执行条件的罪犯被暂予监外执行，其行为构成徇私舞弊暂予监外执行罪。被告人余某身为国家工作人员，利用职务上的便利，伙同他人非法收受他人财物共计19万元，为他人谋取利益，数额较大，其行为构成受贿罪。依照《中华人民共和国刑法》《最高人民法院、最高人民检察院〈关于办理贪污贿赂刑事案件适用法律若干问题的解释〉》，依法判决：(1)余某犯徇私舞弊暂予监外执行罪，判处有期徒刑六个月；犯受贿罪，判处有期徒刑一年六个月，并处罚金人民币十万元，决定执行有期徒刑一年八个月，并处罚金人民币十万元。(2) 刘某犯徇私舞弊暂予监外执行罪，免予刑事处罚。

案例评析

依据《社区矫正法》第十八条的规定，调查评估是社区矫正决定机关对拟适用社区矫正的被告人、罪犯在适用社区矫正前，委托社区矫正机构或者有关社会组织对被告人或者罪犯的社会危险性和对所居住社区的影响进行调查了解，由社区矫正机构调查后向委托机关书面提交调查报告，并可以提出是否适合社区矫正的行政活动。调查评估为社区矫正决定机关是否对犯罪人适用社区矫正提供了重要参考依据，是把好社区矫正工作公正性的第一道“关卡”。其调查评估报告质量的高低、结果的公正与否，将直接影响到社区矫正工作能否顺利开展。《社区矫正法实施办法》第十四条第一款则对《社区矫正法》第十八条载明需调查的相关事项做了进一步细化，其细化后的调查事项规定为：“社区矫正机构、有关社会组织接受委托后，应当对被告人或者罪犯的居所情况、家庭和社会关系、犯罪行为的后果和影响、居住地村（居）民委员会和被害人意见、拟禁止的事项、社会危险性、对所居住社区的影响等情况进行调查了解，形成调查评估意见，与相关材料一起提交委托机关。调查评估时，相关单位、部门、村（居）民委员会等组织、个人应当依法为调查评估提供必要的协助。”从有关法律法规可以看出，调查评估本是法律赋予社区矫正机构及其工作人员的一项法定权力，但余某、刘某作为国家工作人员却将职权视为牟利工具，不依法履职，滥用权力，一方面在接受委托后，以种种理由推拖不进行调查评估，另一方面在收受被调查人及其亲属钱物后，才出具同意适用社区矫正的调查报告。余某、刘某二人的行为严重侵犯了国家工作人员职务的廉洁性，且金额达到法定的立案标准，构成受贿罪。

启示与思考

由于目前调查评估的工作程序、调查内容、评估标准等方面在实务工作中仍缺乏相对可精准量化的规定，这就为社区矫正工作人员开展调查评估工作提供了宽松的自由裁量空间，增加了社区矫正工作人员利用权力“寻租”的风险。“权力是把双刃剑”，社区矫正工作人员要利用好调查评估制度，为开展社区矫正工作打好基础，同时要避免执法过程中的腐败风险。本案件带给我们的启示如下：

启示一：要完善社会调查评估的程序

在调查评估环节，调查人员因需要了解社区矫正对象家庭基本情况、调查所居住社区环境，就会与被告人或罪犯的近亲属、当地村居干部等相关人员频繁接触，在客观上就给涉案有关人员提供了拉拢、贿赂调查人员的机会。因此，在加强对社区矫正工作人员的自我约束、外部监督的同时，还应从制度上不断完善调查内容和程序的设计，着力构建“不能腐”的制度围墙。在这里，其实可以借鉴或推行利害关系人回避制度、双人调查制度、集体评议制度等，通过完善的制度来堵塞可能存在的“寻租”漏洞，严防“吃拿卡要”、故意刁难、办人情案、办关系案等违纪违法现象的产生，彻底“将权力关进制度的笼子里”。

启示二：要推进执法公开

“阳光是最好的防腐剂，灯泡是最有效的警察。”调查评估作为社区矫正的“入口关”，我们可以借鉴行政执法、司法审判中的有益经验，推广全程使用执法记录仪，通过实现全过程录音录像，确保调查评估工作全程有痕。同时，积极推进“说理执法”，即社会调查评估的结论应做到有理有据，通过调查过程中收集到的各种材料来论证评估结果，透明执法过程，实现晓之以法、以理服人，避免目前部分地方存在的评估报告说理性不足问题。要坚持集体评议，做到“公器付诸公论”，这有利于克服当前一些地方社区矫正工作中存在的“一言堂”问题，避免权力因过度集中产生腐败，从而最终实现降低执法风险的目标。

启示三：定期开展廉政教育

社区矫正机构要将廉政教育融入社区矫正工作中去，贯彻廉政制度常态化。通过定期的廉政教育、案例警示教育、不定期的廉政谈话，坚持业务开展与廉政建设并进，提高社区矫正工作人员的廉政意识，构筑“防腐”堤坝，提高拒腐防变的能力。具体来说，要做到以下三个方面：一是要提高自我防范认识，从思想上筑牢拒腐防变的思想防线，自觉做到公正、规范、廉洁执法。二是要认清形势，坚持依法行政、公正执法、廉洁从政，严禁发生有损司法行政机关形象的违纪违规、违法犯罪行为。三是要落实责任，增强执法工作主体意识，加强作风廉政建设，加强日常工作管理，提高工作主动性和积极性，稳步提升社区矫正工作成效。

贪图享乐索贿受贿
依法受刑警钟长鸣

基本案情

徐某某，男，原系YY市YL区司法局JS司法所所长，因严重违法违纪于2018年11月26日被YY市YL区监察委员会立案调查，2019年4月3日经YY市YL区人民检察院决定被刑事拘留，同月11日被逮捕。

经HN省YY市YL区人民法院审理查明，2011年至2018年10月，徐某某任YY市YL区司法局JS司法所所长，负责该所的全面工作，并负责监管、教育、考核在该所接受社区矫正的人员，对司法机关拟适用社区矫正的被告人进行社会调查评估。2016年4月至2018年10月，姚某、刘某1、欧某、刘某2、徐某、易某、李某1、张某1、谈某、刘某3、杨某1、任某、黄某、彭某、王某、闫某、陈某、石某、刘某4、李某2、罗某、方某、梁某、张某2、杨某2、高某、涂某、袁某、杨某3等29名社区矫正对象在JS司法所接受社区矫正。依照法律规定，该29名人员在社区矫正期间未经批准不得离开居住的市（县），每月参加教育学习（学习经费由YL区司法局支出）、社区服务（现为公益活动，下同）。徐某某利用其负责对拟适用社区矫正的被告人进行社会调查评估，以及对社区矫正对象进行监督管理、教育帮扶、考核奖惩的职务便利，分别以出钱请人代社区矫正对象进行社区服务的名义，要未参加社区服务的社区矫正对象向其缴纳一定数额的社区服务费，以需要交学习资料费、订报刊、拉赞助等名义，向上述社区矫正对象多次索要钱物，或收受以上社区矫正对象的贿赂，并为以上社区矫正对象在签到、外出等方面给予关照。2016年4月至2018年10月，徐某某通过接受微信转账、微信红包或收受现金的方式，共向以上29名社区矫正对象索要钱财79 250元，其中以订阅报刊名义索要3 900元，并将其中的2 772元用于订阅《人民调解》杂志；收受其中15名社区矫正对象贿赂25 500.6元。徐某某将以上受贿所得用于吃饭、唱歌等个人开支。

HN省YY市YL区人民法院审理认为：徐某某身为国家工作人员，利用职务便利，多次索要他人财物，非法收受他人财物，为他人谋取利益，且数额在十万元以上，情节严重，其行为已构成受贿罪。据此，依照《中华人民共和国刑法》相关规定，判决徐某某犯受贿罪，判处有期徒刑三年六个月，并处罚金人民币二十万元。

案例评析

社区矫正工作是一项严肃的刑事执行活动。本案中的徐某某为了满足吃饭、唱歌等个人所需，违规设立名目，要求社区矫正对象缴纳各种费用，其实质是利用自身职权，向社区矫正对象索取贿赂。其行为严重侵犯了国家工作人员的职务廉洁性，金额达到法定立案标准，构成受贿罪。

本案中，徐某某既有索贿行为，又有收受财物为他人谋利的受贿行为，而且在利用职务上的便利这一点上可谓“充分将潜能发挥到极致”，能在涉及社区矫正对象权利义务的各个执法环节都挖空心思“薅羊毛”。所以从本案中就可以看出，在开展社区矫正执法工作中，社区矫正工作人员的权力是非常大的，这表现在以下几点：

首先，社区矫正机构可以要求社区矫正对象到特定场所报到，可以要求其参加教育学习，这表明社区矫正机构可以限制社区矫正对象的人身自由并要求履行特定义务。

其次，社区矫正机构可以限制社区矫正对象的活动范围，不批准其离开市县。这与一般行政机关的权力相比，能限制人身自由的权力显然更有震慑力。

最后，社区矫正机构可以对社区矫正对象进行训诫、警告，而且训诫、警告与撤销缓刑、假释、决定收监执行之间密切相关。目前对社区矫正对象进行训诫、警告，社区矫正对象的救济权利还不明确，不能像公安机关对其进行治安管理处罚后能提起行政复议和行政诉讼。

徐某某之所以能轻而易举地让如此多的社区矫正对象就范，原因就在于社区矫正工作人员实质上拥有多项执法权力。所以《社区矫正法》的颁布实施，既要确保社区矫正作为刑事执行活动的严肃性、规范性和权威性，又要强调尊重和保障人权，原因就在于此。对广大社区矫正工作人员而言，在涉及公民人身自由这样重要的宪法权利克减的执法活动时，要时刻牢记法律要求，切不可为一己私利坠入犯罪深渊。

启示与思考

本案中的徐某某原为从事社区矫正工作的司法所所长，最后却因索贿、受贿被判入狱沦为阶下囚。我们在为之扼腕叹息之余，很多教训颇值得深思。

启示一：社区矫正工作应坚持“六不准”

社区矫正作为在党中央、国务院正确领导下，立足我国基本国情发展起来的具有中国特色的刑事执行制度，如何才能对社区矫正对象进行有效管理，已经出台的《社区矫正法》《社区矫正法实施办法》等法律法规的相关内容还较为笼统。各省（自治区、直辖市）制定的地方性社区矫正规范性文件，则因各地在实践中对社区矫正的理解不同，在立法前都不同程度地进行了本地化的工作方式探索和创新。因此，从全国来看，社区矫正的管理模式不尽相同，具体工作的形式也多种多样，早些年某地收受保证金、管理费等做法甚至还作为创新经验进行推广。党的十八届四中全会审议通过《中共中央关于全面推进依法治国若干重大问题的决定》后，在坚持法治国家、法治政府、法治社会一体建设，实现科学立法、严格执法、公正司法、全民守法，促进国家治理体系和治理能力现代化的要求下，这些没有上位法作为依据的做法很快就“销声匿迹”了。

在《社区矫正法》正式颁布实施，已经开启社区矫正法治新时代的背景下，广大社区矫正工作人员更应该严格要求自己依法行使职权，履行职责，牢记“法无授权不可为”的法律准则。我们在此反复强调，社区矫正是一项严肃的刑事执行活动，管理方式应在现行法律的框架下进行，进行任何管理方式、管理方法的创新均不能脱离法律框架而自行其是。在社区矫正试点初期，多地存在的收取“保证金”“管理费”等种种做法在主观上确实是为了更好地开展工作，但从客观上讲其在制度设计时就未能找到相应的法律依据，这就凸显了法治思维的不足，所以衍生出很多职务犯罪案例，因而这些做法被陆续叫停也不足为奇。

2016 年 9 月，司法部召开加强社区矫正管理工作电视电话会议，会议提出了社区矫正工作人员“六不准”，即：不准违法违规办理社区矫正对象执行变更事项；不准违法违规实施监督管理、教育矫正和社会适应性帮扶措施；不准徇私枉法办理调查评估案件；不准收受社区矫正对象及其亲友的财物和宴请；不准泄露社区矫正工作秘密；不准隐瞒不报影响社区矫正安全稳定的重要情况、重要事件。这“六不准”既是一份“工作要求清单”，也是一份“廉政建设清单”。

启示二：社区矫正经费保障问题值得重视

2012 年，财政部、司法部联合下发《关于进一步加强社区矫正经费保障工作的意见》，要求各地要将社区矫正经费列入同级财政预算予以保障，希望以此通过统筹社区矫正和其他业务经费保障，进一步加大对司法行政业务经费的投入，提高社区矫正经费保障水平。各地也先后出台过类似文件，但由于经济发展水平不一、重视程度不同，导致各地在落实经费保障的程度上差异明显。正是由于部分地区社区矫正经费保障不到位，在开展社区矫正工作中就面临因“硬件”保障不足而无法贯彻落实法律要求的困境，导致部分社区矫正工作人员动了“歪脑筋”。当前，社区矫正工作面临的经费保障困难问题依然是关键性的制约因素，应当引起我们的高度重视。毕竟，没有足够的经费保障，社区矫正工作便如“无源之水，无本之木”，《社区矫正法》的“生命力”也会逐渐消失。

利用职务索贿受贿
法纪不容终遭重罚

基本案情

董某某，男，YM县司法局TZ司法所所长，2008年10月20日因殴打他人被公安机关处以行政罚款500元。后因涉嫌受贿，于2019年7月24日被YM县监察委员会采取留置措施；因涉嫌犯受贿罪于2019年8月21日被YM县公安局刑事拘留，同年9月2日被逮捕。

经HN省YM县人民法院审理查明：董某某在2012年至2019年期间，利用从事社区矫正工作的职务便利，向其管理的41名社区矫正对象及其家属（保证人）索要二胡、购物卡、香烟、白酒、现金等财物，并通过让社区矫正对象为董某某私家车加油、充手机话费等形式收受贿赂共计65 948.76元。

HN省YM县人民法院认为，董某某身为国家工作人员，利用职务上的便利，索取、非法收受他人财物，为他人谋取利益，数额较大，其行为已构成受贿罪。董某某作为司法所工作人员，多次对社区矫正对象索贿，依法应从重处罚。董某某辩称虽收取钱财，但是依照规定办事，不构成受贿罪的理由不予采纳。依照《中华人民共和国刑法》《中华人民共和国刑事诉讼法》及《最高人民法院、最高人民检察院关于办理贪污受贿刑事案件适用法律若干问题的解释》之相关规定，判决如下：董某某犯受贿罪，判处有期徒刑六个月，并处罚金人民币10万元。

案例评析

本案中，董某某的受贿事实是比较明显和典型的。但是在法院审理过程中，董某某提到虽然收了别人的好处，但没有违反规定帮忙办事，不应当认定构成受贿罪。其实在现实中，收受贿赂为他人谋取利益主要有两种情况，一是收受贿赂后违反规定为请托人办理了请托事项；二是收受贿赂后按照规定为请托人办理了委托事项。针对第二种情况，根据法律规定，国家工作人员收受他人财物时，只要根据他人提出的请托事项为他人谋取利益的，就符合刑法认定的为他人谋取利益的构成要件，而不论后续是否实际办事或办理事项本身是否合法合规。

受贿罪的保护法益有国家工作人员“职务行为的公正性”和“职务行为不可收买性”两说。但无论坚持何种学说，这里都需注意的是为他人谋取利益，既可以是事实行为，也可以是口头承诺，正如2002年11月，最高人民法院下发的《全国法院审理经济犯罪案件工作座谈会纪要》中指出的那样：“为他人谋取利益包括承诺、实施和实现三个阶段的行为。只要具有其中一个阶段的行为，如国家工作人员收受他人财物时，根据他人提出的具体请托事项，承诺为他人谋取利益的，就具备了为他人谋取利益的要件。明知他人有具体请托事项而收受其财物的，视为承诺为他人谋取利益”。同时，除会谈纪要外，根据最高人民法院、最高人民检察院《关于办理贪污贿赂刑事案件适用法律若干问题的解释》第十三条第二款规定，即便行为人没有帮忙打招呼，也没有明确作出相关承诺，但只要收受钱款3万元以上的，也可结合全案其他证据综合认定构成受贿犯罪。

启示与思考

本案的董某某由社区矫正工作人员沦为罪犯，由矫正别人变成被别人矫正，甚为可惜。我们在为董某某没有守住底线，收受他人贿赂并最终沦为社区矫正对象惋惜的同时，更应对司法行政机关内部监督机制进行反思：在近8年的时间里，针对如此多人的受贿行为，缘何没有发现？这是否意味着应在加强对社区矫正工作人员教育的同时，还应对自身内部的检查监督方式方法进行改革？

启示一：改进社区矫正执法检查监督方式

很多地方在管理社区矫正对象时经常采取定期与不定期的排查与抽查，既然有如此繁多的检查，为何仍有不少漏管、脱管问题没有被发现，这本身就是一个值得思考的问题。在对社区矫正对象的违规违法行为追究责任的同时，我们也应该看到个别地方司法行政机关内部在执法检查监督中存在只注重台账案卷的形式主义问题。这种形式主义问题直接导致在本部门内部的执法考评中没有问题，但在检察院开展刑事执行检察工作，进行法律监督中就屡有问题暴露的尴尬现象出现。从本案董某某的受贿行为时间跨度长达8年的情况来看，这说明司法行政机关作为社区矫正的主管部门，在对社区矫正机构和依法接受委托承担社区矫正相关工作的司法所在开展内部执法检查监督的方式上确实存在一些问题，在工作中很可能就没有业已存在的违纪、违法行为开展针对性的监督。

值得庆幸的是，在目前的社区矫正工作实务中，很多地方都注意到执法检查监督工作的重要性，并且通过改进工作方式方法，开始了社区矫正执法规范化建设有益尝试。如开展社区矫正交叉执法检查、多地司法局联合检察院、法院开展的联合检查等，均有不错效果。同时亦可借鉴公安机关的督查制度，将定期的检查变为不定期、“四不两直”（不发通知、不打招呼、不听汇报、不用陪同接待、直奔基层、直插现场）等方式抽查，有效提升对各类违纪违法问题的发现能力，能更好地督促社区矫正机构以及接受委托的司法所全过程、全方位、全时段做好社区矫正对象的管理工作，进而彻底切断其权钱交易的利益输送渠道。

启示二：构建立体预防职务犯罪体系

社区矫正工作人员的职务犯罪预防体系，是一个应包括思想廉政教育、执法检查监督、党纪政纪处分与刑事责任追究在内的立体预防与制裁层次体系。随着近年来数十名社区矫正工作人员被追究刑事责任，一些地区的司法行政机关已开始关注如何加强事前预防、事中控制、事后处置的执法风险内部控制机制建设，充分运用党纪、政纪等处分手段，进而避免少数社区矫正工作人员在违法犯罪的道路上越走越远。

不慎交友受贿徇私
违法用权构成犯罪

基本案情

黄某某，男，原任PT市HJ区司法局社区矫正工作科负责人，因涉嫌犯受贿罪于2015年11月15日被刑事拘留，同年11月27日被逮捕，2016年10月14日变更为取保候审。

FJ省PT市HJ区人民法院一审审理查明，黄某某于2003年5月至2009年7月任PT市HJ区司法局DL司法所所长；2009年7月至2013年1月由PT市HJ区司法局DL司法所助理员借调PT市HJ区司法局基层工作科，负责社区矫正和安置帮教工作；2013年1月至案发任PT市HJ区司法局社区矫正工作科负责人，负责社区矫正和安置帮教工作，有多起受贿事实如下：

（一）2007年间，黄某某担任PT市HJ区司法局DL司法所所长，利用其在HJ区"两劳"人员安置帮教基地成立过程中负责推荐并协助基地向有关部门申请办理相关手续的职务便利，在HJ区"两劳"人员安置帮教基地的推荐、设立及资金申请事项上，为PT市HJ区某果树养殖基地负责人汤某提供帮助。后上述基地经推荐顺利通过考核并成立，于2007年12月28日获得HJ区司法局下拨的补助资金2万元。事后，汤某送给被告人黄某某感谢费1万元。

（二）2012年、2013年间，汤某先后两次到黄某某位于PT市HJ区司法局办公室，请求黄某某在PT市HJ区某果树养殖基地资金申请事项上给予关照，黄某某允诺。后上述基地分别于2012年8月14日、2013年10月15日获得补助资金各1.6万元。事后，汤某先后两次送给黄某某感谢费各5 000元，共计1万元。

（三）2012年间，林某一到黄某某办公室，请求黄某某在其缓刑考验期内监督管理事项上给予关照，并送给黄某某现金2 000元。

（四）2013年左右，李某一请求黄某某在其父亲李某二成拟假释的社会调查评估事项上给予关照，被告人予以允诺。后李某一送给黄某某现金3 000元，再次请求黄某某在上述事项上给予关照，黄某某予以允诺并收下上述钱款。后李某二成顺利予以假释。事后，李某一又送给黄某某感谢费2 000元，黄某某收下钱款。

（五）2013 年间，陈某请求黄某某在其妻子吴某如审前社会调查评估事项上给予关照，黄某某予以允诺。后陈某送给黄某某现金 3 000 元，再次请求黄某某在上述事项上给予关照。

（六）2014 年左右，林某二请求黄某某在其社区矫正期间执行地变更事项上给予关照，黄某某予以允诺。后林某二顺利办理上述变更手续，送给黄某某感谢费 2 000 元。

（七）2014 年间，郑某请求黄某某在其缓刑考验期内监督管理事项上给予关照，并送给黄某某现金 2 000 元，黄某某予以允诺并收下上述钱款。2014 年底，郑某送给黄某某价值 2 000 元的购物卡，请求继续给予关照，黄某某予以允诺并收下上述购物卡。2015 年 6 月，郑某在黄某某办公室送给黄某某现金 3 000 元，请求继续给予关照，黄某某予以允诺并收下上述钱款。

（八）2014 年间，黄某二请求黄某某在其亲属陈某某假释前社会调查评估事项上给予关照，并送给现金 5 000 元。

（九）2014 年间，方某请求黄某某在其缓刑考验期内监督管理事项上给予关照，并送现金 3 000 元。

（十）2014 年间，黄某一先后两次请求黄某某在其父亲黄某三保外就医期间外出事项上给予关照，并分别送给现金 500 元、2 000 元，共计 2 500 元。

（十一）2014 年间，刘某送给黄某某价值 1 600 元的桌椅一套，请求在其缓刑考验期内监督管理事项上给予关照。

FJ 省 PT 市 HJ 区人民法院一审认为，黄某某身为国家工作人员，多次利用职务上的便利为他人谋取利益，非法收受他人财物价值计 5.11 万元，数额较大，其行为已构成受贿罪。依照《中华人民共和国刑法》《最高人民法院、最高人民检察院关于办理贪污贿赂刑事案件适用法律若干问题的解释》之相关规定，判决黄某某犯受贿罪，判处有期徒刑十一个月，并处罚金十万元。黄某某不服一审判决，上诉至 FJ 省 PT 市中级人民法院。经 FJ 省 PT 市中级人民法院二审，认为黄某某身为国家工作人员，多次利用职务上的便利为他人谋取利益，非法收受他人财物价值计 4.51 万元，数额较大，其行为已构成受贿罪。据此，依照《中华人民共和国刑法》《最高人民法院、最高人民检察院关于办理贪污贿赂刑事案件适用法律若干问题的解释》之相关规定，裁定驳回上诉，维持原判。

案例评析

本案中的黄某某前期对工作兢兢业业，谨小慎微，组织安排他担任区司法局社区矫正工作科负责人的重要岗位，他却没有认识到社区矫正工作责任重大、使命光荣。看着资金通过自己的努力拨到了某果树养殖基地，而自己却没落下一滴

"油水"，想着"管理，管理，不管不理"，社区矫正对象"不理"自己的原因就是没有从程序"管起来"，在环节上"拿捏住"。黄某某在失落之后就计上心来，对负责的社区矫正和安置帮教工作工作打起了"歪主意""小算盘"。在社区矫正工作中，包括社会调查评估，执行社区矫正中的定期报告、外出、执行地变更，"两劳"人员安置帮教基地的推荐、设立及资金申请事项等方面，利用职务上主管、负责或者承办事项的权力所形成的便利条件，或充当掮客或以权谋私，受贿所得包括钱、卡、桌椅等各类财物，最终东窗事发而锒铛入狱。

启示与思考

社区矫正工作人员是劝人在法律悬崖边缘回头自省的"守护者"，如果没有过硬的清廉作风，执法风险和廉政风险就会被无限放大，也就无法守住"矫人正己"的这道防线。

启示一：当官为了什么？

是做人民的好公仆，干一番事业为人民服务；还是为了个人的荣华富贵、升官发财、光宗耀祖？这个问题必须想明白，思想是行动的先导，思想上松一寸、行动上就会散一尺。思想一旦想歪了，人生航船的方向就会发生偏差，工作中就会很容易误入歧途，造成樯倾楫摧的悲剧。

启示二：怎样交友？

人不能不交友，关键是交什么样的朋友。君子之交淡如水，小人之交甘若醴。真正的朋友关系绝不是酒肉朋友，更不会是以利而交的金钱朋友。金钱关系不是朋友关系，而权钱交易更是朋比为奸。一个人能用金钱收买你，就一定会为了金钱出卖你。许多所谓"合理合法"的"潜规则"，更是隐藏着无数看不见的陷阱。

启示三：如何制约权力滥用？

黄某某虽然是社区矫正和安置帮教职能科室的负责人，但案件中行贿人请托事项的办理流程涉及多个事项，多个流程，黄某某并非都有机会能搞"一言堂"。例如安置帮教基地的建设和认定需要县级司法局领导审批；在社区矫正方面，开展调查评估、监督管理等工作事项都需要社区矫正机构、司法所的其他工作人员的参与。所以，只要在这些工作中能落实多方参与机制，都可以对黄某某滥用权力的行为形成制衡。因此，在开展社区矫正工作中，司法行政机关负责人在涉及钱款、财务的问题上，尤其是涉及补助资金拨付等重大事项上要加强监督，注重建章立制，要形成法治化、规范化的权力运行机制，让制度管人，不能被科室负责人牵着鼻子走；负责社区矫正工作的具体工作也要有法治思维，严格依法按程序办事和办案，对上级领导违法的命令或指示切不可盲目执行，而是应当向其提出异议，如其拒绝采纳，则应及时向单位主管或分管领导报告。

假借顾问隐蔽索钱
矫正科长获刑十年

基本案情

2008 年 5 月，陈某某担任 JY 省 GU 市司法局基层工作科副科长，2008 年 8 月被任命为 GU 市司法局社区矫正工作管理科科长，负责监督指导乡镇（街道）司法所对社区矫正对象进行监督管理和教育帮扶、对缓刑、假释人员开展拟适用社区矫正的社会调查评估等工作。

陈某某的儿子陈某从学校毕业后，2010 年通过了国家司法考试，取得了法律工作执业证，平时单独承接案件和收费。为帮儿子开展业务，从 2010 年 6 月起至 2013 年 6 月，陈某某利用自己担任 GU 市司法局社区矫正工作管理科科长的职务便利，在缓刑、假释人员拟适用社区矫正的社会调查评估以及适用后的监督管理工作中，以聘请其指定的法律顾问为条件，要求缓刑、假释人员或他们的近亲属聘请陈某作为法律顾问，并约定数额不等的“法律顾问费”。

在此期间，缓刑、假释人员本人或其家属在适用社区矫正的前后，有的是被陈某某叫去，有的是陈某某主动找上门来，有的则是因为相关单位要出具材料找陈某某，而在谈话过程中陈某某以种种理由，要求找陈某做法律顾问。有的人担心不交钱会有麻烦，有的人怕对自己不利，有的人因为不交钱材料拿不到，所以多数人按陈某某的要求找到陈某，陈某以某法律服务所名义与其签订“聘请常年法律顾问合同”“代理案件收费登记表”，并收取相关费用，先后 48 次收受钱款合计人民币 114 500 元，但基本未提供法律服务。

2013 年 6 月至 7 月间，GU 市人民检察院在走访部分社区矫正对象时，发现陈某某存在利用职务便利索取他人钱款 20 000 余元的经济问题，遂将该线索移送给 GU 市纪检监察部门。同年 7 月 11 日，GU 市纪检监察部门派人将陈某某带走接受审查，陈某某如实供认了为帮儿子开展业务、让上述社区矫正对象或其家人聘请儿子为法律顾问、缴纳数额不等的“顾问费”的基本事实，陈某某的家人代其退出收受费用。

法院判决陈某某犯受贿罪，判处有期徒刑十年，并处没收财产五万元。

案例评析

该案中，交“法律顾问费”的人员均系缓刑、假释人员，属于社区矫正对象的范畴。陈某某作为社区矫正管理科科长，直接负有对乡镇（街道）司法所开展社区矫正工作监督、指导职责，陈某某出于私利，不仅不正确履行职责，反而利用职务便利，巧立名目，以“聘请法律顾问”为幌子，以与陈某签订“聘请常年法律顾问合同”的形式，行索贿之实。陈某收取“法律顾问费”后，虽在形式上签订了法律顾问合同、办理了收费手续，但综观其父陈某某的行为方式、目的和结果来看，不能改变其以合法形式掩盖非法目的之违法性质，具备受贿罪中“权钱交易”的本质特征。陈某某作为一名党员干部、国家公职人员，以要求缓刑、假释人员或其近亲属聘请其儿子作为法律顾问这种相对隐蔽的方式索贿，为他人谋取利益，其行为已触犯刑律，构成受贿罪。

启示与思考

对社区矫正对象的监督管理，不仅是刑法、刑事诉讼法、社区矫正法赋予我们的一项权力，更是一份沉甸甸的职责。我们要尊重法律、敬畏法律，依法用权、廉洁用权。在社区矫正工作中，我们要坚持内外兼修，将对社区矫正工作人员自身教育与外部监督相结合。该案例带给我们的启示有以下两点。

启示一：强化廉政教育

俗话说得好：“自省方能自觉，自觉方能自律”，但本案中的陈某某在管理社区矫正对象中，渐渐丧失了自省、丧失了自律。古人云：“欲而不知止，失其所以欲；有而不知足，失其所以有。”守好欲望的底线，才能守好欲望之“水”。我们在抓好对社区矫正对象管理的同时，要时刻紧绷廉政这根弦不能松，抓好廉政教育这个本不能停，防止出现“灯下黑”现象；要将廉政建设伴随着业务建设始终，确保队伍不出问题，不变质；要通过常态化廉政学习、警示教育，使社区矫正工作人员经得起考验，始终做到自重、自省、自警、自励，预防好职务犯罪。目前，多地司法行政机关已将廉政建设和预防职务犯罪纳入社区矫正业务培训课程之一。有些地方的司法行政机关还专门开展了预防职务犯罪整治行动，如江苏省泰州市姜堰区司法局开展社区矫正“廉政勤政”专项整治行动，以解决社区矫正中存在的廉政风险点。

启示二：加强外部监督

外部监督包括检察机关的法律监督以及社会监督。目前，多地检察机关已经在社区矫正中心设立检察室，监督社区矫正工作。我们要借助检察机关的法律监督，及时发现受贿等职务犯罪的漏洞，堵塞缺口。同时，社会监督是最公正的“阳光”，它平等地洒向一切阴暗的角落。司法行政机关可以通过发放问卷调查、执法满意度测评、设立公开投诉邮箱等方式积极主动接受社会公众的监督，通过调研、走访、座谈等方式听取社区矫正对象对不规范执法现象的反映，及时发现和遏制侵犯社区矫正对象权利的行为，确保社区矫正工作的公开、公正、规范。

受贿枉法协管同责
专职社工被判一年

基本案情

自2012年6月始，曾某到DA市LB镇司法所担任社区矫正工作的专职社会工作者，主要工作职责是协助司法所社区矫正专职干部从事社会调查评估、对社区矫正对象进行监管、对刑释人员进行安置帮教等工作。

2012年8月，陈某因犯盗窃罪被法院判处有期徒刑一年，缓刑一年，在LB镇接受社区矫正。2013年3月，陈某想去外地亲戚家的公司打工，于是陈某的母亲就请曾某通融一下，曾某并没有明确答应。两三天后，陈某的母亲悄悄送给他5 000元现金。收下钱后，曾某不但默许陈某外出打工，还主动给陈某打掩护，确保陈某违规外出的事情不败露。2013年夏天，ZJ市司法局在例行检查中发现，社区矫正对象陈某的思想汇报已有3个月没有记录、教育学习也是连续多次没有参加，同时还发现陈某在外地办理了银行卡。ZJ市司法局责成DA市司法局社区矫正机构进行核查。曾某在接到协查通知后，迅速联系陈某的母亲，暗示要给相关领导打招呼。陈某的母亲又将7 000元现金送给曾某。曾某收钱后占为己有，并向领导虚构了陈某身份证丢失并被他人冒用等情况，帮助陈某顺利过关。

从2012年12月至2015年4月，曾某利用上述职务之便，多次索要、收受社区矫正对象及其家人的贿赂。经查实，2012年12月，曾某借为黄某、姜某、姜某某、孙某四人进行社会调查评估之际，以评估材料有问题需向领导打招呼为由向黄某等四人索要财物，后黄某送给曾某人民币5 000元。在2013年上半年，社区矫正对象王某需外出打工，曾某违规同意并帮助其隐瞒，王某母亲梁某为感谢曾某给予的关照和帮助，先后分两次送给曾某人民币5 000元、7 000元共计12 000元。2014年1月，曾某借到田某家走访之际，以田某在监督管理中需要照顾及向领导打招呼为由向田某索要人民币400元并占为己有。2014年8月，曾某以田某申请外出需向领导打招呼为由向田某索要贿赂，后田某在其家村口送给曾某人民币400元。2015年1月，社区矫正对象张某在社区矫正期间违规较多但均未被处罚，曾某以此为由向张某索要贿赂，张某送给曾某人民币 1 000 元。2015 年春节前，张某、李某甲为感谢曾某在平时监督管理中给予的关照，送给曾某硬中华香烟 2 条……就这样，曾某先后 24 次收受或索取社区矫正对象及其家属各种财物，现金共计人民币 40 980 元、超市购物卡 1 000 元、软中华香烟 7 条、硬中华香烟 24 条、云烟 1 条，香烟价值人民币计 15 580 元，各种款物合计价值人民币 57 560 元。

2015 年 4、5 月，DA 市人民检察院驻所检察室多次接到社区矫正对象的举报，反映曾某向黄某、张某索要钱款 6 000 余元、硬中华香烟 8 条（总计价值 3 600 元）的事实，DA 市人民检察院于同年 5 月 31 日对曾某涉嫌受贿立案侦查，于同日将曾某带走接受调查，曾某如实供述了其向黄某、张某索要贿赂的事实，还主动供述了司法机关尚未掌握的收受他人贿赂和索要贿赂的其余事实。案发后，曾某的家人代其退出赃款人民币 20 000 元。

经法院审理，判决曾某犯受贿罪，判处有期徒刑一年，并处罚金人民币十二万元。

案例评析

曾某作为 DA 市从事社区矫正工作的专职社工，是经过 DA 市政府批准，由 DA 市司法局招聘，派驻到乡镇司法所开展社区矫正工作的聘用制人员。他虽然没有国家编制，但他完全接受 DA 市司法局的指派和管理，从事社区矫正工作，且工资、补助均来自 DA 市司法局，依照相关规定，应属于在国家机关中从事公务的人员。曾某在社区矫正评估、日常监督管理等本该严格执法的环节，却把赋予的权力当作谋私的筹码，弥补日常开销缺口的“致富宝典”，在索取和非法收受他人财物后，大开方便之门，使本应在当地接受社区矫正的罪犯脱管外出打工、原本违反规定应该受处罚的社区矫正对象却逍遥法外。这不仅不利于社区矫正对象的顺利融入社会，更严重的是由于其监督管理不到位，大大增加了社区矫正对象再犯的风险，给社会治安增加了潜在隐患。曾某不依法履职，索贿和收受财物的行为已触犯刑法，构成受贿罪。

启示与思考

在社区矫正实践中，从事社区矫正的多为公职人员，而专职社会工作者、司法协理员、司法协管员等聘用人员并无执法权，主要从事辅助工作，成为社区矫正工作中受贿主体的案例相对少见。但该案的发生，也为我们社区矫正社会工作者敲响了警钟。

2015 年以来，全国检察机关多次集中部署开展社区矫正对象脱管、漏管专项检查活动，各地对社区矫正预防职务犯罪也日渐重视，相继对负有执法职责的社区矫正工作人员强化了内部管理，健全了相关工作制度，堵塞了工作中的风险漏洞，社区矫正领域的职务犯罪现象得到有效遏制。但要真正做到避免社区矫正工作中受贿犯罪行为的发生，我们还需要在管人、健制、监督三方面进一步完善。

管人，即加强社区矫正工作人员的监督。所谓“心有所敬，行有所循；心有所畏，行有所止”。要通过常态化的教育，身边人的警示案例，让社区矫正工作人员切切实实对权力、对法纪常怀敬畏之心、常存戒惧之意；让其时刻明晰权力的“边界”，时刻警惕权力、金钱的诱惑，严格按照法规制度规定行使权力，不超越“边界”、不恣意妄为、不逃避约束，防止因一念之差打开贪欲之门。健制，即要求我们要坚持用制度管权管事管人。权力具有天然的扩张性，一旦突破监督制约的牢笼，将严重冲击社会秩序。因此只有用稳定的制度加以规制，才能保证权力的正确行使。因而对权力的监督是否到位，在很大程度上取决于制度是否完善，毕竟“充足的阳光才能驱散腐败的阴影”。要优化制度设计，防止“牛栏关猫”；要加大制度执行力度，防止制度成为“稻草人”，通过优化制度设计，建立健全不敢受贿、不能受贿、不愿受贿的预防体制。用邓小平同志的话讲：我们要用好的制度让坏人干不了坏事。监督，即要求我们要强化对社区矫正执法的监督检察，坚持发现一个查一个，查实一个处理一个，防止“小节”拖成“大祸”。通过抓早抓小，真正把预防犯罪这条底线看住。

启示一：要厘清社区矫正执法人员与专职社会工作者之间的职能和权责

DA 市 LB 镇当年共有社区矫正对象 60 余名，而当地司法所从事社区矫正工作的在编人员仅有一人，曾某一到岗便被“委以重任”，其职责既包括开展审前调查评估，又包括对社区矫正对象进行日常监管，涵盖社区矫正的方方面面，成为“准司法行政”人员。《社区矫正法》第十一条规定，社区矫正机构根据需要，组织具有法律、教育、心理、社会工作等专业知识或者实践经验的社会工作者开展社区矫正相关工作，这就说明社区矫正社会工作者的职责范围，一般限于“法律、教育、心理、社会工作”等社会服务方面。2014 年司法部、原中央综治办、教育部、民政部、财政部、人力资源和社会保障部出台的《关于组织社会力量参与社区矫正工作的意见》与 2017 年民政部发布的《社区社会工作服务指南》，均体现了这种精神。在社区矫正实践中，部分地区由于社区矫正执法人员不足、社区矫正对象数量较多等各种原因，执法人员将部分执法职责也交由专职社会工作者、司法协理员或其他参与社区矫正工作的社会力量行使，造成执法人员与社会力量在社区矫正工作中的角色错位，不仅造成了社会力量的“抱怨”，也由此产生了执法风险，亟待在工作中对双方工作职能进行依法、科学的界定与区分，制作权责清单，从而做到权责明晰。

启示二：要加强对社区矫正社会工作者、辅助工作人员的监督

社区矫正工作中，除了有主要负责执法工作的公务员，还有大量如专职社会工作者、司法协理员等诸多参与者，他们或受委托在社区矫正中心、司法所从事社区矫正相关辅助工作，包括承担疏导心理情绪、纠正行为偏差、修复与家庭和社区关系、恢复和发展社会功能、引导就学就业等诸多促进社区矫正对象再社会化的工作。从2016年中央政法工作会议指出，社区矫正对象的监管主要靠政府、矫治主要靠社会，到2017年司法部对社会力量参与社区矫正工作开展调研，再到2020年《社区矫正法》的正式实施，可见社会力量在社区矫正对象融入社会中发挥不可或缺的作用，我们有理由相信社会力量在未来的社区矫正中发挥更大作用。但我们在加强对负责社区矫正执法的公职人员开展廉政监督与教育的同时，往往忽视了这类看似“无权无力”的人的监督。事实上，正是由于这类人员协助执法的公职人员从事社区矫正对象的监督管理和教育帮扶等相关工作，因而或多或少掌握着社区矫正相关权力与资源，最典型的就是掌握着社区矫正工作的各种信息与资料。倘若不加强监督，也极易诱发相关人员权力滥用而导致职务犯罪现象发生。因此这就要求我们在加强对社区矫正执法的公职人员的监督的同时，也不能忽视对其他工作人员的监督与教育。在本案中，DA市检察院在查办此案的过程中，应结合该案所暴露出来的社区矫正专职社工的管理问题，向该市司法局发出书面检察建议。

启示三：要注意加强对社区矫正执法重点环节的监督

社区矫正作为严肃的刑事执行活动，工作人员掌握着一定的权力，倘若权力运用不当，极易滋生贪污受贿等相关犯罪，这就需要我们加强对社区矫正工作中易引发职务犯罪的“关键点”和重点环节的风险识别与控制。在社区矫正工作中，易滋生腐败的主要“风险点”首先存在于社会调查评估环节，包括借故拖延出具社会调查报告，要挟社区矫正对象及其家属，进而索取贿赂；在索取或收受贿赂后，出具同意接收社区矫正的社会调查报告，而事实上被调查对象根本不适合社区矫正。其次，在社区矫正监督管理环节，在报告、申请外出等环节予以方便，违规同意不参加教育学习与公益活动，违规同意外出从而索取或收受贿赂；在考核奖惩环节，对达到警告、提请治安管理处罚、撤销缓刑和假释、决定收监执行等条件时，索取或收受贿赂后不予以处罚。以上种种不法行为，就是提醒我们要健全社区矫正执法重点环节的工作制度，加强对关键节点的监督，防止出现权力滥用而诱发犯罪行为。

延伸阅读

为进一步加强社区矫正工作，中央有关部门单独或联合出台了一系列规范性文件，其中比较有代表性意义的有：

1.《关于组织社会力量参与社区矫正工作的意见》相关规定

司法部、原中央综治办、教育部、民政部、财政部、人力资源和社会保障部出台的《关于组织社会力量参与社区矫正工作的意见》第二条第二项提出：鼓励引导社会组织参与社区矫正工作。鼓励社区矫正机构将疏导心理情绪、纠正行为偏差、修复与家庭和社区关系、恢复和发展社会功能、引导就学就业等项目，通过多种方式向具有社区矫正服务能力的社会组织购买服务。

2.《社区社会工作服务指南》相关规定

2017年，民政部发布《社区社会工作服务指南》（MZ/T 071—2016）（以下简称《指南》）推荐性行业标准，《指南》明确了社区社会工作者参与社区矫正工作的主要内容包括六项：

一是疏导社区矫正对象心理情绪，纠正思想行为偏差，促进社区生活融入，恢复和发展社区矫正对象社会功能；

二是修复社区矫正对象与家庭和社区的关系，重建社会支持网络；

三是促进社区矫正对象就业，协助符合条件的社区矫正对象申请享受相关就业扶持政策，为社区矫正对象提供就业指导和职业介绍等服务；

四是协调并督促未成年社区矫正对象的法定监护人，帮助其接受义务教育，鼓励有就学意愿的社区矫正对象接受社区教育；

五是配合司法行政机关对拟适用社区矫正的被告人、罪犯进行社区影响调查、家庭和社会关系评估等工作；

六是协助社区居民自治组织帮助生活困难、符合条件的社区矫正对象及家庭依法获得相关救助政策资源，链接社会资源对其进行帮扶救助。

第四章

贪污类犯罪

电视剧《人民的名义》开播不久便迅速走红，剧中反贪总局检察官侯亮平在“小处长”赵德汉家中搜出2亿元贪污款的场景着实令观众“大开眼界”，而这一看似夸张的情节却真实地反映出现实中“小官巨贪”“小权大用”“小贪不断”的社会反面现象。在社区矫正工作中，曾一度被认为因工作对象属于特定群体，工作经费属于专款专用，几乎不可能会发生贪污行为。但随着社区矫正工作在全国全面推进，各地对开展工作所需要的资金、资源的投入日益增加，社区矫正信息化管理程度逐年提升，特别是电子定位、人像指纹识别、远程交互平台等软硬件建设蓬勃发展，同时对社区矫正对象的管理制度也在日益完善。在这种形势下，某些社区矫正工作人员放松了自我学习和主观世界改造，利用职务上的便利，在设备采购、维护中侵吞、窃取、骗取公共财物或者私自向社区矫正对象收取费用并占为己有，严重损害了司法行政队伍形象，对政府的公信力产生了不利影响，更使自己身受囹圄之苦。

贪污罪，指国家工作人员利用职务上的便利，侵吞、窃取、骗取或者以其他手段非法占有公共财物的行为。受国家机关、国有公司、企业、事业单位、人民团体委托管理、经营国有财产的人员，利用职务上的便利，侵吞、窃取、骗取或者以其他手段非法占有国有财物的，以贪污论。2015年11月实施的《刑法修正案（九）》对贪污罪相关条款进行修改，进一步完善了贪污罪的刑事惩治体系，由以前规定单纯的以数额为标准，修改完善为数额加情节的标准，更能体现罪刑相适应的刑法原则，更有利于实现宽严相济的刑事政策，彰显了国家惩治腐败犯罪的决心和魄力。要根治贪污腐败，除了要让人“不敢腐”，更重要的是让人“不想腐”。古语说，“人之洗濯其心以去恶，如沐浴其身以去垢。”人必须经常洗涤自己的心来除去腐坏、恶劣的思想，修身慎行、怀德自重、清廉自守、涵养正气，才能在“乱花渐欲迷人眼”的环境里行稳致远。

巧立名目收取财物
据为己有构成贪污

基本案情

丁某，原系QA市司法局GF司法所所长。

唐某的儿子唐某某因犯抢劫罪被QA市人民法院判刑并宣告缓刑。唐某于2012年9月带着唐某某到GF司法所报到，丁某要求缴纳保证金3 000元，唐某某缴纳保证金后向丁某索要了收据。2013年2月，唐某某的缓刑考验期满后，丁某退还1 200元，并将收据收回。

熊某乙因犯贪污罪被QA市人民法院判刑并宣告缓刑后，由GF司法所对其执行社区矫正。熊某乙与丁某联系后，丁某向熊某乙收取了4 000元“保证金”，并出具了收据。之后，在熊某乙和单位支部书记陈某某找丁某办理外出务工手续时，丁某向熊某乙收回上述收据。

王某因犯诈骗罪被QA市人民法院判刑并宣告缓刑。2012年8月，王某和妻子高某到丁某的办公室向其交纳了保证金、劳动公益金共计3 000元，丁某对此进行了记录。

2012年7月，刘某丙因犯贪污罪被QA市人民法院判刑并宣告缓刑。2012年7月，丁某给刘某丙打电话，让刘某丙到GF司法所报到。刘某丙因在外地工作，委托妻子彭某甲代为报到。之后，彭某甲告知刘某丙已代为报到，并向丁某交纳了保证金3 000元。2012年9月，刘某丙回家向丁某交思想报告时，丁某又让刘某丙交了2 000元公益劳动金代替学习和公益劳动。

2013年1月，张某甲因犯交通肇事罪被QA市人民法院判刑并宣告缓刑，在GF司法所接受社区矫正。2013年3月，张某甲的叔叔张某乙陪张某甲到GF司法所报到，丁某让张某甲交5 000元公益劳动金代替公益劳动，张某乙与丁某协商后，丁某同意只需交纳2 500元。后张某甲于当天下午到丁某的办公室交给丁某2 500元。

…………

就这样，丁某以司法所名义先后共计收取社区矫正对象及其家属“保证金

(含劳动公益金)”“社矫保证金（含公益金)”“保证金”等共计35 300元，但其未将上述款项记入GF司法所财务账并予以侵吞。

QA市检察院负责社区矫正监督检察工作的检察官在对社区矫正的走访中，某社区矫正对象的家属谈到曾经向司法所交了3 000元的“假释调查费”。得知这一情况后，检察官立即又走访了几名社区矫正对象及其家属，得知有部分人曾在社区矫正期间被丁某收取过名目不一的各种费用。QA市检察院经过初查后发现，QA市某司法所长丁某涉嫌巧立名目、非法收取社区矫正对象及其家属的财物并据为己有，随即决定以涉嫌贪污对丁某进行立案侦查。

经人民法院审理，判决被告人丁某犯贪污罪，判处有期徒刑三年六个月。

案例评析

丁某作为司法所所长，身为一名国家工作人员，本该依法履行对社区矫正对象的监督管理和教育帮扶职能，维护社区矫正对象的合法权益，但却公权私用，把权力作为谋取私利的手段，性质非常恶劣。在本案中，丁某以司法所名义，向社区矫正对象及家属收取所谓的“保证金（含劳动公益金)”“社矫保证金（含公益金)”“保证金”等费用，在收取相关费用后出具了部分收据，而且部分“保证金”在社区矫正对象矫正期满后也予以退还，对于这部分收取且退还的钱款，做法虽然不妥，但并未实质侵害社区矫正对象及其家属的财产利益，尚可不以犯罪论处。但是收取且未退还的部分钱款，虽然丁某辩称这部分费用是用于司法所日常支出，是作为司法所管理的资金使用，而并非本人直接占为己有，其行为应区别于一般的直接收取相关费用归自己所有情形，不属于贪污公共财物的行为。但是该笔资金若作为司法所的管理资金，丁某应当按照财务制度处理，但其并未将相关费用入账，同时也未向上级汇报，而是私自侵吞其中部分财物合计35 300元，这符合贪污罪的构成要件，故仍然构成贪污罪。

启示与思考

社区矫正试点初期，有若干地方的司法局（司法所）尝试过参照公安机关依据刑事诉讼法的规定收取取保候审保证金的做法，向社区矫正对象收取一定的费用，以督促社区矫正对象更好地遵守相关法律规定。后因此类做法缺乏法律依据，侵犯了社区矫正对象的合法权益，各地随即纷纷取消了这些做法。但不乏极少数社区矫正工作人员借此作为谋取私利的手段，不仅巧立名目违规收取所谓“保证金”，而且将钱款侵吞占为己有。本案就是一起因巧立各种“收费名目”并据为己有被人民法院以贪污罪判处刑罚的经典案例。透过该案，可以带给社区矫正工作人员如下启示：

启示一：社区矫正监督缺位

自2008年起，丁某在担任司法所所长期间，GF司法所长期只有所长和另外一名工作人员负责社区矫正工作，在人手不足的情况下，GF司法所负责的辖区却有80多名社区矫正对象需要管理。GF司法所的一切工作基本都由丁某一人说了算，而在这种“一言堂”的情况下，丁某的个人权力欲望就开始膨胀起来，最终这种不受监督的权力就导致了权力滥用、腐败的产生。我们在对丁某走上犯罪道路感到惋惜的同时，也应反思如何健全社区矫正机构的内部监督机制。

此案发生后，QA市检察院向QA市司法局发出了检察建议，建议司法局应建立健全社区矫正工作人员的监督制约机制。QA市司法局也立即进行了回复，表示将吸取本案教训，加强党风廉政建设。值得关注的是，在廉政风险防控机制建设方面，很多地方都曾做出了一些有益的尝试，如福建省莆田市司法局出台《司法行政系统社区矫正工作责任追究暂行办法（试行）》、浙江省温州市司法局出台《社区矫正执法监督办法（试行）》等，对社区矫正工作人员的监督均实现了制度化。同时也有多地司法行政机关尝试与同级人民检察院联合检查常态化，加大内外联合监督的力度。再者也有部分地区将廉政教育、廉政谈话纳入社区矫正工作人员的执法培训内容，同步开展，筑牢拒腐防变的根基。

启示二：加大经费保障力度

在《社区矫正法》颁布实施前，不少地区在社区矫正工作经费保障上，对开展日常工作的司法所实行报账制，经费实行限额定项包干，这种保障机制往往因各地经济发展水平不一，存在部分地方经费保障明显不足的问题，一定程度上影响了当地社区矫正工作的正常开展。在这种背景下，有极少数司法所社区矫正工作人员便打起“歪主意”，希望能另辟蹊径来解决社区矫正工作中面临的现实难题。例如本案中丁某就曾在供述中提到，司法所的工作经费不足情况突出，尤其是超过预算经费的部分无法报销。所以通过本案，我们也应认真审视目前的经费保障程度是否能满足工作需要。

不管是当时的《社区矫正实施办法》规定各级司法行政机关应当切实加强对社区矫正工作的组织领导，健全工作机制，明确工作机构，配备工作人员，落实工作经费，保障社区矫正工作的顺利开展，还是《财政部、司法部关于进一步加强社区矫正经费保障工作的意见》规定，各地应将社区矫正经费列入同级财政预算予以保障，应统筹社区矫正和司法行政其他基层业务经费保障，通过进一步加大对司法业务经费的投入，提高社区矫正经费保障水平，再到今天的《社区矫正法》第六条规定，各级人民政府应当将社区矫正经费列入本级政府预算。但就是直到现在，《社区矫正法》已正式颁布实施一年多，从目前各地的落实情况来看，不少地方在经费保障方面仍存在诸多不足，这就导致社区矫正工作模式难以实现转型升级，实现严格贯彻落实法律要求的目标。所以说，经费保障不足往往会引发一系列的问题，这就需要我们引起足够重视，毕竟缺少必要的经费保障，社区矫正工作不仅难以顺利开展，更严重的是制约了社区矫正工作专业化、规范化、标准化建设。

虚构事实骗取资金
被判贪污成为罪人

基本案情

王某，原GH省DR县司法局某某司法所所长，利用负责经手办理刑释人员（此处含解除矫正的假释和暂予监外执行的社区矫正对象，下同）安置帮教补助的职务便利，自2011年8月起，指派该所工作人员丁某，以在某镇L村某厂安置刑释人员的名义，编造何某丙、何如新等三人（次）的《安置帮教补助经费申请表》《DR县某镇L村某厂工资发放表》《企业开展帮教工作情况登记表》及其他相关资料，并盖上王某私刻的“DR县某镇L村某厂工资发放表营业专用章”、该企业负责人“杜某”的名章，再上报县司法局。2012年9月王某又借用杜某的身份证在DR县农村信用合作联社办理银行卡一张，并于同年11月12日与杜某到DR县司法局办理了领取2011年度的刑释人员安置帮教补助经费的相关手续，金额为15 000元。DR县司法局将该款拨付到以“杜某”的名义在信用社开户的银行卡中，王某于同年11月13日至16日分批将此款取出，占为己有。

自此之后的2012年、2013年，被告人王某继续以在某镇L村某厂安置刑释人员的名义，虚造杨某乙、何文虎、杨某甲等五人（次）的《安置帮教补助经费申请表》《DR县某镇L村某厂工资发放表》《企业开展帮教工作情况登记表》等相关资料，以相同的手段和方式，骗套刑释人员安置帮教补助经费共计25 000元（其中2012年度10 000元、2013年度15 000元）。DR县司法局于2013年11月18日、22日分两次将该款拨付到以“杜某”的名义开户的银行账户中，王某于2013年11月20日至29日分批将此款取出，占为己有。

2013年1月29日，王某用骗取的资金给司法所工作人员发放奖金、补助3 800元。案发后，王某向DR县纪委退缴赃款29 270元。

法院判决王某犯贪污罪，判处有期徒刑二年六个月。所追回的贪污款人民币29 270元，依法没收，上缴国库。

案例评析

GH省综治委办公室、司法厅、财政厅下发了《GH省刑释人员过渡性安置帮教补助经费管理办法（试行）》《GH省刑释人员过渡性安置帮教补助经费管理办法（试行）》。该办法规定："企业每安置一名刑释人员，政府给予企业每人每年5 000元的补助。"这一规定是为了鼓励企业积极参与安置帮教部分社区矫正对象，尤其是假释和暂予监外执行这两类罪犯，以期解决在解除社区矫正后其在过渡期内收入无来源、生活无着落等问题。这本是帮助这两类罪犯解决其在成为刑释人员后的就业问题，能更好融入社会的一项特殊福利性政策，却被部分人当成牟利的工具。本案中的王某身为DR县司法局某司法所所长，系国家工作人员，却利用司法所所长职务之便，为实现套取相关资金占为己有的非法目的，采取私刻公章、假借人员名义等多种方式，虚构安置事实，骗取国家安置资金，其行为构成贪污罪。

启示与思考

通过给予一定的政策性补助，鼓励企业接收刑释人员，本意是促进刑释人员再就业，解决其实际生活困难的一项帮扶政策。但在实践中，在某些地方却被少数人的不法行为将该项政策扭曲成了骗取国家资金的工具。事实上，本案或许只是冰山一角，一些地区不仅出现了多起类似贪污补助的经费案件，甚者在个别地区还连续性地发生多起系列案件。所以在深感痛心的同时，也给了我们一些启示：

启示一：拒腐防变必须警钟长鸣

在过去的司法行政工作中，社区矫正和安置帮教一直都被视为一个"冷衙门"业务，权力小、经费少，也被普遍认为廉政风险较小，这就导致不少地方的有关部门都未能引起重视。但是近年来，国家对社区矫正和安置帮教工作呈现逐渐重视态势，对社区矫正和安置帮教工作的业务经费、设施场所建设、技术设备采购等基础性费用的投入也在逐渐加大。与此同时，国家鼓励支持社会力量参与社区矫正和安置帮教工作的配套政策也陆续出台，其中最明显的就是政府购买社区矫正和安置帮教的社会服务项目的投入显著增加。各省（直辖市、自治区）纷纷根据地区实际情况出台了相应的配套政策，例如GH省对从事刑释人员过渡性安置帮教工作的企业给予补助。但值得注意的是，此类经费在使用中若不注重预防职务犯罪，则极易在立项、申报、招标、采购、拨付等诸环节诱发廉政风险。所以要求我们把廉政建设贯穿于社区矫正工作的始终，坚持同时部署，同时落实，同时考核；要把反腐倡廉的各项要求和责任落实到日常工作之中，不留空白，不留死角，不留漏洞。要须臾不懈怠，一刻不放松，积小胜为大胜，压缩廉政风险在社区矫正工作领域中的存在空间，确保社区矫正工作队伍的纯洁稳定。

启示二：完善制度和加大监督

在《社区矫正法》颁布实施前，从媒体的公开报道中，全国就已发生若干起司法所干部贪污安置帮教经费案件。在审视这些案例的过程中，我们在深感廉政教育不足的同时，也应思考制度上是否存在漏洞，被人“钻了空子”，而面对这些漏洞，又能否通过健全制度，完善监督，形成“不能贪、不敢贪、不想贪”的廉政预防体系！令人欣慰的是，近年来，多地司法行政机关不断完善安置帮教经费的使用制度，提升了监督力度，有效地遏制了此领域职务犯罪“抬头”的趋势。如江西省某县司法局实现安置帮教经费“一卡通”，即接送经费由银行直接打入接送人账户，生活补助由银行直接打入刑满释放人员账户，其中司法局、司法所、村（居）民委员会等均不再直接经手相关资金，从而在源头上杜绝了虚报冒领、故意缓发等现象；甘肃省某市司法局则通过“六看七查”的方式力促过渡性安置帮教补助经费的拨付工作实现规范运行。具体内容包括采取与企业负责人交谈、查看职工工资发放表册、抽查询问工友等方式，核实安置帮教对象就业时间是否达到最低期限等多种方式，有效地防止虚构、冒领、骗领安置帮教经费现象。这些有益做法值得我们借鉴。

延伸阅读

1. GD 省 BF 市区 PG 区某司法所所长王某贪污案

王某某，原 BF 市 PG 区司法局某司法所所长。自 2011 年 8 月起，BF 市 PG 区司法局陆续下拨刑释人员过渡性安置帮教补助经费，要求各司法所严格按照相关文件要求，做好刑释人员的安帮工作。但王某某在担任 BF 市 PG 区司法局某司法所所长期间，不能正确履行职责，反而把安置帮教补助经费看成发财的“好机会”，逐渐滑向了犯罪的深渊。2012 年，王某某与 BF 市 PG 区某酒厂合谋，通过编造虚假材料，伪造将刑满释放人员安置在 BF 市某养殖有限公司、GA 省某煤矿、BF 市 PG 区某酒厂三家企业的假象，套取政府给企业的安置帮扶补助经费 63 000 元，在给付 BF 市 PG 区某酒厂得款 11 000 元后，将剩下的 52 000 元占为己有。2013 年，王某某向 BF 市 PG 区司法局上报在 B 饲养有限责任公司就业的刑满释放人员名单，申请安置帮教补助经费。PG 区司法局向该公司拨付了安置帮教补助经费 15 000 元后，王某某以某司法所名义向该公司收取了 5 000 元“赞助费”，并占为己有。案发后，王某某主动退缴赃款 5.7 万元。法院判决王某某构成贪污罪，判处其有期徒刑五年；王某某退缴的赃款 5.7 万元，BF 市 PG 区某酒厂退缴的赃款 1.1 万元，予以没收，由 B 市 P 区人民检察院上缴国库。

2. GA 省 YB 县某司法所副所长高某某侵吞安置帮教补助经费案

2011 年，时任 YB 县 SC 乡司法所副所长的高某某，在部分企业不愿接纳“两劳”（即刑满释放和解除劳教人员）人员或部分“两劳”人员无法联系的情况下，在 L 某塑业有限公司实际安置 1 人后，编造虚假材料，虚报安置人员 10 人，共申请补助经费 8.25 万元。事实上，高某某名义上安置于某建筑公司第三项目部的 7 人、L 某蔬菜保鲜有限公司的 3 人也均未实际上班。2012 年 11 月，YB 县司法局按每人 5 000 元的标准将 2011 年“两劳”人员安置补助经费下拨。高某某从 YB 县司法局领取了 5.5 万元补助经费后，将其中 5 000 元下发给了 L 某塑业有限公司，将剩余 5 万元据为己有，用于个人花销。2014 年 8 月初，时任 YB 县司法局局长的火某通知办公室将剩余的 2011 年“两劳”人员安置补助经费下拨。高某某接到县司法局通知后将剩余 2.75 万元安置帮教补助经费以现金支票方式领取，并将该 2.75 万元安置帮教经费提现后存入其个人银行卡。2014 年 8 月 18 日，LG 市人民检察院在调查火某滥用职权一案中，将高某某作为证人进行询问，高某某交代了虚报安置人员并将领取的 5 万元安置帮教补助经费用于个人花销的主要犯罪事实。同年 8 月 19 日，高某某将其所领取并占为己有的安置帮教补助经费全额退还。同日，火某涉嫌滥用职权一案被 YB 县人民检察院立案侦查。2014 年 11 月 14 日，高某某因涉嫌犯贪污罪被刑事拘留；同年 11 月 28 日被逮捕。YB 县法院一审认为，被告人高某某的行为已构成贪污罪，判处高某某有期徒刑三年。宣判后，高某某提起上诉辩称，对领取的安置帮教补助经费 5.5 万元，其将 5 万元挪用，剩余的 5 000 元给了企业，没有占有该笔资金的主观故意，其行为构成挪用公款罪，原判认定其犯贪污罪不当；不应将涉案的 2.75 万元计入其犯罪数额。LG 市中院终审认为，高某某的上诉理由不成立，高某某身为国家工作人员，利用职务之便，编造虚假证明侵吞“两劳”安置帮教补助经费的行为已构成贪污罪，原判认定事实清楚，证据确凿、充分、定罪准确，审判程序合法。鉴于上诉人高某某具有自首、案发前退赔全部赃款、真诚悔罪等情节，且当地司法行政部门已同意接受其为社区矫正对象，故依法可对上诉人适用缓刑。据此依法作出判决，维持一审判决中对高某某的定罪；改判一审判决中对高某某的量刑；改判高某某犯贪污罪，判处有期徒刑三年，缓刑四年。

3. GA 省 YB 县某司法所两名工作人员虚报安置人员冒领补助金案

2011 年，YB 县司法局根据《GA 省刑释解教人员过渡性安置帮教补助经费管理办法（试行）》，安排各乡镇司法所实施刑释解教人员过渡性安置帮教工作。该办法规定：每安置一名刑释解教人员，省财政补助 5 000 元，市财政补助 2 500 元。时任 YB 县 HJ 镇司法所副所长的魏某与时任司法助理员的钱某，根据文件要求编造虚假材料虚报安置人员 9 人，共申请补助经费 67 500 元。2012 年

12 月，YB 县司法局按每人 5 000 元的标准将 2011 年刑释解教人员安置补助经费下拨。钱某从 YB 县司法局领取安置帮教补助经费 45 000 元，将其中的 22 500 元给予为其帮助提供虚假材料套取安置帮教经费的 L 某防火装饰材料厂、L 某电信器材有限公司，钱某自己分得 12 500 元，被告人魏某分得 10 000 元。2014 年 8 月，YB 县司法局财务人员通知司法所领取剩余 22 500 元安置帮教补助经费，因 YB 县司法局局长火某渎职案案发而未去领取。火某渎职一案，YB 县人民检察院于 2014 年 8 月 19 日立案侦查，被告人钱某在火某渎职一案中作为证人接受询问时，供述了自己的犯罪事实，被告人魏某在侦查阶段供述了自己的犯罪事实。后二被告退赔赃款 45 000 元。

YB 县法院审理认为，被告人钱某、魏某的行为构成贪污罪。钱某有自首情节，魏某在侦查阶段能如实供述自己的主要犯罪事实，且二被告犯罪所得全部退回，均可酌情从轻处罚。法院判处魏某、钱某犯贪污罪，均免于刑事处罚，退赔的赃款 45 000 元予以没收，上缴国库。

4. GA 省 YB 县司法局某司法所副所长施某编造虚假材料侵吞安置经费案

YB 县城关镇司法所副所长施某与时任司法助理员安某，根据文件要求编造虚假材料虚报安置人员 9 人，共申请补助经费 67 500 元。2012 年 12 月，YB 县司法局按每人 5 000 元的标准，将 2011 年“两劳”人员安置补助经费下拨。施某从 YB 县司法局领取安置帮教补助经费 45 000 元，将其中的 15 000 元分别给予为其帮助提供虚假材料套取安置帮教经费的某庄园 5 000 元、GB 省某门窗有限公司5 000 元、YB 县 CG 镇某砖瓦厂 4 000 元、LU 市 CH 区某干洗总店 1 000 元；2 000 元给予安置帮教的 YC 县某茶屋；剩余 28 000 元中，三人私分 21 000 元（每人分得 7 000 元），剩余 7 000 元由安某保管留用。2014 年 8 月初，YB 县司法局下拨剩余的 2011 年“两劳”人员安置补助经费 22 500 元，通知施某领取，因 YB 县时任司法局局长火某渎职案案发而未去领取。另查明，火某滥用职权一案，YB 县人民检察院于 2014 年 8 月 19 日立案侦查。施某、安某、丁某在火某渎职案中作证，如实供述了自己的犯罪事实，并退赔 45 000 元。

YB 县法院一审认为，施某、安某、丁某作为国家工作人员，利用职务之便，在实施刑满释放人员过渡性安置帮教工作中编造虚假材料虚报安置人员，侵吞安置帮教补助经费，其行为已触犯刑律，构成贪污罪，依法应予惩处。2014 年 8 月，施某在接到县司法局通知，可以领取剩余 22 500 元安置帮教补助经费而实际未领取，属意志以外的原因，应认定为犯罪未遂，依法可从轻或减轻处罚；施某、安某、丁某在检察机关调查其他案件期间，对其作为证人进行询问时，如实供述了自己的主要犯罪事实，其行为构成自首，且犯罪情节较轻，依法可免除处罚；三人在案发前主动退赔赃款，可酌情从轻处罚。法院依法判决三人均犯贪污罪，免于刑事处罚。

5. JS 省 CZ 市 ZL 区 ZQ 镇司法所所长庄某某贪污案

庄某某，原系 CZ 市 ZL 区 ZQ 镇司法所所长。2017 年 9 月 22 日因本案被刑事拘留，2017 年 9 月 30 日被逮捕，2017 年 12 月 21 日被取保候审。

JS 省 CZ 市 ZL 区人民法院经审理查明：庄某某于 2013 年 1 月至 2017 年 5 月，担任 CZ 市 ZL 区 ZQ 镇司法所所长期间，利用负责司法所财务报销审核等职务上的便利，采用在 ZQ 某商店、某烟酒店消费烟酒后，虚开食品、茶叶等副食品发票进行财政报销的手段，先后 16 次从 CZ 市 ZL 区 ZQ 镇政府套取公款共计人民币 105 094 元；于 2015 年 6 月至 2016 年 12 月，利用负责司法所财务报销审核等职务上的便利，采用在 CZ 某文化用品商店虚开文化用品发票后进行财政报销的手段，先后 3 次从 CZ 市 ZL 区 ZQ 镇政府套取公款共计人民币 57 540 元。同时庄某某于 2013 年至 2017 年，利用负责 ZQ 镇社区矫正、人民调解等职务上的便利，为他人在入矫、社区矫正期间以及调解民事纠纷中谋取利益，在其办公室、ZQ 镇凌家塘市场北门等地，先后多次收受孔某、黄某、刘某某等人贿送的香烟及香烟卡，共计价值人民币 38 503.2 元。

JS 省 CZ 市 ZL 区人民法院经审理认为，庄某某身为国家工作人员，利用职务上的便利，侵吞、骗取公共财物，数额较大，其行为已构成贪污罪。身为国家工作人员，利用职务上的便利，非法收受他人财物，为他人谋取利益，数额较大，其行为已构成受贿罪。依照《中华人民共和国刑法》的规定，判决庄某某犯贪污罪，判处有期徒刑一年八个月，缓刑二年，并处罚金人民币十万元；犯受贿罪，免予刑事处罚。决定执行有期徒刑一年八个月，缓刑二年，并处罚金人民币十万元。

第五章

无罪篇

《中华人民共和国社区矫正法》实施后，按照法律要求，各地司法行政机关应建立以社区矫正机构工作人员为主体，有教育、心理、社会工作等专业知识的社会工作者为重要支持，志愿者为辅助的“三位一体”的社区矫正工作人员队伍，切实做好对社区矫正对象的监督管理和教育帮扶工作。但目前一些地方在立法后仍存在人、财、物严重短缺的问题，教学师资队伍力量薄弱，教育项目资源匮乏、专业社会力量参与不足等，这就导致部分地区社区矫正机构的工作方式方法过于简单、粗放，往往流于形式，实现不了《社区矫正法》所要求的消除社区矫正对象可能重新犯罪的因素，帮助其成为守法公民，顺利融入社会的目标。同时，这些现实问题的存在，导致不少社区矫正对象本身存在的再犯风险因素长期难以得到消除，进而再犯罪的可能性急剧升高，这不仅增加了社区矫正工作人员的执法风险，当然也不利于社区矫正工作能够依法、高效地开展。再者，在立法后，不少地方的社区矫正机构及其工作仍存在行政惯性和路径依赖问题，把看似正确但实际却存在问题的“不出事儿”依然作为社区矫正工作的基本要求和评价标准，这就让预防和减少社区矫正对象在社区矫正期间重新违法犯罪成为某种难以防控的概率性事件。

社区矫正对象之所以会重新违法犯罪，本质上是一种存在客观规律的社会现象。这里应当看到，社区矫正对象作为“活着的人”，有自己的情感意志，而且这种情感意志是自由的，所以其个人主观意志的作用在是否重新违法犯罪时起了最主要效果。而在客观方面，开展的监督管理和教育帮扶工作达到了何种程度，有没有对社区矫正对象的思想和行为的转变发生实效，是一个重要的影响因素，换句话说，只有主客观相互影响发生了“化学变化”时，社区矫正对象重新违法犯罪的可能性才会被消除。作为社区矫正工作工作人员，若因认识不到位、业务不熟练、工作不规范、保障不充分等诸多原因，放松或怠于开展对社区矫正对象的监督管理和教育帮扶工作，诱发社区矫正对象重新犯罪的可能性便会急剧增加，进而对国家和人民造成人身、财产利益的重大损失，同时也会给社区矫正工作人员带来相应的职业风险。

本章介绍的是，社区矫正工作人员在履职中，出现的被政纪问责的情形，但不具备司法问责、被人民法院依法判处无罪的典型案例。本书将无罪判决的案例单独汇集成篇，旨在让广大社区矫正工作人员能更好地理解履职尽责、依法免责的制度意义，希望广大社区矫正工作人员在工作中转变理念，不要将司法监督视为阻碍工作的“洪水猛兽”，要充分认识到司法监督在社区矫正工作中的地位及其重要作用和价值。在社区矫正实践中，通过法律监督查处社区矫正领域中的职务犯罪，也是为贯彻落实《社区矫正法》提供的必要保障之一。

从本章节选的案例中可以看到，在人民法院裁判文书中的说理表明，判断社区矫正工作人员是否构成滥用职权、玩忽职守等渎职类犯罪的关键在于：确认社区矫正工作人员职责来源有哪些；查证社区矫正工作人员在工作中有无严重不负责任的情形；社区矫正对象重新犯罪与社区矫正工作人员在工作中严重不负责任的行为是否有因果关系，具体又是什么类型的因果关系；这种因果关系能否归责于社区矫正工作人员。从部分案例中也可以看出，对于工作中存在失误或轻微违法行为，或因客观因素导致不能履行工作职责的特殊情形，人民法院也会在查证事实的基础上，充分结合目前社区矫正工作的客观实际情况，综合全案考虑，最终作出无罪的判决。当然，无罪判决只代表社区矫正工作人员不构成犯罪，虽无须承担刑事责任，但仍可能会承担党纪或政纪责任。

依法开展社区矫正工作是每一名社区矫正工作人员都要牢记的使命和职责。在当前工作中，纵然时刻面临着各种复杂和难以想象的困难，但我们也一定要坚持依法依规、依权依责，始终履行好各项工作职责。所谓“尽职免责”，“尽职”即做到社区矫正工作的法律要求，这是对社区矫正工作人员自身职业安全最可靠的保护。《社区矫正法实施办法》第五十六条第四款规定：对社区矫正工作人员追究法律责任，应当根据其行为的危害程度、造成的后果以及责任大小予以确定，实事求是，过罚相当。社区矫正工作人员依法履职的，不能仅因社区矫正对象再犯罪而追究其法律责任。该规定亦是对“尽职免责”的规范诠释。总之，社区矫正工作人员要依法履职尽责，主动担当作为，工作到位，就无惧追责！

矫正对象被判死缓
因果无关刑责可免

基本案情

2007年3月10日，SN省YX市NA区司法局任命周某某为PG司法所所长，后调至局机关财务室工作。2010年8月31日，NA区司法局将基层股股长龙某某下派到PG司法所工作，后由于身体原因，未经常到所里上班。2011年5月5日，郑某某被录用为司法助理员后，分配到SN省YX市NA区PG司法所工作，PG司法所实际由郑某某负责开展全面工作。2012年5月1日，王某某被NA区司法局聘用为PG司法所辅助人员，工作内容为在乡镇司法所长领导下，协助司法所承担社区矫正日常工作，组织开展对社区矫正对象的监督管理和教育帮扶工作。随后，郑某某对PG司法所内部人员进行分工，明确其履行司法所全面工作，向所长负责，王某某主要负责社区矫正和安置帮教相关工作。

2012年2月28日，冯某甲因犯抢劫罪被CD区人民法院判处有期徒刑二年，缓刑二年，并处罚金2 000元。冯某甲在宣判当天到PG司法所报到，郑某某对其建立了社区矫正个人档案，明确矫正小组组长为宋某某（村主任）、成员有李某甲（派出所民警）、冯某乙（冯某甲父亲）、郑某某，并要求冯某甲每月25日以前向司法所做思想汇报。2012年3月1日，《社区矫正实施办法》生效后，郑某某未按要求将社区矫正小组组长变更为自己。2012年3月至2013年8月，冯某甲共向PG司法所递交了6份思想汇报。2012年3月至2012年9月，郑某某对冯某甲共做了4次社区矫正对象谈话。2012年10月26日，冯某甲向郑某某电话申请外出到YK市，随后与司法所失去联系。后查明，自2012年4月起，冯某甲在接受社区矫正期间就经常在YK市CO区打工、玩耍。冯某甲在思想汇报中隐瞒上述事实，郑某某也未采取实地检查、家庭走访等方式掌握、了解冯某甲动态。2013年1月5日，郑某某得知冯某甲在YK市被抓后，向NA区司法局领导汇报了此情况。2013年3月份，郑某某因怕上级检查出工作存在疏漏，伪造了一份日期为2012年11月9日的“查找社区矫正对象冯某甲的调查笔录”，并让宋某某、李某乙、冯某丙等人签字。

冯某甲因2012年6月21日在CO区某小区实施入室盗窃，于同年8月29日到CO区刑警大队投案自首，同日被刑事拘留，9月3日因患“大三阳”被变更强制措施为取保候审，9月25日被CO区人民检察院决定逮捕，同日执行民警将冯某甲送到YK市一医院检查，确诊冯某甲系“大三阳”患者后，未将冯某甲送看守所执行羁押。同年11月1日，冯某甲因故意伤害致人死亡被执行逮捕。2013年8月15日，YK市中级人民法院作出判决，判处冯某甲因犯故意伤害罪、盗窃罪、抢劫罪合并执行死刑，缓期二年执行，剥夺政治权利终身。

后法院在审理郑某某玩忽职守案件的过程中，认为郑某某履职不到位的行为与冯某甲在社区矫正期间故意伤害致人死亡的结果之间并无直接、必然的因果关系，且该过程也有其他机关强制措施因素介入。郑某某虽有履职不到位行为，但不属于工作严重不负责任，尚未达到追究刑事责任的地步，故判决郑某某无罪。

案例评析

最高人民法院、最高人民检察院、公安部、司法部在2009年已经下发《关于在全国试行社区矫正工作的意见》，而《社区矫正实施办法》则于2012年3月1日才生效实施。直至2013年2月，SN省司法厅、公安厅发文要求在3月份期间做好社区矫正对象清理交接工作，所以这一特殊时期社区矫正工作相关的配套措施及制度保障还比较薄弱。

本案中，冯某甲于2012年2月28日到司法所报到，郑某某对其建立矫正档案，采取听取思想汇报、见面谈话、电话了解、组织学习劳动等方式已经开展了社区矫正工作。据冯某甲供述，在社区矫正期间，司法所让本人每月25号到30号之间去司法所交一次思想汇报。截至9月份下旬，冯某甲还去司法所交过思想汇报，且他每次去司法所，矫正小组人员都要与其谈心、对其进行帮教、做思想工作及进行法制教育等。在此期间，司法所还组织冯某甲和其他社区矫正对象去敬老院做了三四次义工，宋某某也曾到他家里来过四五次。但自2012年4月以来冯某甲长期住在YK市，少数时间住在YX市NA区，此事他没有对社区矫正小组人员说起过。所以本案中郑某某虽未能严格按照当时适用的《社区矫正实施办法》的规定开展各项工作，但从客观条件看，自《社区矫正实施办法》施行后，社区矫正机构及其工作人员的执法管理的权与责尚未完全落实到位，再加上执法人员数量严重不足，郑某某一人确实难以按要求做好对其辖区所有社区矫正对象的工作，故郑某某的行为应有别于在有条件、有能力开展社区矫正工作却严重不负责任、疏忽大意未能尽责履职的情况。总而言之，郑某某的客观行为不应被认定符合玩忽职守罪的构成要件，即严重不履行职责的状态。

此外，冯某甲因盗窃被刑事拘留后，公安机关未能及时将违法犯罪信息通知社区矫正机构，同时冯某甲因病被侦查机关决定取保候审后存在故意隐瞒事实的行为，这些因素叠加在一起后，就导致了社区矫正机构贻误了及时对冯某甲提请收监的最佳时机。这种情况的出现，又充分说明了在社区矫正工作中，存在各部门之间因衔接机制不畅，导致部门之间缺乏沟通协调，工作业务未能有效衔接配合的事实。也正是因为这一事实的存在，从因果链条上进行分析，就足以认定从客观上阻断了郑某某履职不当与冯某甲重新犯罪之间的因果联系。不管是2013年颁布实施的《社区矫正实施办法》，还是2020年已经实施的《社区矫正法》，依据相关的法律规定，社区矫正对象申请外出审批属于法律要求的程序性事项，并非社区矫正机构及其工作人员不予批准，社区矫正对象就必然会“乖乖听话”不离开居住地，其依然可以在个人自由意志的支配下选择以违规方式擅自外出，且外出方式往往难以被社区矫正机构或接受委托的司法所提前察觉并加以阻止。所以结合本案可以看出，目前社区矫正机构及其工作人员能采取的监督管理措施并不能限制冯某甲的人身自由，剥夺其再犯罪的时空能力。再者从法治原则来看，针对社区矫正对象在外出期间重新违法犯罪的问题，应坚持刑法的罪责自负原则，即社区矫正机构应对其监督管理中的申请外出审批事项的合法性、正当性与否以及监督管理负责，但如果不能认定社区矫正工作人员存在明知社区矫正对象擅自外出而放任不管情况，刑事责任的归责问题就需要慎重。郑某某虽有未能开展走访等履职不到位情形，但其行为并不是冯某甲外出伤人的充分必要条件。因此，人民法院裁判郑某某行为不构成犯罪是合法合理的。

启示与思考

该案例中，人民法院认定郑某某确有履职不当情形，但最后依法认定其不构成犯罪。从这一判决来看，可以给我们三个方面的启示：

启示一：尽职尽责无罪

近年来，随着检察机关对社区矫正法律监督的力度加大，特别是在全国开展的社区矫正对象脱管、漏管专项检察活动，在警示社区矫正工作人员的同时，也起到了督促其依法开展社区矫正工作的作用。这些专项检察活动既查办了社区矫正领域中的职务犯罪，也发现和纠正了大量存在的社区矫正对象漏管、脱管的问题。由于各种主客观原因，很多地方的社区矫正工作都存在基础比较薄弱，能力条件不足、人员经费保障不到位等诸多问题，这也使得社区矫正工作人员在开展工作中容易出现一些纰漏和疏忽，导致社区矫正对象的重新犯罪行为，极易诱发社区矫正工作人员滥用职权和玩忽职守等渎职行为。被问责、追责的压力时刻悬在社区矫正工作人员的心头，这就致使一些社区矫正工作人员在观念上简单地认为，只要社区矫正对象出现了重新犯罪的情况，自己就涉嫌渎职会被问责，尤其认为这与构成玩忽职守罪画等号。这种观念的产生，致使不少在一线的社区矫正工作人员抱怨颇多且谈之色变。其实只要我们认真思考，就知道这并不尽然，而汇编这些无罪判决的案例正是要说明：社区矫正对象重新违法犯罪，并不必然导致社区矫正工作人员构成渎职犯罪。社区矫正领域中的工作人员犯玩忽职守罪，不仅需要符合主体身份条件且造成严重后果，而且要考虑社区矫正工作人员在履职过程中是否存在严重不负责任行为，以及社区矫正对象所造成的严重后果与其不当行为之间是否存在法律层面上的刑事责任归责上的因果关系。在该案中，郑某某已按照相关规定对社区矫正对象开展了教育工作，包括要求书写思想汇报等内容。郑某某虽未能及时开展实地检查和家庭走访，也没能及时知晓冯某甲擅自外出的行为，但主要原因还是在于案发时当地社区矫正工作实践中的运行机制并不成熟、专业工作人才比较匮乏、工作人员实务经验相对缺乏等。所以就整体而言，社区矫正工作的基础还是比较薄弱的，而在这种条件下想要充分、高效、全面地履行好社区矫正的各项工作职责，其存在的客观困难是不能被视而不见的。正如法谚有曰“法律不强人所难”，郑某某在当时、当地的特定工作环境下一人要完成社区矫正所有的工作确有困难，若要追责，则既要依法也需慎重。从本案的情况可以得出结论：郑某某的行为应区别于社区矫正工作人员在明知社区矫正对象擅自外出的前提下仍放任不管的主观过错情形。这就是为何在法院一审判处郑某某无罪后，检察院提起抗诉的情况下，二审法院依然维持原判，并没有认定郑某某构成犯罪的原因所在。该案也向我们传递了一种观念：尽职尽责无罪。纵然目前各地社区矫正机构仍存在着硬件建设水平参差不齐、管理社区矫正对象人数多少不等、社会力量参与程度不一、教育帮扶资源投入相差较大等诸多问题，但坚持法治思维，严格依法履职，认真开展社区矫正工作却是必需的。每一名社区矫正工作人员都应尽自己最大的努力和能力，依法履行各项工作职责，才能做到执法公正和实现职业安全。

启示二：刑事无罪不代表法律无责

虽然有不少被检察机关公诉的玩忽职守案最终被判无罪，但无罪并不代表没有其他法律责任。构成犯罪需要具备三个条件，即刑事违法性、社会危害性及应受刑罚惩罚性。《刑法》第十三条规定：情节显著轻微，危害不大的，不认为是犯罪。但情节轻微，危害不大，不认定犯罪的，往往依法仍需要承担党纪、行政等责任，如《公务员法》《公职人员政务处分法》《中国共产党纪律处分条例》等都规定了公职人员履职中可能承担的各类责任。

启示三：要加强各部门衔接合作

该案例中冯某甲在社区矫正期间再次犯罪，被公安机关抓获，并被取保候审，而社区矫正机构却无从知晓相关信息，这反映了目前在社区矫正工作中部门衔接不畅的问题。自《社区矫正实施办法》到《关于进一步加强社区矫正工作衔接配合管理的意见》，再到《社区矫正法》及《社区矫正法实施办法》，社区矫正各机关之间的工作衔接在实践中一直是一个被密切关注的重要问题。这项工作除了体现政法各部门之间分工与制约之外，更包含着很多履职尽责的法律处置问题。随着政法系统的信息化建设，通过大数据信息平台建设，社区矫正各执法管理部门之间应该能从根本上解决社区矫正工作动态信息共享机制建设滞后问题，实现网上互动、网上办案、网上监管，有效落实《社区矫正法》中关于各部门的矫正机制衔接事宜，最终打造一套权威、高效的社区矫正工作信息化系统。

管理对象严重犯罪
倒查尽职不担刑责

基本案情

原审被告人钟某，MA市YR区YT镇政府工作人员，经该镇党委会议决定于2014年7月起代管该镇司法所工作，接手该工作后，钟某被告知司法所需负责辖区内的社区矫正工作，对社区矫正对象要进行监督管理和教育帮扶。2014年8月，钟某依照档案资料联系社区矫正对象，发现处于假释期间的社区矫正对象张某的常用电话号码联系不上，随后钟某没有再拨打张某的手机定位电话，没有按规定对张某家进行调查走访，也没有将该情况及时汇报区司法局，致使张某于假释期间脱离监管状况持续。2014年10月4日，张某因涉嫌抢劫罪、故意杀人罪被SF省MH市YK区人民检察院批准逮捕后，钟某才得知张某下落。在汇报司法局工作人员后，钟某补充了一份申请给予张某警告处分的材料，并将申请的落款时间写为2014年7月18日。后钟某为此被追究玩忽职守罪。

一审法院认为，社区矫正对象再次涉嫌严重犯罪的最主要因素在于该人员自我意识，其个体主观恶性大到足以割裂社区矫正工作对其再犯罪的约束，故钟某的行为与张某重新犯罪的行为之间没有必然因果联系，情节轻微，可不认为是犯罪，被告人钟某的行为不构成玩忽职守罪。宣判后，YR区人民检察院向MA市中级人民法院提出抗诉，二审的MA市中级人民法院认为，钟某虽然具有玩忽职守的行为，且不认真履职的行为与张某脱管之间具有因果关系，但是社区矫正对象张某再次实施严重的犯罪行为，其犯罪结果是多种原因结合而产生的，其中最主要的原因在于张某的自身违法犯罪意志所致，张某的犯罪行为和钟某的未严格规范履职行为不存在必然的刑责因果关系，二审法院驳回抗诉，维持原判。

案例评析

刑法学通说认为，不作为犯罪并不是指行为人没有实施任何积极的行动，而是指行为人没有实施法律要求其实施的积极行动。从逻辑上讲，构成不作为犯罪必须以行为人负有特定义务为前提，即行为人在刑法上有被要求必须实施的一定积极举动。渎职类犯罪属于真正不作为犯罪，行为人须有法律专门规定的实行行为。我国《刑法》对玩忽职守罪规定了三个要素：一是行为主体必须是国家机关工作人员；二是有玩忽职守的行为；三是致使公共财产、国家和人民利益遭受重大损失。从法理上分析钟某是否构成渎职犯罪，首先，作为构成要件的主体身份和违法行为可以客观认定；其次，玩忽职守罪是典型的结果犯，不仅要出现特定后果，而且行为须与后果之间存在刑事归责的因果关系。

在本案中，对钟某的失职行为与社区矫正对象张某重新犯罪的后果之间是否具有因果关系，检察院和法院在认定标准上明显存在差异。检察院认为：钟某身为国家机关工作人员，在本职工作中疏于履职，最终导致社区矫正对象张某实施犯罪行为并致一人死亡，其疏于履职行为与危害结果之间成立刑法上因果关系。但两级法院则均认为：玩忽职守罪在构成要件的主观要素中需要行为人有过错，钟某应当知道国家机关工作人员的法定职责，对自身履职疏忽行为造成社区矫正对象脱离监管后果应有认知和控制能力，钟某以日常工作繁杂的抗辩不构成其违法阻却的事由。但是，刑法中的因果关系是指违法行为与危害结果之间具有必要充分条件，在本案中，钟某玩忽职守的行为导致的是社区矫正对象张某脱管的后果，而不是社区矫正对象张某涉嫌抢劫杀人的后果，钟某行为与张某脱管之间存在着必要条件的关系，且可归责于钟某的玩忽职守行为，但社区矫正对象张某杀人的行为是其他独立的介入因素产生，且介入因素能够独立产生行为后果，故其犯罪行为与钟某的玩忽职守行为则不应当具有充分关系。

从两级法院的审判结果看，社区矫正工作目标在于使社区矫正对象从行为上受到约束和管理，从思想上受到教育和转变、从结果上得到引导和纠偏。因此，工作人员尽职履责也不能必然阻止社区矫正对象产生犯罪动机或实行犯罪行为，社区矫正的有效性还取决于社区矫正对象本身的接受程度以及各种其他环境因素。从犯罪学角度来看，社区矫正对象张某在矫正期间实施严重犯罪行为的原因具有多元性，张某的犯罪行为有其内在和外在原因，并足以割裂社区矫正工作对其再犯罪的约束，引发其发生犯罪行为。在社区矫正工作人员存在玩忽职守、滥用职权的渎职行为，而且列管的社区矫正对象又重新犯罪被追究刑事责任的情况下，司法机关应认真考察重新犯罪原因是否与玩忽职守行为存在归责联系，且该原因是否能归责于特殊法律主体，这样才能正确处理好该类职务犯罪，通过司法监督和司法审判程序做到依法保障职权和依法保障权利相统一。

启示与思考

钟某的无罪判决案带给我们的思考与启示主要有以下几点。

启示一：应当加强社区矫正机构建设，实现社区矫正队伍正规化

本案中，钟某并无司法局的任命，也无行政执法资格，司法局也未派驻符合条件的工作人员进入司法所工作。虽然乡镇人民政府在社区矫正工作中仅仅是协助管理部门，但该乡党委会会议却可决定让钟某处理司法所工作事宜，履行社区矫正工作职责，并承担相应责任。这些事实表明，在社区矫正工作启动试点工作11年后，甚至在《社区矫正实施办法》颁布实施已逾两年的2014年，我国有些地方依然没有建立起社区矫正工作队伍，甚至连司法局派驻的兼职工作人员也没有，而是由乡镇街道临时指派人员充任。这样的队伍建设和人员配置情况，不管是当时还是《社区矫正法》已颁布实施的今天，显然同社区矫正“刑事执行”的严肃性质完全不符。

在实际工作中，还存在着社区矫正机构由于在编制上属于司法行政机关内设科室加挂牌子而虚化，司法所由于保障和编制不足而沦为“无人所”“一人所”等情况，这使得社区矫正工作开展起来困难重重，也是导致社区矫正工作“虚管”、社区矫正对象“脱管”“漏管”的重要原因。因此，各级司法行政机关应当提高政治站位，充分认识社区矫正机构和队伍建设的极端重要性，严格按照《社区矫正法》的要求建立具有独立执法资格和能力的社区矫正机构，配置专职社区矫正工作人员，避免出现因机构、人员不到位而导致社区矫正对象出现“脱管”“漏管”乃至再犯罪案件。

启示二：厘清社区矫正工作的责任边界，保障尽职免责得以实现

因职能分工、专业特长等不同，人民法院、人民检察院的办案思维也会不同，对一些法律问题的认识也会存在一定差距。法、检两机关认识并不总是统一，特别是对一些疑难复杂的案件，在法律推理和法律适用等问题上易产生认识分歧。例如本案，检察机关在一审法院作出无罪判决后选择了抗诉，虽然最终二审法院维持了原判，但足以表明检察机关和审判机关在本案罪与非罪这一根本问题的认识上存在偏差。社区矫正的监督管理措施是否到位同社区矫正对象再犯罪之间究竟是何种因果关系？社区矫正“虚管”同社区矫正对象自身犯罪意图这两者究竟哪个才是导致其在犯罪的决定性因素？本案中两级法院的审判结果就很好地解答了这两个问题，并没有仅因社区矫正对象再犯罪而追究社区矫正工作人员的法律责任，这对厘清社区矫正工作的责任边界具有重要意义。当然，就社区矫正工作人员而言，依法依规认真履行职责，坚持专业化、法治化开展社区矫正对象的监督管理和教育帮扶等工作，才是对自身职业的最大保护。

启示三：加强同检察机关的常态化联系，促进社区矫正工作规范开展

在社区矫正工作实践中，不少一线社区矫正工作人员往往把检察院的刑事执行、检察监督视为“煞星”，认为检察机关对社区矫正工作而言就是“挑毛病”

“找刺儿”。实际上，检察机关对社区矫正开展刑事执行检察监督是法律赋予的维护法律权威和刑罚执行公正的职责任务，也是对现行社区矫正监督管理工作的有效补充。司法行政机关主管的社区矫正机构及接受委托的司法所无须遇到执法检查就感到“如临大敌”、想法子去努力应对执法司法监督。依法、公开、高效、合理和人性化地开展社区矫正工作是《社区矫正法》所倡导的应有的工作原则和法律实施生态。对社区矫正机构及其工作人员而言，要努力把社区矫正工作中的监督管理工作做到程序化、规范化、法治化要求；要努力把社区矫正工作中的教育帮扶工作做好科学化、高效化、个别化要求；同时积极主动借科技之创新力、借司法体制机制之协同力，实现依法实施社区矫正和依法保障罪犯合法权益在法治之下的权威、高效运行，主动接受司法监督，实现司法公正。所以社区矫正机构和接受委托的司法所在日常工作中应当加强同检察机关的常态化联系，遇到难以处理的疑难问题和重大事项要第一时间向检察机关请示和报告，请检察机关提前介入、全程监督，促进社区矫正工作规范开展。

依法矫正要求严格
履职尽责不担刑责

基本案情

阚某某，男，原任AH省MK市司法局GP镇司法所副所长，因涉嫌犯玩忽职守罪于2016年9月18日被QY县人民检察院决定取保候审，2017年1月16日经QY县人民法院决定由MK市公安局对其执行取保候审。

QY县人民法院在一审判决中认定：2014年4月，阚某某被MK市司法局任命为GP镇司法所副所长。2015年10月9日，SJ省SD监狱给MK市司法局出具《评估假释罪犯矫正环境委托书》，委托MK市司法局对在押罪犯相某1的社区矫正环境进行评估。接受委托后，GP镇司法所于2015年10月20日在该所与相某1之兄相某2，以及相某2联系的付某、王某1进行了谈话，并制作了调查笔录，相某2还签了一份承诺书。2015年10月21日，相某2之妻易某至居委会，由该居委会在一份“相某1可以在我街道实施社区矫正，不会对我街道居民产生不良影响”的证明上盖了章。GP镇司法所据此认为相某1符合在GP镇进行社区矫正的条件，MK市司法局同意GP镇司法所意见。2015年11月20日，SD监狱向SD市中级人民法院提出假释建议书，该法院经审理后认为，执行机关提出的罪犯相某1在服刑期间的悔改表现，有罪犯奖惩审批表、相关年度罪犯评审表及罪犯改造的日常考核资料、罪犯重新犯罪评估预测报告、社区矫正机构调查评估报告、财产义务履行凭证、庭审笔录等证据证实，于同年12月31日裁定：对罪犯相某1予以假释（假释考验期限：从假释之日起至2017年10月5日止）。SD监狱于同年12月31日释放相某1，并开具假释证明书，相某1在接受社区矫正责令书、告知书、保证书上签字。相某1于2016年1月19日至MK市司法局签收报到通知书，同年1月20日在接受社区矫正保证书上签字，GP镇司法所进行了登记，并予以宣告，相某1进入社区矫正，GP镇司法所为此成立了社区矫正小组，由林某、赵某、相某2组成，三人在社区矫正责任书上签名，该所还对相某1制定了矫正方案，相某1进入社区矫正后按规定日常报告、参加集中教育和社区服务（现为公益活动，下同），两次外出也履行了申请手续，GP司法所也逐月对相某1进行了考察，并填写了社区矫正对象月度考核表，相某1每月出具一份社区矫正对象个人总结。相某1于2016年3月下旬，到MK市工业园区某服饰有限公司打工，6月4日后离开该公司。因没有其他经济收入，相某1联系陈某某一起做生意，但因筹钱未果，二人密谋抢劫程某1。后相某1经多次踩点，于2016年7月1日，入室持刀抢劫，并杀害程某1之妻唐某玲、之女程某2。随后，又到程某1母亲家，用刀逼迫程某1，抢走财物。

AH省QY县人民法院认为：阚某某在任MK市GP镇司法所副所长期间，在对罪犯相某1的社区矫正环境评估中，GP镇司法所进行了实际调查、相关人员也签订了承诺书、有关单位出具了证明，并按规定上报审批；相某1在进入社区矫正后，GP镇司法所成立了矫正小组，并与矫正小组签订了社区矫正责任书，制定了矫正方案，建立了矫正档案，由矫正小组具体实施矫正工作，司法所已按照工作纪律和规章制度做了一系列的工作，虽然存在未实地走访、集中教育学习和社区服务未达到规定的时间要求等情形，但司法所基本尽到了社会调查评估、监督管理责任，被告人阚某某作为司法所负责人，在履职中没有严重不负责任、不履行职责或不正确履行职责的情形。此外，司法行政机关出具的《调查评估意见书》是假释决定机关的“重要参考依据”，而罪犯是否“认真遵守监规，接受教育改造，确有悔改表现，没有再犯罪的危险的”，则是能否适用假释的实质性决定条件。在接受社区矫正的过程中，相某1按照司法所的要求能按时报告、参加学习教育和社区服务活动，没有出现应当给予警告的情形，更没有出现应予收监执行的情形，故指控相某1在社区矫正期间脱离监管，无事实和法律依据。被告人阚某某对罪犯相某1在矫正期间抢劫杀人且致二死一伤的结果，既无故意，又无法预见，也不存在疏忽大意或过于自信的过失，其在履行职责过程中虽确有不规范、不到位之处，但矫正措施未开展到位与社区矫正对象再次犯罪之间并无刑法上的因果关系，公诉机关指控被告人阚某某构成玩忽职守罪，证据不足，指控的罪名不能成立。经该院审判委员会讨论决定，依照《中华人民共和国刑事诉讼法》第二百条第三款之规定，判决阚某某无罪。

AH省QY县人民检察院以一审判决认定事实和适用法律错误为由提出抗诉。SZ市人民检察院支持抗诉意见为：除提出与QY县人民检察院提出的抗诉意见基本一致部分外，还提出：2016年6月份的走访核查记录表证实阚某某没有尽到监管职责；阚某某没有对相某1进行实际有效的监管，没有严格按照相应的规定履行监管职责，日常监管流于形式，其严重不负责任的社区矫正监管行为与相某1再次犯罪具有刑法上因果关系。建议二审法院依法纠正。

经AH省SZ市中级人民法院二审审理查明，认为阚某某所在的司法所对相某1假释矫正环境评估没有违反法律规定，对相某1矫正措施已基本到位。阚某某对相某1再次犯罪不能预见，不存在故意或过失，GP镇司法所的上述错误行为与相某1再次犯罪没有刑法上因果关系。根据审理查明的事实，原审判决认定事实清楚，证据充分，定性准确，适用法律正确，审判程序合法，应予以维持。据此，经SZ市中级人民法院审判委员会讨论决定，依照《中华人民共和国刑事诉讼法》之规定，裁定驳回抗诉，维持原判。

案例评析

构成我国《刑法》规定中渎职犯罪，尤其是玩忽职守犯罪行为，前提是国家机关工作人员严重不负责任、不履行或者不认真履行职责，致使公共财产、国家和人民利益遭受重大损失的行为。对于司法工作人员而言，则主要指《刑法》第三百九十九条第三款“在执行判决、裁定活动中，严重不负责任或者滥用职权，不依法采取诉讼保全措施、不履行法定执行职责，或者违法采取诉讼保全措施、强制执行措施，致使当事人或者其他人的利益遭受重大损失的”，以及第四百条第二款“司法工作人员由于严重不负责任，致使在押的犯罪嫌疑人、被告人或者罪犯脱逃，造成严重后果的”。

在本案中，被告人阚某某，从学理上看身为国家司法工作人员或许会有异议，即使有不同学术意见，但被认定为国家工作人员应当是没有争议的。简言之，阚某某是可以符合渎职类犯罪中玩忽职守案件的主体认定条件。此外，我们只要认真审视阚某某对相某1的监督管理工作内容后就可见：

首先，从委托调查评估、接收宣告、成立矫正小组、开展每月定期报告、集中教育和社区服务、以及外出审批等管理工作来看，是符合基本工作要求的，即使存在工作数量上的不充分，但工作质量上还是做到了基本履职。

其次，从依法追责的角度来看，法院所作出裁判的司法理由也是合法合理的。玩忽职守罪既强调结果的重要性，更加强调行为同结果的因果关系。如果将相某1在社区矫正期间所实施的犯罪同社区矫正工作所实现的预防重新犯罪目标和价值进行对照，可以发现在本案中社区矫正所追求的教育矫治效果没有实现。社区矫正不是万能的，也有其自身难以克服的局限性。社区矫正虽然意图通过适度监督管理和教育帮扶来消除社区矫正对象的犯罪因素，但如果这种努力无法被社区矫正对象内化于心、外化于行，则不可能真正实现其所追求的社会价值。长期以来，我国学术界和实务界在探索行刑社会化方面作了不懈努力，取得了一定成效，而社会工作也正是社区矫正中的重要内容。社会工作就有一条基本原则叫做“助人自助”，即社会工作的目标是帮助服务对象增强独立解决问题的能力，减少其依赖性，社区矫正也是如此。所以社区矫正对象的重新犯罪因素是否得到消除，固然离不开社区矫正机构和接受委托的司法所依法正确履行职责，但更主要的还在于社区矫正对象能否从根本上改变自身的思维方式和行为模式。针对那些对社区矫正不以为然、我行我素的社区矫正对象，法律也早已做好了制度设计，为其预留了撤销缓刑、假释，决定收监执行和数罪并罚等法律责任来进行相应处置。可见，相某1违法犯罪行为的发生和GP镇司法所社区矫正工作的实施是否毫无瑕疵没有必然的、直接的因果关系，阚某某对此也没有故意或者过失，故人民法院依法判决阚某某无罪是正确的。

最后，从《刑法》《最高人民检察院关于渎职侵权犯罪案件立案标准的规定》《社区矫正法》《社区矫正法实施办法》来审视这个案件，可以得出结论，法律规范更加强调依法问责，更加强调公检法司等多个工作主体的社区矫正执法管理职责的确定，更加强调履职尽责的制度保障。从这个角度来看，依法问责的目标是通过查清问题、厘清责任来进一步完善社区矫正工作机制，提升社区矫正工作质效。因此对社区矫正工作人员的责任追究不能唯结果论，而应当通过分析社区矫正工作瑕疵的严重程度以及同出现的严重后果的原因力大小，来科学确定社区矫正工作人员的责任：对于属于违反党纪政纪的，予以相应处分；构成犯罪的，依法追究刑事责任。

启示与思考

“法律不强人所难”，社区矫正工作，既是一个旧法律问题，也是一个新法律实务。在过去，这项工作是将特定的罪犯放在社会上，或由单位或由村（居）民委员会和公安派出所共同监督管理。在今天，由于法治的发展和权利保护理念的变革，以及对犯罪预防和社会治理观念的更新，这项工作由单一的监督管理变成以“提高教育矫正质量，促进社区矫正对象顺利融入社会，预防和减少犯罪”为价值目标的复合性工作。换言之，就是从单纯的打击、管束走向修复其社会关系、帮助其融入社会。因此，社区矫正作为一项对社区矫正对象进行适度监督管理的措施，不可能搞成社会监狱，也不可能像监狱那样24小时监控社区矫正对象的行为。如果将社区矫正对象在接受社区矫正期间重新犯罪同社区矫正工作人员的工作瑕疵进行简单叠加，就追求后者的刑事责任，则未免强人所难。故而本案对于破除唯结果论，科学分析社区矫正工作人员的工作瑕疵同社区矫正对象犯罪行为之间的因果关系具有重要意义。

尽责履职略有瑕疵 依法无罪但要深思

基本案情

黄某某，女，汉族，WA 省 HA 县司法局 XG 镇司法所社区矫正工作人员。2017 年 12 月 4 日，以玩忽职守罪被提起公诉，后经 WA 省 HA 县人民法院决定被取保候审。

经审理，WA 省 HA 县人民法院认为：

2013 年 7 月 29 日，黄某某与 HA 县司法局签订劳动合同书，受聘至 HA 县 XG 镇司法所从事社区矫正工作。该合同约定期限自 2013 年 8 月 1 日至 2016 年 7 月 29 日止，本合同期满即中止执行。一方要求续订合同，须在合同期满前 30 日提出，经双方协商同意，可以办理续订合同手续。合同期满后，HA 县司法局继续给其发放工资，黄某某继续承担 XG 镇司法所社区矫正工作的职责，在事实上，双方存在劳动合同关系，黄某某仍可定性为 HA 县司法局聘用从事公务的人员，具有从事相应社区矫正工作的主体身份。

在从事社区矫正工作期间，黄某某对社区矫正对象张某龙没有按规定每周电话汇报自己情况的行为未及时做出处理，以及未定期实际走访的行为，只是张某龙多次未经批准擅自外出未被及时发现的原因之一，且其所起作用甚微，不属于履职严重不负责任的情形。理由在于：

(1) 张某龙到 XG 镇司法所报到后，XG 镇司法所成立了矫正小组，并确定被告人黄某某为具体负责人，但在实际社区矫正工作中，并没有根据小组成员所在单位和身份，明确各自的责任和义务，在对张某龙的实际工作中，除黄某某一人进行矫正工作外，未见有其他小组成员作为。矫正小组制定对张某龙的矫正方案，实际上是《WA 省社区矫正实施细则》针对社区矫正工作人员提出的具体要求，该方案并没有根据张某龙实际情况及特点，采取具体措施、方法，并将上述规定要求的内容加以分解、落实。同时，黄某某一人承担全辖区 20～30 名社区矫正对象的矫正工作，基本上都是采取这样的监督管理形式。XG 镇司法所及矫正小组没有建立实质、安全有效监管体制。

（2）在对张某龙宣告社区矫正之初，就已告知其要按规定汇报自己的有关情况，外出、执行地变更需要审批等相关的事项，张某龙也在社区矫正保证书上签名。但在实际矫正工作中，张某龙没有按照告知的规定，定期汇报自己生活、工作等情况，而且多次没有履行申请手续擅自外出，其严重违反了社区矫正的相关规定。

（3）张某龙是否每周电话汇报自己的情况，不能通过打电话发现其是否外出，即使是定期走访，也只能偶然发现其是否外出，要真正监管、掌握其是否擅自外出，除张某龙自觉遵守相关规定外，还应通过监督人的监督和定位监管系统等技术手段加以监管、掌控。矫正小组成员张某龙的母亲李某，作为监督人，与张某龙同吃同住，对张某龙外出未加以监督或将外出情况反馈给司法所，又因张某龙所犯罪行较轻，当时依规没有将其考虑纳入手机定位监管系统，是导致被告人黄某某对张某龙多次擅自外出未被及时发现的重要原因之一。综合上述诸原因，共同导致了张某龙多次擅自外出未被发现，黄某某上述玩忽职守的行为对张某龙多次擅自外出未被及时发现所起作用不具有主要和重要意义。

公诉机关指控黄某某的玩忽职守行为造成恶劣社会影响，证据不足。张某龙于2016年10月10日到司法所填写月度考核表的本人小结，并提交了其于2016年10月8日参加社区服务（现为公益活动）证明材料。同年10月30日在北京将前妻砍伤，自己跳楼自杀身亡，其间脱管不满一个月，不属于《社区矫正实施办法》规定的长期脱管。公诉机关所认为的，因被告人玩忽职守而没有正确实施社区矫正的法律行为，致使张某龙长期脱管，到北京将其前妻砍成重伤，引发媒体作相关报道，造成恶劣社会影响。对此，公诉机关未能提供证据予以证明。同时不能因为张某龙将前妻砍成重伤，案发于北京，并有媒体报道，就认定造成了恶劣社会影响。同时也不能将被告人上述的玩忽职守行为作为实行行为和结果行为进行重复评价，认定造成恶劣社会影响。

因此，黄某某对本案结果的发生不具有重大过失，其行为与本案结果不具有刑法上的因果关系。被告人黄某某作为张某龙矫正的具体责任人，其与张某龙之间是监督管理关系，对张某龙这种突发无预兆的故意行为所造成的结果，黄某某无法预见，该结果不应直接归责被告人黄某某。本案张某龙擅自外出并将前妻砍成重伤，自己跳楼自杀身亡，案发直接原因在于张某龙与前妻因复婚问题没有谈妥，故而是发生突发的、故意的行为直接造成的。本案中黄某某的行为只是张某龙多次擅自外出未被发现的原因之一，且不起主要作用，且该行为不是案件结果发生的必要条件，其行为与本案结果并不具有刑事责任归责上的因果关系。

综上所述，黄某某在本案中的履职行为，不构成情节严重恶劣，不符合玩忽职守罪的构成要件。公诉机关指控不能成立，不予支持。经WA省HA县人民法院审判委员会讨论决定，依照《中华人民共和国刑法》《中华人民共和国刑事诉讼法》之相关规定，判决黄某某无罪。

案例评析

本案中有几处关键点值得注意：

一是黄某某与HA县司法局是否存在劳动关系，双方劳动合同虽然到期，但是黄某某依然在司法所正常上班，说明双方已就劳动合同续订达成了口头协议，构成劳动关系。

二是黄某某的工作性质。虽然黄某某并非在编人员，但其受司法局指派履行了社区矫正工作监督管理和教育帮扶的职责，其身份应当属于国家工作人员。

三是黄某某是否履职尽责。由于该司法所无正式在编人员，所长职务空缺，黄某某在司法局安排下独自承担社区矫正工作，这本身就体现了当地司法局在队伍建设和人员配置上存在失职，这一失职同社区矫正管理失之于宽、失之于软存在因果关系，并不能完全归咎于黄某某。此外，张某龙社区矫正小组的其他成员也没有尽到应尽的责任，例如张某龙离开居住地前往北京时，其家属应当知道，却无人向司法所报告。虽然黄某某的履职尽责情况也存在一定瑕疵，但也不应忽视当地司法局、矫正小组其他成员失职等因素以及张某龙故意违反监督管理规定这一核心因素的介入，可以认定黄某某履职瑕疵并不必然导致张某龙违反监督管理规定。

四是黄某某的行为同社区矫正对象张某龙故意伤害其前妻的严重后果之间是否存在因果关系。本案中案发前一个月内，社区矫正对象张某龙有主动到XG镇司法所汇报接受矫正表现的行动，随后去北京和前妻修复关系，在修复关系中出现突发故意伤害事件，说明张某龙系激情犯罪而非蓄意谋划，同时，黄某某也根本不可能预见和观察到张某龙在离开执行地后的行为发展。张某龙多次违规外出，黄某某和针对张某龙开展监督管理和教育帮扶的矫正小组成员乃至当地司法局都未能完全履职尽责，应当承担相应的法律责任，但是这和张某龙伤害前妻的激情犯罪并不具有刑法上的因果关系。

五是未对张某龙实施定位是否是导致张某龙犯罪的原因。本案中，导致张某龙适用社区矫正的犯罪行为不算严重，当地司法行政机关从其所犯罪行的社会危险程度考虑没有采取定位措施，这也符合正常的社区矫正工作规范要求。且本案中与其共同居住的母亲李某作为矫正小组成员，也是可以辅助完成相应监督义务的。退一步而言，即使实施了电子定位措施，当地司法局也无法预见张某龙在入矫后的该严重犯罪行为，故不应认定两者具有因果关系。

综上对于本案焦点的分析，HA县人民法院依法作出对黄某某无罪的判决是正确合理的，但黄某某因实际情况所表现出来的客观上难以履职尽责，以及主观个体能力上的不足都值得我们深思。

启示与思考

本案是社区矫正工作人员被诉玩忽职守罪，但被人民法院认定无罪的案例，其意义不应局限于仅讨论黄某某是否应负刑事责任，而应视野开阔，看到在本案中所暴露出来的一些地方社区矫正工作执法管理存在的困境、漏洞、不足以及风险等问题。本案给我们带来以下启示：

启示一：亟须增强基层一线社区矫正工作人员的人力、物质和职务保障

本案中司法局委任黄某某从事社区矫正工作，本身就欠缺合法性。虽然社区矫正机构和专职队伍建设一直是社区矫正工作的短板，但向司法所派驻人员，保证司法所正常运转也是司法行政机关无法回避的责任。这需要地方政府对社区矫正工作的切实关注和重视，这也是《社区矫正法》中考虑设立社区矫正委员会的立法意义所在。只有在党委、政府的统一领导下，积极发挥社区矫正委员会的作用，才能解决困扰社区矫正工作多年的人、财、物保障不足的问题。与此同时，基层开展社区矫正工作所需的必要工作场所建设和办公设备配置问题也亟待解决，这才能做到更加科学、高效开展各项监督管理和教育帮扶工作。最后，要做好社区矫正工作人员的职务保障机制建设，编制社区矫正工作人员、社区矫正小组成员、社会组织及其专职社会工作者、社会志愿者的责任清单并明确违反职责后果，最大限度地堵塞执法管理漏洞和消除各种容易出现的法律风险，这也是解决当前社区矫正工作中存在的薄弱环节和短板问题的必然举措。

启示二：要妥善解决社区矫正小组监督管理虚化、教育帮扶不足的现实问题

本案中所表现出来的社区矫正小组监督管理虚化、教育帮扶不足的现实情况，同样是各地社区矫正工作执法管理中的重要风险点，需要引起各地司法行政机关的高度重视。社区矫正工作人员数量不足问题不能用招聘辅助人员的方式来解决；工作人员也不能抱有只要档案台账完善即可、实践中工作空转也无所谓的侥幸心理；更不能让矫正小组不履行职责所应承担的责任继续虚化下去。上述这些问题如果得不到妥善解决，风险随时可能演变成危险。

启示三：要足额配备专业的社区矫正工作人员和其他参与人员

本案也鲜明地暴露出社区矫正工作人员、其他参与人员存在能力不足、责任缺位的问题。司法局未依法配备专职社区矫正工作人员、黄某某履职存在瑕疵以及作为矫正小组成员的张某龙母亲未履行对张某龙违规外出的提醒督促义务等，这些都能说明社区矫正机构及其工作人员、其他参与人员对社区矫正工作缺乏执行能力。试想，若当地司法局能按照有关规定建立了社区矫正机构并配备了专职工作人员、黄某某所在的司法所人员到位、张某龙的母亲即矫正小组其他成员切实履行了协助监督管理和教育帮扶职责、有专门的心理、社工人员为张某龙提供心理疏导和关护，对张某龙的个案矫正还会因为工作人员工作任务重、压力大、事务繁杂等客观因素，而简单、粗放、流于形式么？所以，只有当配备了能够运用专业知识、技能，能针对社区矫正对象的个体特点和具体问题开展个案矫正的专业工作人员，以及能够对社区矫正对象违反规定行为立即作出处罚的执法人员时，才能够全面提升社区矫正工作的质效。

此外，还应关注社区矫正小组成员缺乏必要责任制约的问题，虽然按照有关规定社区矫正小组成员需要履行协助监督管理和教育帮扶的职责，但当其不履行该职责时，却不需要承担任何法律后果，再加上小组成员均为社区矫正对象家属、朋友、村居成员等沾亲带故者，这就导致他们根本不会冒着得罪人的风险去“大义灭亲”，报告社区矫正对象的违规行为，这一问题如果不加以重视，社区矫正小组的作用只会进一步虚化。

第六章

检察机关的法律监督

社区矫正工作自试点以来，各地检察机关针对社区矫正监督工作，进行了许多有益的尝试，取得了十分积极的效果。对标社区矫正立法理念，在当前的社区矫正实践中仍然存在不少问题亟待解决，检察机关应当如何明确自身定位、规范监督程序、增加监督刚性，推动社区矫正工作规范化、法治化运行，都值得进一步思考和探索。本章收集了检察机关在履行法律监督职责过程中的若干案例，展现了社区矫正立法理念转变对检察机关行使检察权的再定位影响的表现。

2015 年，最高人民检察院经研究并报中央机构编制委员会办公室批复同意，决定将沿用 30 多年的“最高人民检察院监所检察厅”更名为“最高人民检察院刑事执行检察厅”，主要负责对全国检察机关刑事执行法律监督工作的指导，体现了检察机关在新形势下对刑事执行法律监督的全新认识。“监所检察”部门的名称变更为“刑事执行检察”部门，更加突出监督重点，囊括了业务范围的全部外延。在更名后，检察机关可以将法院的死刑执行、罚金和没收财产刑监督以及监狱、看守所、社区矫正机构的刑事执行活动都纳入监督视野，这有利于统一刑事执行工作的监督规则，能为将来制定统一的刑事执行法积累司法实践经验。

从保障人权角度来看，《社区矫正法》正式颁布实施后，法律监督工作也突出了行刑社会化的工作理念。长期以来，在我国传统的重刑主义思想影响下，社区矫正工作在实践中一直以保证刑罚的有效执行为重点，而《社区矫正法》则在立法理念上发生了重大转变。在立法后，如何依据法律规定做好刑事执行工作对司法行政机关而言是一项重大挑战，同时这对检察机关如何依法履行法律监督职责而言也是一大挑战。其中，对于社区矫正工作的定性，改变了以往非监禁刑罚执行的表述，使用更为中性的执行刑事判决、刑事裁定和暂予监外执行决定的法律语句；实施社区矫正的目的也由将社区矫正对象改造成为守法公民，转变为促进社区矫正对象顺利融入社会。可以看出，立法在文字上不再刻意突出对社区矫正对象的惩罚改造，而是强调对社区矫正对象的再社会化，即在社区矫正工作中充分体现人道主义精神，减少相关单位对于社区矫正对象正常工作、生活的过度干预，采取柔性化的方式，帮助他们逐步修复社会关系，顺利融入社会。

从刑事司法制度改革角度来看，《社区矫正法》正式颁布实施后，检察机关法律监督的定位也随之发生变化。申言之，检察机关不仅要关注社区矫正的最终结果，还要关注社区矫正的整个执行过程，特别是对各个重点环节的执行状况开展全面监督，重点监督相关单位行为的合法性和合理性；既要保证社区矫正对象认真履行刑事判决、刑事裁定和暂予监外执行决定所确定的相关法律义务，又要保证社区矫正机构能对社区矫正对象的教育帮扶措施落实到位，做到惩罚性与恢复性相平衡。同时，借助检察机关全链条监督的优势，加强各单位之间的协调，做好衔接工作，凝聚工作合力，共同推动社区矫正工作的持续深入开展。

从本书收集的检察机关相关的监督案例来看，在社区矫正立法后，检察机关的法律监督作用主要体现在以下几个方面：

(1) 权力滥用的制约者。要防止滥用权力，就必须以权力制约权力。虽然与监禁刑相比，社区矫正的惩罚力度要小很多，但是仍然要对社区矫正对象的一部分权利依法予以一定限制或剥夺。有权力的地方就有“寻租”的空间，执法、司法权力的滥用可能导致社区矫正工作出现“脱管”“漏管”“虚管”等问题，这就需要检察机关严格履行法律监督职能，真正发挥监督者的作用，合理规制各相关单位的执法、司法权力，确保社区矫正工作能始终在法治轨道上运行。

(2) 社区矫正对象权利的保障者。尊重和保障人权是法治现代化的重要标志，也是《社区矫正法》的基本原则之一。在社区矫正工作中，执行机关相对于社区矫正对象处于天然的强势地位，如果在该法律关系中，仅存在“管理-被管理”的二元关系，可能会导致社区矫正对象的正当权利被侵害。因此，需要检察机关作为监督者加入该二元关系之中，形成三方法律关系，达到权力的相对平衡，防止因相关工作人员的玩忽职守、滥用职权等行为，造成对社区矫正对象正常工作和生活的不必要影响。

(3) 社区矫正工作的重要参与者。检察机关虽然并未直接参与社区矫正对象的监督管理和教育帮扶工作，但是从最初的社会调查评估到最终的社区矫正解除或终止，法律监督贯穿于社区矫正的全过程、各环节。一方面，检察机关需要主动监督、提前介入，开展事前、事中、事后的全程监督，做到早发现、早建议、早纠正，力求对社区矫正的监督取得最佳效果；另一方面，检察机关在公安、法院、司法行政机关等相关单位之间起着连接纽带的作用，应当充分发挥该优势，建立健全联席会议、定期通报等机制，充当促进各单位之间协调配合的有力推手。

理念决定方向。在社区矫正工作中，要践行双赢、多赢、共赢理念。理念转变到位，开展社区矫正工作就会有新思路、新方法、新局面，就能更好地保障法律统一正确实施。首先，要从思想上切实转变观念，正确认识法律监督的意义。认识到检察机关作为国家的法律监督机关，与社区矫正机构是平等的，所以不要有畏惧情绪、害怕监督，也不要自视甚高、轻视监督。要深刻认识到刑事执行检察监督制度的精髓在于互相制约，和社区矫正刑事执行的法律性质在价值追求上则是共同维护法治，维护公平正义，从而实现双赢、多赢、共赢。其次，要理解检察机关的法律监督是为了提醒、促进社区矫正机构及其工作人员进行重新自我审视并自我纠错，从而推进其更加全面依法规范执法。最后，要主动换位思考，从监督一方的视角来看待问题，设身处地为对方着想，加强与法律监督机关的沟通协调。在沟通过程中要坚持原则性与灵活性相结合，既坚持原则依法执行，又讲究方式方法，充分考虑不同社区矫正监督事项的具体情况，通过良好的沟通协调实现最好的监督与被监督效果有机统一。

矫正执法僵化死板 检察建议解决困难

基本案情

2020年11月，在宁夏银川市上前城地区检察院开展的社区矫正工作专项检察和“大走访”活动中，社区矫正对象马某反映，其因肢体残疾一级于2018年9月被法院作出暂予监外执行决定，开始接受社区矫正。由于身体残疾，马某无法工作，家庭经济困难，无法按照司法局的要求每3个月进行病情复查，请求检察官的帮助。经查，马某反映的情况属实，司法局要求每3个月进行的病情复查并不是其作出暂予监外执行时所患疾病，且其双下肢、一侧上肢截肢已不存在治愈可能，故司法局的要求不符合《暂予监外执行规定》规定的立法意旨。司法局要求每3个月提供病情复查的做法，对因身体残疾无法工作、家庭经济困难的社区矫正对象马某造成了一定的影响。

上前城地区检察院第一时间向司法局发出检察建议书，建议社区矫正机构在开展工作中，应采取合理、必要的监督管理措施和方法，保障社区矫正对象的合法权益，避免因采取明显超出必要限度和监管需要的措施和方法，对社区矫正对象的正常工作和生活造成不必要的影响。针对马某此类不存在治愈可能的社区矫正对象，应通过走访、电话联系、信息化核查等方式，及时掌握其身体状况及活动情况。

目前，司法局回复接受上前城地区检察院的检察建议。

案例评析

对于保外就医罪犯在社区矫正期间内的病情复查，2012年《社区矫正实施办法》第十一条规定：保外就医的社区矫正对象还应当每个月向司法所报告本人身体情况，每三个月向司法所提交病情复查情况。2014年《暂予监外执行规定》第二十一条则进一步规定：社区矫正机构应当及时掌握暂予监外执行罪犯的身体状况以及疾病治疗等情况，每三个月审查保外就医罪犯的病情复查情况，并根据需要向批准、决定机关或者有关监狱、看守所反馈情况。根据上述规定，在《社区矫正法》及《社区矫正法实施办法》实施前，保外就医的社区矫正对象应当每三个月向司法所提交病情复查情况，社区矫正机构（实践中多为司法所）应当同时对其复查情况进行审查。

2021 年 7 月 1 日起实施的《中华人民共和国社区矫正法实施办法》（以下简称《社区矫正法实施办法》）第二十四条第二款规定："暂予监外执行的社区矫正对象应当每个月报告本人身体情况。保外就医的，应当到省级人民政府指定的医院检查，每三个月向执行地县级社区矫正机构、受委托的司法所提交病情复查情况。执行地县级社区矫正机构根据社区矫正对象的病情及保证人等情况，可以调整报告身体情况和提交复查情况的期限。延长一个月至三个月以下的，报上一级社区矫正机构批准；延长三个月以上的，层报省级社区矫正机构批准。批准延长的，执行地县级社区矫正机构应当及时通报同级人民检察院。"

由上述规定可知，《社区矫正法实施办法》基本延续了《社区矫正实施办法》和《暂予监外执行规定》的关于病情复查的规定，但将复查医院调整为省级人民政府指定医院，同时增加了县级社区矫正机构可以根据情况调整报告身体情况、提交复查情况的期限的规定。

但是，上述规定所针对的显然是经治疗可好转或治愈的严重疾病，并未涵盖无法好转治愈的疾病，存在过于原则、不够细致的问题。如本案中的社区矫正对象马某，其保外就医的严重疾病为"双下肢、一侧上肢截肢"，应当属于《保外就医严重疾病范围》规定，"双上肢，双下肢，一侧上肢和一侧下肢因伤、病在腕或踝关节以上截肢或失去功能不能恢复"的情形。对于此种情形，依据常识即可判断并无复查的必要。如果机械地执行《暂予监外执行规定》和《社区矫正法实施办法》中关于病情复查的规定，显然会给社区矫正对象的正常生活带来不要的负担和影响，既不符合社区矫正法第三十四条中"社区矫正的措施和方法应当避免对社区矫正对象的正常工作和生活造成不必要的影响"的规定，也缺乏现实意义。

从法律位阶的角度来看，《暂予监外执行规定》和《社区矫正法实施办法》仅仅是规范性文件，在其部分条款同《社区矫正法》的规定相冲突时，也应当优先适用《社区矫正法》的规定。

可见，检察机关的检察建议是正确的。

启示与思考

保外就医社区矫正对象的病情复查历来是实务工作中的难点，本案可以给这一工作带来如下启示：

启示一：坚持实事求是

对于没有好转和治愈可能的保外就医社区矫正对象，应当坚持实事求是的原则，根据其实际情况变通适用监督管理措施，可不必拘泥于每三个月提交病情复查情况的规定。但在拟变通监督管理措施时，应当先向上级社区矫正机构请示，并主动请求检察机关介入监督，不宜自行其是。

启示二：及时上报解决

对于病情短期内难以好转的保外就医社区矫正对象，可以充分利用《社区矫正法》第二十四条第二款中关于延长报告身体情况和提交复查情况的期限的规定，报上级社区矫正机构审批，以避免对社区矫正对象的正常生活造成不必要的影响。

启示三：相关规定要及时完善

本案也反映出目前《暂予监外执行规定》和《社区矫正法实施办法》中关于保外就医病情复查的规定尚有待进一步修改完善的余地。

对象遵法贡献突出
检察机关建议减刑

基本案情

案例一：2017 年 8 月，许某因犯盗窃罪被判处有期徒刑三年，缓刑四年六个月。接受社区矫正期间，许某认罪悔罪，服从监督管理，还在社区矫正对象读书演讲比赛中获奖，表现较好。

2019 年 5 月，湖北省赤壁市检察院驻所检察官与许某谈话时了解到，社区矫正期间，他独立完成一种新能源汽车电池材料回收系统的发明创造，取得了国家知识产权局的发明专利授权和证书。

根据其一贯表现和取得发明专利等情况，该院认为，在接受社区矫正期间，许某确有悔改表现，其发明创造行为属于为社会作出贡献的突出表现，根据我国《刑法》《刑事诉讼法》等的有关规定，应认定为在缓刑考验期内有重大立功表现。于是，该院向市司法局提出检察建议，建议细化完善社区矫正奖惩制度，依法对许某提请减刑。

经公开评议审查，赤壁市司法局通过了对许某的减刑建议，对减刑制度工作程序、时效等方面进行了细化完善，并上报咸宁市司法局审查。2019 年 10 月 29 日，经咸宁市司法局报请，法院裁定对许某减刑一年，缩减缓刑考验期一年。

案例二：张某是阜阳市一家医院的一名主管护师，因犯贪污罪于 2019 年 9 月被法院判处有期徒刑三年、缓刑五年，在阜阳市颍州区接受社区矫正，在此期间，她一直表现良好。2020 年初，在新冠肺炎疫情最为严峻的时候，张某第一个向医院递交了请战书。

张某作为一名医务工作者，有 20 多年的急诊工作经验，而且参与过 2003 年抗击“非典”，虽然是一名社区矫正对象，但她希望能够参与其中。按照规定，社区矫正对象不能随意离开所在辖区，要前往武汉必须经过当地司法局的批准。于是，张某向颍州区司法局提交了申请。

安徽省阜阳市颍州区司法局局长陆吉安说：“考虑到疫情防控很重要，所以我们就向市支队、省司法厅社区矫正处进行了及时汇报，得到他们答复之后，我们批准了她的申请。”

2月15日，张某和同事一起抵达武汉，当天他们被分到汉阳医院的发热门诊工作。每天一早，她要到医院为病人登记、分诊，并进行核酸采样，身上穿着厚厚的防护服，她只能是不吃不喝、不上厕所。

2月25日，由于这家医院不再作为新冠肺炎的定点医院，张某接到通知，可以先行撤离，但张某却选择了留在武汉继续抗疫，并再次写下请战书，随后她被分配到一家方舱医院，开展救治工作。

3月23日，阜阳市人民检察院在进行社区矫正检察的时候，注意到了张某的情况，随后，他们了解了张某的日常监管表现。作为社区矫正对象能主动请战赴武汉抗疫，这种行为值得肯定，当即有办案人员提出，像张某这种行为是不是可以申请减刑，对于这个问题，办案人员之间产生了分歧。

安徽省阜阳市人民检察院第四检察部副主任李伟说：“因为根据法律的规定，社矫对象一般不予减刑，只有社矫对象符合重大立功条件，才可以参照减刑假释相关规定予以减刑。”

根据我国《刑法》第七十八条的规定，在抗御自然灾害或者排除重大事故中，有突出表现的，可以认定为具有重大立功表现。阜阳市检察院进一步开展调查核实，认为张某积极响应党和国家号召，主动请缨，奔赴武汉抗疫一线，为“武汉保卫战”的胜利作出了积极贡献，符合《刑法》第七十八条规定的法定减刑条件，于是发出检察建议，建议阜阳市司法行政机关对张某提请减刑。

2021年5月22日，阜阳市中级人民法院开庭审理了张某减刑案，7月6日，法院依法作出裁定，对张某减去有期徒刑一年，缓刑考验期由五年缩短为三年。阜阳市检察院依法对中级人民法院的裁定进行了监督。

案例评析

长期以来，社区矫正对象的减刑制度似乎一直处于“休眠”状态，少数见诸报道的案例也基本为检察机关在检察监督中发现社区矫正对象符合减刑条件后建议社区矫正机构提请的。

事实上，在2017年1月1日起施行的《最高人民法院关于办理减刑、假释案件具体应用法律的规定》中就已经对社区矫正对象如何减刑进行了规范。对于管制类社区矫正对象，其第十六条规定：“被判处管制、拘役的罪犯，以及判决生效后剩余刑期不满二年有期徒刑的罪犯，符合减刑条件的，可以酌情减刑，减刑起始时间可以适当缩短，但实际执行的刑期不得少于原判刑期的二分之一”。对于缓刑类社区矫正对象，其第十八条在明确“被判处拘役或者三年以下有期徒刑，并宣告缓刑的罪犯，一般不适用减刑”这一原则的基础上，特别规定了在其有重大立功表现时，可比照刑法有关规定减刑的制度："前款规定的罪犯在缓刑考验期内有重大立功表现的，可以参照刑法第七十八条的规定予以减刑，同时应当依法缩减其缓刑考验期。缩减后，拘役的缓刑考验期限不得少于二个月，有期徒刑的缓刑考验期限不得少于一年。"

而对于假释、暂予监外执行类社区矫正对象是否适用减刑，上述司法解释未进行规定。但从《刑法》第七十八条的规定来看，减刑应当在刑罚执行期间进行，而假释是对罪犯附条件提前释放，假释考验期不属于刑罚执行期间，故假释后不应当再予以减刑。暂予监外执行则是出于人道主义目的变通执行措施，只有暂予监外执行期间终结并符合法定条件时，方能将此期间计入刑期。本书观点认为，由于在暂予监外执行期间，其刑罚并未真正得到执行，并不完全符合刑法的规定，故不应对其进行普通减刑，对于有重大立功表现的暂予监外执行罪犯，其减刑也应当特别慎重。

案例一中的许某和案例二中的张某均符合《最高人民法院关于办理减刑、假释案件具体应用法律的规定》中规定的认定"重大立功表现"的条件，故依法可以对其提请减刑。但令人遗憾的是，上述两则案件中的减刑均为检察机关在检察监督中发现并提出建议后才得以启动相关程序，体现出社区矫正机构在提请减刑工作中的法治意识和主动意识仍需加强，要严格依法保障社区矫正对象的合法权益。

启示与思考

对符合条件的被判处管制、宣告缓刑的社区矫正对象予以减刑，是我国法律和相关司法解释明确规定的刑罚执行制度。确保这一制度顺利实施，是社区矫正机构不容回避的法定职责。在上述两则案例中，负有提请减刑职责的社区矫正机构均未能及时发现情况并依法提请减刑，一定程度上反映了目前社区矫正对象减刑制度处于"休眠"的现状。

出现这一情况，一方面是因为社区矫正机构建设滞后、队伍专业化程度不高等问题长期难以解决而导致的执法能力不足；另一方面也反映出社区矫正机构及司法所工作人员存在畏惧责任、多一事不如少一事的心理。对于上述问题，除需要社区矫正机构加强自身建设外，在遇到是否应提请减刑等疑难问题时，不妨主动请求检察机关提前介入，全程监督和指导提请减刑工作，在同检察机关的良性互动中，寻求包括提请减刑在内的社区矫正各项工作同检察监督的"双赢、多赢、共赢"。

检察建议助力矫正
促进执法严格规范

基本案情

案例一：黄石市铁山区检察院在检查社区矫正对象登记接收手续时，发现辖区镇司法所对法律文书送达前，先行来到司法所报到的社区矫正对象，以刑事判决书、执行通知书等法律文书未送达为由让其回家等待，未告知其应当到区司法局报到，且未及时将该情况向区司法局报告，导致社区矫正对象王某某漏管超过一个月之久。区司法局在收到相关法律文书后，未对王某某报到时间是否符合要求进行核查，亦未采取相应的处置措施。

针对该司法所、区司法局社区矫正登记接收工作暴露的问题，铁山区检察院通过调查、走访了解情况，并向区司法局发出了一份检察建议书，建议区司法局进一步规范社区矫正对象登记接收手续的办理，提高对社区矫正工作的责任意识，加强对辖区司法所的监督和管理，杜绝因司法机关内部衔接不到位导致社区矫正对象漏管、脱管问题再次发生。

案例二：朱某曾因犯贪污罪于 2012 年 10 月被判处有期徒刑十一年，剥夺政治权利一年，并处没收财产 10 万元，判决生效后，被依法交付浙江省某监狱服刑。2013 年 8 月，朱某因“重症慢性乙型病毒性肝炎、胆囊炎、胆汁反流性胃炎”被浙江省监狱管理局决定保外就医，后在绍兴市柯桥区司法局接受社区矫正。

2020 年 7 月，柯桥区检察院在对辖区内保外就医社区矫正对象开展专项监督检察过程中，发现朱某存在未依规定提交省级人民政府指定医院的病情复查情况报告或省级人民政府指定医院就医诊治病历等相关资料的情况。

保外就医的朱某暂予监外执行情形到底有没有消失？他是否应当按照法律规定收监执行？为明确朱某病情现状，该院立即敦促司法局依法组织朱某进行病情鉴定。医院经鉴定后，出具病情诊断书认为“朱某脊髓炎（脱髓鞘性）伴大小便失禁、两下肢肌力下降”符合保外就医条件。然而，检察官经调查后发现，在朱某近半年来的就医诊治病历资料中，没有反映他有规范治疗大小便失禁、肢体瘫痪的记录，而且也没有出现生活不能自理的情形。与此同时，检察官还充分听取了该院技术部门法医的审查反馈意见，认为医院出具的病情诊断明显不当。

随后，该院向司法局发出检察建议书，建议该局重新组织朱某到省级人民政府指定医院进行病情鉴定。同年 11 月，在该院检察官及技术部门法医的临场监督下，司法局组织朱某到浙江省人民医院重新进行医学鉴定。省人民医院出具病情诊断书认为朱某不符合保外就医条件，符合收监条件。该院在认真审查鉴定意见后，于 2020 年 12 月依法向司法局发出收监执行检察建议书。收到检察建议后，司法局立即向浙江省监狱管理局提请收监。

2021 年 1 月 4 日，浙江省监狱管理局作出了收监执行决定。

案例评析

为了进一步加强社区矫正工作的衔接配合，最高人民法院、最高人民检察院、公安部、司法部于 2016 年 9 月印发了《关于进一步加强社区矫正工作衔接配合管理的意见》，其中明确规定："对于被判处管制、宣告缓刑、假释的罪犯，人民法院、看守所、监狱应当书面告知其到居住地县级司法行政机关报到的时间期限以及逾期报到的后果，并在规定期限内将有关法律文书送达居住地县级司法行政机关，同时抄送居住地县级人民检察院和公安机关。"该意见同时规定："社区矫正对象前来报到时，居住地县级司法行政机关未收到法律文书或者法律文书不齐全，可以先记录在案，并通知人民法院、监狱或者看守所在 5 日内送达或者补齐法律文书。"根据上述规定，告知社区矫正对象到居住地县级司法行政机关报到的时间期限以及逾期报到的后果的责任机关为社区矫正决定机关。社区矫正对象报到时，社区矫正机构未收到决定机关法律文书的，其应将这一情况记录在案并通知决定机关补齐文书。也就是说，在决定机关的法律文书到达前，社区矫正机构没有接收社区矫正对象的义务。而根据 2012 年颁布实施的《社区矫正实施办法》第三条和第六条的规定，司法所在社区矫正工作中的职责是承担社区矫正日常工作，接收社区矫正对象的责任机关为县级社区矫正机构。

通过上述规定可以看出，案例一中检察机关的检察建议存在一定问题。社区矫正对象不知道应当到何种机关报到，显然是决定机关没有履行告知职责所致；社区矫正对象漏管长达一个月，也同社区矫正决定机关未及时送达法律文书有关。因此，在本案中，决定机关才应当是检察机关提出检察建议的对象。

至于案例中提到的县级社区矫正机构未对超期报到的社区矫正对象进行处理的问题。如果社区矫正对象超期报到是因为决定机关未告知其应到何处报到、未及时向社区矫正机构送达法律文书导致的，则这一责任显然也不当由社区矫正对象承担，社区矫正机构不对其进行处理也并无不当。

但应当注意的，2020年7月1日起施行的《社区矫正法实施办法》第十六条已经作出了有别于原《关于进一步加强社区矫正工作衔接配合管理的意见》的规定，即："社区矫正对象前来报到时，执行地县级社区矫正机构未收到法律文书或者法律文书不齐全，应当先记录在案，为其办理登记接收手续，并通知社区矫正决定机关在五日内送达或者补齐法律文书。"根据这一规定，县级社区矫正机构即使未收到决定机关应送达的法律文书，只要社区矫正的对象前来报到，也应当为其办理登记接收手续。

如果说案例一中检察机关的建议存在一定问题，案例二中检察机关的建议则非常严谨和正确。

朱某于2013年8月开始保外就医，根据2012年印发的《浙江省社区矫正实施细则（试行）》第十八条第二款的规定，"保外就医的社区矫正对象应当每月向司法所报告本人身体情况，每三个月向司法所提交省级人民政府指定医院的病情复查情况报告或省级人民政府指定医院就医诊治病历等相关材料"。显然朱某未能履行这一法定义务。

此外，《浙江省罪犯暂予监外执行实施办法》（浙司〔2013〕113号）第十九条规定："县级司法行政机关对暂予监外执行的罪犯依法落实社区矫正措施，严格监督管理，及时掌握罪犯的病情和表现。对余刑一年以上的保外就医罪犯，应当每年委托指定医院进行病情鉴定，病情鉴定意见应当抄送执行地人民检察院"。而根据案例二反映的情况，朱某的余刑显超一年，绍兴市柯桥区司法局既没有每年委托指定医院对朱某病情进行鉴定，也未将此情况通知检察机关，其做法显然不符合法律法规要求。

启示与思考

社区矫正工作不是司法行政机关一家的职责，需要决定机关、执行机关以及法律监督机关的相互配合才能做好，正因为如此，《社区矫正法》第八条第二款专门规定："人民法院、人民检察院、公安机关和其他有关部门依照各自职责，依法做好社区矫正工作。"而在检察机关进行检察监督时，也应当按照各部门在社区矫正工作中的职责，在分清责任的基础上，有针对性地提出检察建议。如在案例一中，导致社区矫正对象漏管的根源显然在决定机关，如果不对其提出检察建议，而一味苛责司法局和司法所，显然无助于解决问题、促进工作。

长期以来，暂予监外执行一直是社区矫正工作中的短板和弱项，由于司法行政机关及其社区矫正机构建设较为薄弱，没有像法院、检察院和监狱那样设立技术室或者配备医疗卫生专业人员，导致社区矫正机构在事实上没有能力对社区矫正对象的病情复查诊断和身体情况进行实质审查和鉴别，而检察监督一定程度上能够弥补这一不足。故对于暂予监外执行的社区矫正对象的监督管理情况，检察机关应当重点予以关注，定期开展专项检察监督。司法行政机关和社区矫正机构也应当主动邀请检察机关对有关疑难问题介入监督，形成合力，共同做好对暂予监外执行罪犯的监督管理。

判处罚金上缴国库 检察建议纠正错误

基本案情

卢某曾是杭州一家公司的负责人。2018 年 8 月，该公司因虚开增值税专用发票，被法院判处罚金 20 万元；作为法定代表人的卢某也因犯虚开增值税专用发票罪，被判处有期徒刑三年，缓刑三年，并处罚金 5 万元。判决生效后，卢某便将单位罚金 20 万元和他的个人罚金 5 万元一起上缴到国库。随后，按照规定卢某被纳入社区矫正。

“卢某的 5 万元钱是不是多交了?”西湖区检察院在日常监督中发现社区矫正对象卢某财产刑履行情况时，认为作为单位的主管人员犯虚开增值税专用发票罪，根据法律规定是不需要判处罚金的。

于是，该院依法向原审判机关发出了再审检察建议。收到该院的再审检察建议后，原审判机关依法作出了再审判决，撤销了对主管人员卢某罚金部分的判决，并依法退还了卢某 5 万元。

案例评析

本案涉及对单位犯虚开增值税专用发票罪如何正确适用刑罚的问题。《刑法》第二百零五条第二款规定：“单位犯本条规定之罪的，对单位判处罚金，并对其直接负责的主管人员和其他直接责任人员，处三年以下有期徒刑或者拘役。”据此，单位犯虚开增值税发票罪的，对单位负责人不应判处罚金。审理该案的人民法院显然混淆了单位犯罪双罚制下，单位与其直接负责的主管人员和其他直接责任人员在适用刑罚上的不同，导致作出错误判决。

启示与思考

社区矫正检察监督的重点一直放在社区矫正各项监督管理规定是否得到正确执行以及是否存在社区矫正对象脱管、漏管等问题上，而对判决认定事实、适用法律是否正确的监督较少。如果据以执行社区矫正的司法裁判本身就存在错误，社区矫正对象对判决心存不服，必然会影响到社区矫正机构对其进行监督考察和教育帮扶的效果。本案中的检察机关能够不拘泥于社区矫正工作本身，将法律监督延伸到判决是否正确，并及时纠正错判，值得肯定。

外出经营遇到困难
检察助力破解难关

基本案情

案例一：谈某原本从事物流工作，因犯交通肇事罪，被法院判处有期徒刑一年，缓刑一年六个月，于2021年1月20日开始在重庆市开州区接受社区矫正。

"我很后悔。"谈某说，因为自己的过失，让交通肇事的被害人及其家庭遭遇不幸，而面对数额巨大的赔偿款，他自己的家庭也陷入困境。今年7月，谈某与他人合伙成立物流公司，希望通过工作尽快凑齐赔偿款，减轻家庭负担，可烦恼也随之而至。该物流公司经营的主要线路是上海至四川成都、上海至重庆，谈某身为业务主管，虽不从事具体运输工作，但公司成立初期，他经常需要往返三地洽谈业务。

"按规定，我外出需要向管辖司法所提出书面申请，经过一周左右的时间才能得到司法所的批复。可有时候工作来得突然，我得马上出差，这时候向司法所申请就来不及了。"谈某为此十分焦虑。

2021年9月27日，开州区检察院检察官对辖区司法所的社区矫正情况进行监督检查，谈某的情况引起他们的注意。检察官主动打电话联系他，了解其工作情况。

在电话里，谈某详细介绍了自己的工作情况及困难，并表示希望检察机关提供帮助。事后，谈某坦言，当时也没抱多大希望，就觉得既然有机会反映问题，那就试一试。可电话另一端的检察官却认真了。挂了电话后，该院刑事执行检察官立即派人前往司法局了解具体情况。证实情况反映的真实性后，9月28日，该部门正式受理此案，承办检察官与谈某进行了面谈，并前往谈某所在公司及社区了解其日常工作生活表现。"从调查认定的事实来看，谈某日常生活表现良好，且交通肇事属于过失犯罪，社会危险性小。"承办检察官认为，物流公司的收入是谈某生活和赔偿被害人的唯一来源，正常的外出经营活动应该得到保障。

以此案为契机，开州区检察院用一个多月的时间对辖区40个司法所社区矫正对象的情况进行了摸底调查，发现一些和谈某有着相同困扰的人。该院刑事执行检察部门负责人就社区矫正监督过程中发现的类似问题再次与当地司法局进行沟通，双方商定，将以从快从简为原则，处理好类似的请假问题。

案例二：“多亏检察院，帮助我度过了人生最艰难的时期，我很感谢你们。”近日，正在接受社区矫正的民营企业家王庆终于放下包袱。在内蒙古自治区土默特右旗检察院与土默特右旗司法局协商下，他的外出申请获得批准，可以顺利往返包头、鄂尔多斯两市，进行公司承包工程项目施工了。在他的身后，有100多位务工人员，他们的生活目前也有了保障。

2019年7月，王庆将自己在土默特右旗承包的工程转包给没有施工资质的高翔后，由于施工现场没有履行必要的安全管理责任，李峰（已判决）在操作装载机起吊弧形闸门时，弧形闸门坠落将正在下方违章指挥的高翔压伤，经抢救无效死亡。王庆主动投案，积极对死者家属进行赔偿并取得了谅解。今年5月，法院以重大责任事故罪判处王庆有期徒刑九个月，缓刑一年。

王庆是鄂尔多斯市某公司实际控制人，企业注册资金500万元，经营建筑工程业务，判决生效后，社区矫正地在包头市土默特右旗。可因他的工作地点在鄂尔多斯市，在疫情逐渐平稳企业复工复产时，王庆经常要往返土默特右旗和鄂尔多斯市。

土默特右旗检察院了解到王庆的实际情况后，办案人员及时同司法局共同进行调查核实，并对辖区内的全部涉民营企业矫正对象进行摸底，了解到共有5位涉民营企业的社区矫正对象。为了切实解决涉民营企业的社区矫正对象在经营中的实际困难，该院向司法局发出检察建议：建议司法局针对5名涉民营企业的社区矫正对象进行分类管理，在法律规定的范围内为企业经营解决外出工作往返问题。

9月2日，土默特右旗司法局对于检察建议提出的内容全部予以采纳，王庆也很快接到了司法局有效期6个月的请假批准，外出赴鄂尔多斯市进行企业经营活动。

案例三：2019年12月31日，曹某因故意伤害罪被判处拘役五个月，缓刑六个月，在扬州市接受社区矫正。2021年1月，因为企业生产经营需要，曹某向司法行政机关申请到新疆从事生产经营活动。按照有关规定，社区矫正对象不能外出超过长三角地区三省一市的范围，加上当时国内新冠肺炎疫情形势严峻，司法局没有同意曹某的申请。

江苏扬州市江都区人民检察院第三检察部检察官邹庆庆说：“后来在3月份，曹某再次向司法局、镇政府，还有检察院提出，希望尽快批准他到新疆复工复产。”

接到曹某的再次请求后，扬州市江都区检察院详细了解了曹某的情况，并与其他部门进行商量。

经过充分的调研走访，2021 年 3 月 11 日在公检司联席会议上，依据《沪苏浙皖社区服刑人员外出管理办法（试行）》，扬州市江都区检察院建议司法行政机关批准曹某的请假外出经营申请，同时以电话通信、手机定位、实时视频等方式实施监督管理，准确掌握其日常活动轨迹，并由司法部门派人随行前往新疆监督行动轨迹等。做到既保障企业复工复产，又保证监管落实到位。到了新疆之后，曹某的企业顺利签下 3 000 余万元的合同，保证了 1 000 多名职工复工复产。

案例评析

案例一至案例三均涉及社区矫正对象外出审批的问题。长期以来，司法行政机关对社区矫正对象外出一直持较为谨慎的态度。即使在《社区矫正法》实施后，社区矫正对象外出审批依然存在一定障碍。虽然《社区矫正法》第二十七条规定，社区矫正对象申请外出，“社区矫正机构对于有正当理由的，应当批准”，但在“两高两部”的《社区矫正法实施办法》第二十七条中又对申请条件进行了进一步规定：“社区矫正对象确需离开所居住的市、县的，一般应当提前三日提交书面申请，并如实提供诊断证明、单位证明、入学证明、法律文书等材料”。这就导致社区矫正机构在执行《社区矫正法》第二十七条时，不仅要看社区矫正对象是否有正当理由，还要看其是否提前三天提出申请以及是否能提供书面证明材料证明其外出事由。有些地方的“实施细则”以及地市级司法行政机关更进一步要求社区矫正对象外出前提供保证人，外出归来提供外出期间的车票、高速公路通行费发票、餐费住宿费发票等材料，进一步收紧了外出审批条件。

而在《社区矫正法》实施前，对社区矫正对象外出更存在着诸多限制，如部分地区的司法行政机关把外出事项限定为 2012 年《社区矫正实施办法》中有明确规定的就医、家庭重大变故两种，有的地方则限制其外出范围，如案例三中提到的“社区矫正对象不能外出超过长三角地区三省一市的范围”即属于此类。

因此，上述案例中的社区矫正机构在面对社区矫正的民营企业负责人的外出申请时，自然会格外慎重，以至于这些确有正当理由外出的社区矫正对象需要求助于检察机关才能获得批准外出或者简化审批程序的机会。由此可见，检察机关的法律监督，在维护社区矫正对象合法权益、保障法律正确实施上确实发挥了不可替代的作用。

启示与思考

基于正当理由获得外出许可，是社区矫正法赋予社区矫正对象的一项权利。《社区矫正法》第三十四条也规定：“开展社区矫正工作，应当保障社区矫正对象的合法权益。社区矫正的措施和方法应当避免对社区矫正对象的正常工作和生活造成不必要的影响。”上述法律规定要求司法行政机关在执行社区矫正法时，要保障其基于正当理由外出的权利，对社区矫正对象的外出理由的审查措施也不应当影响其正常工作、生活。在上述案例中可以看到，社区矫正机构不批准社区矫正对象外出也基本有其依据，但这些依据都存在设定随意、法律效力存疑的问题，且在检察机关提出相关检察建议后，这些所谓依据又都可以随意进行简化、变通，甚至改变外出审批的结果，这显然是不严肃的。社区矫正是刑事执行工作内容之一，在这一性质下，社区矫正机构的执法活动本应比行政执法更加严肃、严谨和严格，但在上述案例中却体现不出这一点，以至于需要检察机关频频出手才能维护社区矫正对象的合法权益，不能不令人深思。

《行政许可法》第十六条规定了“法规、规章……对行政许可条件作出的具体规定，不得增设违反上位法的其他条件”的原则，如果能将这一原则移植到社区矫正对象外出、变更执行地（迁居）等审批工作中，也许会对解决上述问题有所裨益。

附录　社区矫正法律法规汇编

中华人民共和国社区矫正法

（2019 年 12 月 28 日第十三届全国人民代表大会常务委员会第十五次会议通过）

目　录

第一章　总　则

第一条　为了推进和规范社区矫正工作，保障刑事判决、刑事裁定和暂予监外执行决定的正确执行，提高教育矫正质量，促进社区矫正对象顺利融入社会，预防和减少犯罪，根据宪法，制定本法。

第二条　对被判处管制、宣告缓刑、假释和暂予监外执行的罪犯，依法实行社区矫正。

对社区矫正对象的监督管理、教育帮扶等活动，适用本法。

第三条　社区矫正工作坚持监督管理与教育帮扶相结合，专门机关与社会力量相结合，采取分类管理、个别化矫正，有针对性地消除社区矫正对象可能重新犯罪的因素，帮助其成为守法公民。

第四条 社区矫正对象应当依法接受社区矫正，服从监督管理。

社区矫正工作应当依法进行，尊重和保障人权。社区矫正对象依法享有的人身权利、财产权利和其他权利不受侵犯，在就业、就学和享受社会保障等方面不受歧视。

第五条 国家支持社区矫正机构提高信息化水平，运用现代信息技术开展监督管理和教育帮扶。社区矫正工作相关部门之间依法进行信息共享。

第六条 各级人民政府应当将社区矫正经费列入本级政府预算。

居民委员会、村民委员会和其他社会组织依法协助社区矫正机构开展工作所需的经费应当按照规定列入社区矫正机构本级政府预算。

第七条 对在社区矫正工作中做出突出贡献的组织、个人，按照国家有关规定给予表彰、奖励。

第二章　机构、人员和职责

第八条 国务院司法行政部门主管全国的社区矫正工作。县级以上地方人民政府司法行政部门主管本行政区域内的社区矫正工作。

人民法院、人民检察院、公安机关和其他有关部门依照各自职责，依法做好社区矫正工作。人民检察院依法对社区矫正工作实行法律监督。

地方人民政府根据需要设立社区矫正委员会，负责统筹协调和指导本行政区域内的社区矫正工作。

第九条 县级以上地方人民政府根据需要设置社区矫正机构，负责社区矫正工作的具体实施。社区矫正机构的设置和撤销，由县级以上地方人民政府司法行政部门提出意见，按照规定的权限和程序审批。

司法所根据社区矫正机构的委托，承担社区矫正相关工作。

第十条 社区矫正机构应当配备具有法律等专业知识的专门国家工作人员（以下称社区矫正机构工作人员），履行监督管理、教育帮扶等执法职责。

第十一条 社区矫正机构根据需要，组织具有法律、教育、心理、社会工作等专业知识或者实践经验的社会工作者开展社区矫正相关工作。

第十二条 居民委员会、村民委员会依法协助社区矫正机构做好社区矫正工作。

社区矫正对象的监护人、家庭成员，所在单位或者就读学校应当协助社区矫正机构做好社区矫正工作。

第十三条 国家鼓励、支持企业事业单位、社会组织、志愿者等社会力量依法参与社区矫正工作。

第十四条 社区矫正机构工作人员应当严格遵守宪法和法律，忠于职守，严守纪律，清正廉洁。

第十五条 社区矫正机构工作人员和其他参与社区矫正工作的人员依法开展社区矫正工作，受法律保护。

第十六条 国家推进高素质的社区矫正工作队伍建设。社区矫正机构应当加强对社区矫正工作人员的管理、监督、培训和职业保障，不断提高社区矫正工作的规范化、专业化水平。

第三章 决定和接收

第十七条 社区矫正决定机关判处管制、宣告缓刑、裁定假释、决定或者批准暂予监外执行时应当确定社区矫正执行地。

社区矫正执行地为社区矫正对象的居住地。社区矫正对象在多个地方居住的，可以确定经常居住地为执行地。

社区矫正对象的居住地、经常居住地无法确定或者不适宜执行社区矫正的，社区矫正决定机关应当根据有利于社区矫正对象接受矫正、更好地融入社会的原则，确定执行地。

本法所称社区矫正决定机关，是指依法判处管制、宣告缓刑、裁定假释、决定暂予监外执行的人民法院和依法批准暂予监外执行的监狱管理机关、公安机关。

第十八条 社区矫正决定机关根据需要，可以委托社区矫正机构或者有关社会组织对被告人或者罪犯的社会危险性和对所居住社区的影响，进行调查评估，提出意见，供决定社区矫正时参考。居民委员会、村民委员会等组织应当提供必要的协助。

第十九条 社区矫正决定机关判处管制、宣告缓刑、裁定假释、决定或者批准暂予监外执行，应当按照刑法、刑事诉讼法等法律规定的条件和程序进行。

社区矫正决定机关应当对社区矫正对象进行教育，告知其在社区矫正期间应当遵守的规定以及违反规定的法律后果，责令其按时报到。

第二十条 社区矫正决定机关应当自判决、裁定或者决定生效之日起五日内通知执行地社区矫正机构，并在十日内送达有关法律文书，同时抄送人民检察院和执行地公安机关。社区矫正决定地与执行地不在同一地方的，由执行地社区矫正机构将法律文书转送所在地的人民检察院、公安机关。

第二十一条 人民法院判处管制、宣告缓刑、裁定假释的社区矫正对象，应当自判决、裁定生效之日起十日内到执行地社区矫正机构报到。

人民法院决定暂予监外执行的社区矫正对象，由看守所或者执行取保候审、监视居住的公安机关自收到决定之日起十日内将社区矫正对象移送社区矫正机构。

监狱管理机关、公安机关批准暂予监外执行的社区矫正对象，由监狱或者看守所自收到批准决定之日起十日内将社区矫正对象移送社区矫正机构。

第二十二条 社区矫正机构应当依法接收社区矫正对象，核对法律文书、核实身份、办理接收登记、建立档案，并宣告社区矫正对象的犯罪事实、执行社区矫正的期限以及应当遵守的规定。

第四章 监督管理

第二十三条 社区矫正对象在社区矫正期间应当遵守法律、行政法规，履行判决、裁定、暂予监外执行决定等法律文书确定的义务，遵守国务院司法行政部门关于报告、会客、外出、迁居、保外就医等监督管理规定，服从社区矫正机构的管理。

第二十四条 社区矫正机构应当根据裁判内容和社区矫正对象的性别、年龄、心理特点、健康状况、犯罪原因、犯罪类型、犯罪情节、悔罪表现等情况，制定有针对性的矫正方案，实现分类管理、个别化矫正。矫正方案应当根据社区矫正对象的表现等情况相应调整。

第二十五条 社区矫正机构应当根据社区矫正对象的情况，为其确定矫正小组，负责落实相应的矫正方案。

根据需要，矫正小组可以由司法所、居民委员会、村民委员会的人员，社区矫正对象的监护人、家庭成员，所在单位或者就读学校的人员以及社会工作者、志愿者等组成。社区矫正对象为女性的，矫正小组中应有女性成员。

第二十六条 社区矫正机构应当了解掌握社区矫正对象的活动情况和行为表现。社区矫正机构可以通过通信联络、信息化核查、实地查访等方式核实有关情况，有关单位和个人应当予以配合。

社区矫正机构开展实地查访等工作时，应当保护社区矫正对象的身份信息和个人隐私。

第二十七条 社区矫正对象离开所居住的市、县或者迁居，应当报经社区矫正机构批准。社区矫正机构对于有正当理由的，应当批准；对于因正常工作和生活需要经常性跨市、县活动的，可以根据情况，简化批准程序和方式。

因社区矫正对象迁居等原因需要变更执行地的，社区矫正机构应当按照有关规定作出变更决定。社区矫正机构作出变更决定后，应当通知社区矫正决定机关和变更后的社区矫正机构，并将有关法律文书抄送变更后的社区矫正机构。变更后的社区矫正机构应当将法律文书转送所在地的人民检察院、公安机关。

第二十八条 社区矫正机构根据社区矫正对象的表现，依照有关规定对其实施考核奖惩。社区矫正对象认罪悔罪、遵守法律法规、服从监督管理、接受教育表现突出的，应当给予表扬。社区矫正对象违反法律法规或者监督管理规定的，应当视情节依法给予训诫、警告、提请公安机关予以治安管理处罚，或者依法提请撤销缓刑、撤销假释、对暂予监外执行的收监执行。

对社区矫正对象的考核结果，可以作为认定其是否确有悔改表现或者是否严重违反监督管理规定的依据。

第二十九条 社区矫正对象有下列情形之一的，经县级司法行政部门负责人批准，可以使用电子定位装置，加强监督管理：

（一）违反人民法院禁止令的；

（二）无正当理由，未经批准离开所居住的市、县的；

（三）拒不按照规定报告自己的活动情况，被给予警告的；

（四）违反监督管理规定，被给予治安管理处罚的；

（五）拟提请撤销缓刑、假释或者暂予监外执行收监执行的。

前款规定的使用电子定位装置的期限不得超过三个月。对于不需要继续使用的，应当及时解除；对于期限届满后，经评估仍有必要继续使用的，经过批准，期限可以延长，每次不得超过三个月。

社区矫正机构对通过电子定位装置获得的信息应当严格保密，有关信息只能用于社区矫正工作，不得用于其他用途。

第三十条 社区矫正对象失去联系的，社区矫正机构应当立即组织查找，公安机关等有关单位和人员应当予以配合协助。查找到社区矫正对象后，应当区别情形依法作出处理。

第三十一条 社区矫正机构发现社区矫正对象正在实施违反监督管理规定的行为或者违反人民法院禁止令等违法行为的，应当立即制止；制止无效的，应当立即通知公安机关到场处置。

第三十二条 社区矫正对象有被依法决定拘留、强制隔离戒毒、采取刑事强制措施等限制人身自由情形的，有关机关应当及时通知社区矫正机构。

第三十三条 社区矫正对象符合刑法规定的减刑条件的，社区矫正机构应当向社区矫正执行地的中级以上人民法院提出减刑建议，并将减刑建议书抄送同级人民检察院。

人民法院应当在收到社区矫正机构的减刑建议书后三十日内作出裁定，并将裁定书送达社区矫正机构，同时抄送人民检察院、公安机关。

第三十四条 开展社区矫正工作，应当保障社区矫正对象的合法权益。社区矫正的措施和方法应当避免对社区矫正对象的正常工作和生活造成不必要的影响；非依法律规定，不得限制或者变相限制社区矫正对象的人身自由。

社区矫正对象认为其合法权益受到侵害的，有权向人民检察院或者有关机关申诉、控告和检举。受理机关应当及时办理，并将办理结果告知申诉人、控告人和检举人。

第五章　教育帮扶

第三十五条　县级以上地方人民政府及其有关部门应当通过多种形式为教育帮扶社区矫正对象提供必要的场所和条件，组织动员社会力量参与教育帮扶工作。

有关人民团体应当依法协助社区矫正机构做好教育帮扶工作。

第三十六条　社区矫正机构根据需要，对社区矫正对象进行法治、道德等教育，增强其法治观念，提高其道德素质和悔罪意识。

对社区矫正对象的教育应当根据其个体特征、日常表现等实际情况，充分考虑其工作和生活情况，因人施教。

第三十七条　社区矫正机构可以协调有关部门和单位，依法对就业困难的社区矫正对象开展职业技能培训、就业指导，帮助社区矫正对象中的在校学生完成学业。

第三十八条　居民委员会、村民委员会可以引导志愿者和社区群众，利用社区资源，采取多种形式，对有特殊困难的社区矫正对象进行必要的教育帮扶。

第三十九条　社区矫正对象的监护人、家庭成员，所在单位或者就读学校应当协助社区矫正机构做好对社区矫正对象的教育。

第四十条　社区矫正机构可以通过公开择优购买社区矫正社会工作服务或者其他社会服务，为社区矫正对象在教育、心理辅导、职业技能培训、社会关系改善等方面提供必要的帮扶。

社区矫正机构也可以通过项目委托社会组织等方式开展上述帮扶活动。国家鼓励有经验和资源的社会组织跨地区开展帮扶交流和示范活动。

第四十一条　国家鼓励企业事业单位、社会组织为社区矫正对象提供就业岗位和职业技能培训。招用符合条件的社区矫正对象的企业，按照规定享受国家优惠政策。

第四十二条　社区矫正机构可以根据社区矫正对象的个人特长，组织其参加公益活动，修复社会关系，培养社会责任感。

第四十三条　社区矫正对象可以按照国家有关规定申请社会救助、参加社会保险、获得法律援助，社区矫正机构应当给予必要的协助。

第六章　解除和终止

第四十四条　社区矫正对象矫正期满或者被赦免的，社区矫正机构应当向社区矫正对象发放解除社区矫正证明书，并通知社区矫正决定机关、所在地的人民检察院、公安机关。

第四十五条 社区矫正对象被裁定撤销缓刑、假释，被决定收监执行，或者社区矫正对象死亡的，社区矫正终止。

第四十六条 社区矫正对象具有刑法规定的撤销缓刑、假释情形的，应当由人民法院撤销缓刑、假释。

对于在考验期限内犯新罪或者发现判决宣告以前还有其他罪没有判决的，应当由审理该案件的人民法院撤销缓刑、假释，并书面通知原审人民法院和执行地社区矫正机构。

对于有第二款规定以外的其他需要撤销缓刑、假释情形的，社区矫正机构应当向原审人民法院或者执行地人民法院提出撤销缓刑、假释建议，并将建议书抄送人民检察院。社区矫正机构提出撤销缓刑、假释建议时，应当说明理由，并提供有关证据材料。

第四十七条 被提请撤销缓刑、假释的社区矫正对象可能逃跑或者可能发生社会危险的，社区矫正机构可以在提出撤销缓刑、假释建议的同时，提请人民法院决定对其予以逮捕。

人民法院应当在四十八小时内作出是否逮捕的决定。决定逮捕的，由公安机关执行。逮捕后的羁押期限不得超过三十日。

第四十八条 人民法院应当在收到社区矫正机构撤销缓刑、假释建议书后三十日内作出裁定，将裁定书送达社区矫正机构和公安机关，并抄送人民检察院。

人民法院拟撤销缓刑、假释的，应当听取社区矫正对象的申辩及其委托的律师的意见。

人民法院裁定撤销缓刑、假释的，公安机关应当及时将社区矫正对象送交监狱或者看守所执行。执行以前被逮捕的，羁押一日折抵刑期一日。

人民法院裁定不予撤销缓刑、假释的，对被逮捕的社区矫正对象，公安机关应当立即予以释放。

第四十九条 暂予监外执行的社区矫正对象具有刑事诉讼法规定的应当予以收监情形的，社区矫正机构应当向执行地或者原社区矫正决定机关提出收监执行建议，并将建议书抄送人民检察院。

社区矫正决定机关应当在收到建议书后三十日内作出决定，将决定书送达社区矫正机构和公安机关，并抄送人民检察院。

人民法院、公安机关对暂予监外执行的社区矫正对象决定收监执行的，由公安机关立即将社区矫正对象送交监狱或者看守所收监执行。

监狱管理机关对暂予监外执行的社区矫正对象决定收监执行的，监狱应当立即将社区矫正对象收监执行。

第五十条 被裁定撤销缓刑、假释和被决定收监执行的社区矫正对象逃跑的，由公安机关追捕，社区矫正机构、有关单位和个人予以协助。

第五十一条 社区矫正对象在社区矫正期间死亡的，其监护人、家庭成员应当及时向社区矫正机构报告。社区矫正机构应当及时通知社区矫正决定机关、所在地的人民检察院、公安机关。

第七章 未成年人社区矫正特别规定

第五十二条 社区矫正机构应当根据未成年社区矫正对象的年龄、心理特点、发育需要、成长经历、犯罪原因、家庭监护教育条件等情况，采取针对性的矫正措施。

社区矫正机构为未成年社区矫正对象确定矫正小组，应当吸收熟悉未成年人身心特点的人员参加。

对未成年人的社区矫正，应当与成年人分别进行。

第五十三条 未成年社区矫正对象的监护人应当履行监护责任，承担抚养、管教等义务。

监护人怠于履行监护职责的，社区矫正机构应当督促、教育其履行监护责任。监护人拒不履行监护职责的，通知有关部门依法作出处理。

第五十四条 社区矫正机构工作人员和其他依法参与社区矫正工作的人员对履行职责过程中获得的未成年人身份信息应当予以保密。

除司法机关办案需要或者有关单位根据国家规定查询外，未成年社区矫正对象的档案信息不得提供给任何单位或者个人。依法进行查询的单位，应当对获得的信息予以保密。

第五十五条 对未完成义务教育的未成年社区矫正对象，社区矫正机构应当通知并配合教育部门为其完成义务教育提供条件。未成年社区矫正对象的监护人应当依法保证其按时入学接受并完成义务教育。

年满十六周岁的社区矫正对象有就业意愿的，社区矫正机构可以协调有关部门和单位为其提供职业技能培训，给予就业指导和帮助。

第五十六条 共产主义青年团、妇女联合会、未成年人保护组织应当依法协助社区矫正机构做好未成年人社区矫正工作。

国家鼓励其他未成年人相关社会组织参与未成年人社区矫正工作，依法给予政策支持。

第五十七条 未成年社区矫正对象在复学、升学、就业等方面依法享有与其他未成年人同等的权利，任何单位和个人不得歧视。有歧视行为的，应当由教育、人力资源和社会保障等部门依法作出处理。

第五十八条 未成年社区矫正对象在社区矫正期间年满十八周岁的，继续按照未成年人社区矫正有关规定执行。

第八章 法律责任

第五十九条 社区矫正对象在社区矫正期间有违反监督管理规定行为的，由公安机关依照《中华人民共和国治安管理处罚法》的规定给予处罚；具有撤销缓刑、假释或者暂予监外执行收监情形的，应当依法作出处理。

第六十条 社区矫正对象殴打、威胁、侮辱、骚扰、报复社区矫正机构工作人员和其他依法参与社区矫正工作的人员及其近亲属，构成犯罪的，依法追究刑事责任；尚不构成犯罪的，由公安机关依法给予治安管理处罚。

第六十一条 社区矫正机构工作人员和其他国家工作人员有下列行为之一的，应当给予处分；构成犯罪的，依法追究刑事责任：

（一）利用职务或者工作便利索取、收受贿赂的；

（二）不履行法定职责的；

（三）体罚、虐待社区矫正对象，或者违反法律规定限制或者变相限制社区矫正对象的人身自由的；

（四）泄露社区矫正工作秘密或者其他依法应当保密的信息的；

（五）对依法申诉、控告或者检举的社区矫正对象进行打击报复的；

（六）有其他违纪违法行为的。

第六十二条 人民检察院发现社区矫正工作违反法律规定的，应当依法提出纠正意见、检察建议。有关单位应当将采纳纠正意见、检察建议的情况书面回复人民检察院，没有采纳的应当说明理由。

第九章 附 则

第六十三条 本法自 2020 年 7 月 1 日起施行。

中华人民共和国社区矫正法实施办法

（司发通〔2020〕59号）

第一条 为了推进和规范社区矫正工作，根据《中华人民共和国刑法》《中华人民共和国刑事诉讼法》《中华人民共和国社区矫正法》等有关法律规定，制定本办法。

第二条 社区矫正工作坚持党的绝对领导，实行党委政府统一领导、司法行政机关组织实施、相关部门密切配合、社会力量广泛参与、检察机关法律监督的领导体制和工作机制。

第三条 地方人民政府根据需要设立社区矫正委员会，负责统筹协调和指导本行政区域内的社区矫正工作。

司法行政机关向社区矫正委员会报告社区矫正工作开展情况，提请社区矫正委员会协调解决社区矫正工作中的问题。

第四条 司法行政机关依法履行以下职责：

（一）主管本行政区域内社区矫正工作；

（二）对本行政区域内设置和撤销社区矫正机构提出意见；

（三）拟定社区矫正工作发展规划和管理制度，监督检查社区矫正法律法规和政策的执行情况；

（四）推动社会力量参与社区矫正工作；

（五）指导支持社区矫正机构提高信息化水平；

（六）对在社区矫正工作中作出突出贡献的组织、个人，按照国家有关规定给予表彰、奖励；

（七）协调推进高素质社区矫正工作队伍建设；

（八）其他依法应当履行的职责。

第五条 人民法院依法履行以下职责：

（一）拟判处管制、宣告缓刑、决定暂予监外执行的，可以委托社区矫正机构或者有关社会组织对被告人或者罪犯的社会危险性和对所居住社区的影响，进行调查评估，提出意见，供决定社区矫正时参考；

（二）对执行机关报请假释的，审查执行机关移送的罪犯假释后对所居住社区影响的调查评估意见；

（三）核实并确定社区矫正执行地；

（四）对被告人或者罪犯依法判处管制、宣告缓刑、裁定假释、决定暂予监外执行；

（五）对社区矫正对象进行教育，及时通知并送达法律文书；

（六）对符合撤销缓刑、撤销假释或者暂予监外执行收监执行条件的社区矫正对象，作出判决、裁定和决定；

（七）对社区矫正机构提请逮捕的，及时作出是否逮捕的决定；

（八）根据社区矫正机构提出的减刑建议作出裁定；

（九）其他依法应当履行的职责。

第六条 人民检察院依法履行以下职责：

（一）对社区矫正决定机关、社区矫正机构或者有关社会组织的调查评估活动实行法律监督；

（二）对社区矫正决定机关判处管制、宣告缓刑、裁定假释、决定或者批准暂予监外执行活动实行法律监督；

（三）对社区矫正法律文书及社区矫正对象交付执行活动实行法律监督；

（四）对监督管理、教育帮扶社区矫正对象的活动实行法律监督；

（五）对变更刑事执行、解除矫正和终止矫正的活动实行法律监督；

（六）受理申诉、控告和举报，维护社区矫正对象的合法权益；

（七）按照刑事诉讼法的规定，在对社区矫正实行法律监督中发现司法工作人员相关职务犯罪，可以立案侦查直接受理的案件；

（八）其他依法应当履行的职责。

第七条 公安机关依法履行以下职责：

（一）对看守所留所服刑罪犯拟暂予监外执行的，可以委托开展调查评估；

（二）对看守所留所服刑罪犯拟暂予监外执行的，核实并确定社区矫正执行地；对符合暂予监外执行条件的，批准暂予监外执行；对符合收监执行条件的，作出收监执行的决定；

（三）对看守所留所服刑罪犯批准暂予监外执行的，进行教育，及时通知并送达法律文书；依法将社区矫正对象交付执行；

（四）对社区矫正对象予以治安管理处罚；到场处置经社区矫正机构制止无效，正在实施违反监督管理规定或者违反人民法院禁止令等违法行为的社区矫正对象；协助社区矫正机构处置突发事件；

（五）协助社区矫正机构查找失去联系的社区矫正对象；执行人民法院作出的逮捕决定；被裁定撤销缓刑、撤销假释和被决定收监执行的社区矫正对象逃跑的，予以追捕；

（六）对裁定撤销缓刑、撤销假释，或者对人民法院、公安机关决定暂予监外执行收监的社区矫正对象，送交看守所或者监狱执行；

（七）执行限制社区矫正对象出境的措施；

（八）其他依法应当履行的职责。

第八条 监狱管理机关以及监狱依法履行以下职责：

（一）对监狱关押罪犯拟提请假释的，应当委托进行调查评估；对监狱关押罪犯拟暂予监外执行的，可以委托进行调查评估；

（二）对监狱关押罪犯拟暂予监外执行的，依法核实并确定社区矫正执行地；对符合暂予监外执行条件的，监狱管理机关作出暂予监外执行决定；

（三）对监狱关押罪犯批准暂予监外执行的，进行教育，及时通知并送达法律文书；依法将社区矫正对象交付执行；

（四）监狱管理机关对暂予监外执行罪犯决定收监执行的，原服刑或者接收其档案的监狱应当立即将罪犯收监执行；

（五）其他依法应当履行的职责。

第九条 社区矫正机构是县级以上地方人民政府根据需要设置的，负责社区矫正工作具体实施的执行机关。社区矫正机构依法履行以下职责：

（一）接受委托进行调查评估，提出评估意见；

（二）接收社区矫正对象，核对法律文书、核实身份、办理接收登记，建立档案；

（三）组织入矫和解矫宣告，办理入矫和解矫手续；

（四）建立矫正小组、组织矫正小组开展工作，制定和落实矫正方案；

（五）对社区矫正对象进行监督管理，实施考核奖惩；审批会客、外出、变更执行地等事项；了解掌握社区矫正对象的活动情况和行为表现；组织查找失去联系的社区矫正对象，查找后依情形作出处理；

（六）提出治安管理处罚建议，提出减刑、撤销缓刑、撤销假释、收监执行等变更刑事执行建议，依法提请逮捕；

（七）对社区矫正对象进行教育帮扶，开展法治道德等教育，协调有关方面开展职业技能培训、就业指导，组织公益活动等事项；

（八）向有关机关通报社区矫正对象情况，送达法律文书；

（九）对社区矫正工作人员开展管理、监督、培训，落实职业保障；

（十）其他依法应当履行的职责。

设置和撤销社区矫正机构，由县级以上地方人民政府司法行政部门提出意见，按照规定的权限和程序审批。社区矫正日常工作由县级社区矫正机构具体承担；未设置县级社区矫正机构的，由上一级社区矫正机构具体承担。省、市两级社区矫正机构主要负责监督指导、跨区域执法的组织协调以及与同级社区矫正决定机关对接的案件办理工作。

第十条 司法所根据社区矫正机构的委托，承担社区矫正相关工作。

第十一条 社区矫正机构依法加强信息化建设，运用现代信息技术开展监督管理和教育帮扶。

社区矫正工作相关部门之间依法进行信息共享，人民法院、人民检察院、公安机关、司法行政机关依法建立完善社区矫正信息交换平台，实现业务协同、互联互通，运用现代信息技术及时准确传输交换有关法律文书，根据需要实时查询社区矫正对象交付接收、监督管理、教育帮扶、脱离监管、被治安管理处罚、被采取强制措施、变更刑事执行、办理再犯罪案件等情况，共享社区矫正工作动态信息，提高社区矫正信息化水平。

第十二条 对拟适用社区矫正的，社区矫正决定机关应当核实社区矫正对象的居住地。社区矫正对象在多个地方居住的，可以确定经常居住地为执行地。没有居住地，居住地、经常居住地无法确定或者不适宜执行社区矫正的，应当根据有利于社区矫正对象接受矫正、更好地融入社会的原则，确定社区矫正执行地。被确定为执行地的社区矫正机构应当及时接收。

社区矫正对象的居住地是指其实际居住的县（市、区）。社区矫正对象的经常居住地是指其经常居住的，有固定住所、固定生活来源的县（市、区）。

社区矫正对象应如实提供其居住、户籍等情况，并提供必要的证明材料。

第十三条 社区矫正决定机关对拟适用社区矫正的被告人、罪犯，需要调查其社会危险性和对所居住社区影响的，可以委托拟确定为执行地的社区矫正机构或者有关社会组织进行调查评估。社区矫正机构或者有关社会组织收到委托文书后应当及时通知执行地县级人民检察院。

第十四条 社区矫正机构、有关社会组织接受委托后，应当对被告人或者罪犯的居所情况、家庭和社会关系、犯罪行为的后果和影响、居住地村（居）民委员会和被害人意见、拟禁止的事项、社会危险性、对所居住社区的影响等情况进行调查了解，形成调查评估意见，与相关材料一起提交委托机关。调查评估时，相关单位、部门、村（居）民委员会等组织、个人应当依法为调查评估提供必要的协助。

社区矫正机构、有关社会组织应当自收到调查评估委托函及所附材料之日起十个工作日内完成调查评估，提交评估意见。对于适用刑事案件速裁程序的，应当在五个工作日内完成调查评估，提交评估意见。评估意见同时抄送执行地县级人民检察院。需要延长调查评估时限的，社区矫正机构、有关社会组织应当与委托机关协商，并在协商确定的期限内完成调查评估。因被告人或者罪犯的姓名、居住地不真实、身份不明等原因，社区矫正机构、有关社会组织无法进行调查评估的，应当及时向委托机关说明情况。社区矫正决定机关对调查评估意见的采信情况，应当在相关法律文书中说明。

对调查评估意见以及调查中涉及的国家秘密、商业秘密、个人隐私等信息，应当保密，不得泄露。

第十五条 社区矫正决定机关应当对社区矫正对象进行教育，书面告知其到执行地县级社区矫正机构报到的时间期限以及逾期报到或者未报到的后果，责令其按时报到。

第十六条 社区矫正决定机关应当自判决、裁定或者决定生效之日起五日内通知执行地县级社区矫正机构，并在十日内将判决书、裁定书、决定书、执行通知书等法律文书送达执行地县级社区矫正机构，同时抄送人民检察院。收到法律文书后，社区矫正机构应当在五日内送达回执。

社区矫正对象前来报到时，执行地县级社区矫正机构未收到法律文书或者法律文书不齐全，应当先记录在案，为其办理登记接收手续，并通知社区矫正决定机关在五日内送达或者补齐法律文书。

第十七条 被判处管制、宣告缓刑、裁定假释的社区矫正对象到执行地县级社区矫正机构报到时，社区矫正机构应当核对法律文书、核实身份，办理登记接收手续。对社区矫正对象存在因行动不便、自行报到确有困难等特殊情况的，社区矫正机构可以派员到其居住地等场所办理登记接收手续。

暂予监外执行的社区矫正对象，由公安机关、监狱或者看守所依法移送至执行地县级社区矫正机构，办理交付接收手续。罪犯原服刑地与居住地不在同一省、自治区、直辖市，需要回居住地暂予监外执行的，原服刑地的省级以上监狱管理机关或者设区的市一级以上公安机关应当书面通知罪犯居住地的监狱管理机关、公安机关，由其指定一所监狱、看守所接收社区矫正对象档案，负责办理其收监、刑满释放等手续。对看守所留所服刑罪犯暂予监外执行，原服刑地与居住地在同一省、自治区、直辖市的，可以不移交档案。

第十八条 执行地县级社区矫正机构接收社区矫正对象后，应当建立社区矫正档案，包括以下内容：

（一）适用社区矫正的法律文书；

（二）接收、监管审批、奖惩、收监执行、解除矫正、终止矫正等有关社区矫正执行活动的法律文书；

（三）进行社区矫正的工作记录；

（四）社区矫正对象接受社区矫正的其他相关材料。

接受委托对社区矫正对象进行日常管理的司法所应当建立工作档案。

第十九条 执行地县级社区矫正机构、受委托的司法所应当为社区矫正对象确定矫正小组，与矫正小组签订矫正责任书，明确矫正小组成员的责任和义务，负责落实矫正方案。

矫正小组主要开展下列工作：

（一）按照矫正方案，开展个案矫正工作；

（二）督促社区矫正对象遵纪守法，遵守社区矫正规定；

（三）参与对社区矫正对象的考核评议和教育活动；

（四）对社区矫正对象走访谈话，了解其思想、工作和生活情况，及时向社区矫正机构或者司法所报告；

（五）协助对社区矫正对象进行监督管理和教育帮扶；

（六）协助社区矫正机构或者司法所开展其他工作。

第二十条 执行地县级社区矫正机构接收社区矫正对象后，应当组织或者委托司法所组织入矫宣告。

入矫宣告包括以下内容：

（一）判决书、裁定书、决定书、执行通知书等有关法律文书的主要内容；

（二）社区矫正期限；

（三）社区矫正对象应当遵守的规定、被剥夺或者限制行使的权利、被禁止的事项以及违反规定的法律后果；

（四）社区矫正对象依法享有的权利；

（五）矫正小组人员组成及职责；

（六）其他有关事项。

宣告由社区矫正机构或者司法所的工作人员主持，矫正小组成员及其他相关人员到场，按照规定程序进行。宣告后，社区矫正对象应当在书面材料上签字，确认已经了解所宣告的内容。

第二十一条 社区矫正机构应当根据社区矫正对象被判处管制、宣告缓刑、假释和暂予监外执行的不同裁判内容和犯罪类型、矫正阶段、再犯罪风险等情况，进行综合评估，划分不同类别，实施分类管理。

社区矫正机构应当把社区矫正对象的考核结果和奖惩情况作为分类管理的依据。

社区矫正机构对不同类别的社区矫正对象，在矫正措施和方法上应当有所区别，有针对性地开展监督管理和教育帮扶工作。

第二十二条 执行地县级社区矫正机构、受委托的司法所要根据社区矫正对象的性别、年龄、心理特点、健康状况、犯罪原因、悔罪表现等具体情况，制定矫正方案，有针对性地消除社区矫正对象可能重新犯罪的因素，帮助其成为守法公民。

矫正方案应当包括社区矫正对象基本情况、对社区矫正对象的综合评估结果、对社区矫正对象的心理状态和其他特殊情况的分析、拟采取的监督管理、教育帮扶措施等内容。

矫正方案应当根据分类管理的要求、实施效果以及社区矫正对象的表现等情况，相应调整。

第二十三条 执行地县级社区矫正机构、受委托的司法所应当根据社区矫正对象的个人生活、工作及所处社区的实际情况，有针对性地采取通信联络、信息化核查、实地查访等措施，了解掌握社区矫正对象的活动情况和行为表现。

第二十四条 社区矫正对象应当按照有关规定和社区矫正机构的要求，定期报告遵纪守法、接受监督管理、参加教育学习、公益活动和社会活动等情况。发生居所变化、工作变动、家庭重大变故以及接触对其矫正可能产生不利影响人员等情况时，应当及时报告。被宣告禁止令的社区矫正对象应当定期报告遵守禁止令的情况。

暂予监外执行的社区矫正对象应当每个月报告本人身体情况。保外就医的，应当到省级人民政府指定的医院检查，每三个月向执行地县级社区矫正机构、受委托的司法所提交病情复查情况。执行地县级社区矫正机构根据社区矫正对象的病情及保证人等情况，可以调整报告身体情况和提交复查情况的期限。延长一个月至三个月以下的，报上一级社区矫正机构批准；延长三个月以上的，层报省级社区矫正机构批准。批准延长的，执行地县级社区矫正机构应当及时通报同级人民检察院。

社区矫正机构根据工作需要，可以协调对暂予监外执行的社区矫正对象进行病情诊断、妊娠检查或者生活不能自理的鉴别。

第二十五条 未经执行地县级社区矫正机构批准，社区矫正对象不得接触其犯罪案件中的被害人、控告人、举报人，不得接触同案犯等可能诱发其再犯罪的人。

第二十六条 社区矫正对象未经批准不得离开所居住市、县。确有正当理由需要离开的，应当经执行地县级社区矫正机构或者受委托的司法所批准。

社区矫正对象外出的正当理由是指就医、就学、参与诉讼、处理家庭或者工作重要事务等。

前款规定的市是指直辖市的城市市区、设区的市的城市市区和县级市的辖区。在设区的同一市内跨区活动的，不属于离开所居住的市、县。

第二十七条 社区矫正对象确需离开所居住的市、县的，一般应当提前三日提交书面申请，并如实提供诊断证明、单位证明、入学证明、法律文书等材料。

申请外出时间在七日内的，经执行地县级社区矫正机构委托，可以由司法所批准，并报执行地县级社区矫正机构备案；超过七日的，由执行地县级社区矫正机构批准。执行地县级社区矫正机构每次批准外出的时间不超过三十日。

因特殊情况确需外出超过三十日的，或者两个月内外出时间累计超过三十日的，应报上一级社区矫正机构审批。上一级社区矫正机构批准社区矫正对象外出的，执行地县级社区矫正机构应当及时通报同级人民检察院。

第二十八条 在社区矫正对象外出期间，执行地县级社区矫正机构、受委托的司法所应当通过电话通讯、实时视频等方式实施监督管理。

执行地县级社区矫正机构根据需要，可以协商外出目的地社区矫正机构协助监督管理，并要求社区矫正对象在到达和离开时向当地社区矫正机构报告，接受监督管理。外出目的地社区矫正机构在社区矫正对象报告后，可以通过电话通讯、实地查访等方式协助监督管理。

社区矫正对象应在外出期限届满前返回居住地，并向执行地县级社区矫正机构或者司法所报告，办理手续。因特殊原因无法按期返回的，应及时向社区矫正机构或者司法所报告情况。发现社区矫正对象违反外出管理规定的，社区矫正机构应当责令其立即返回，并视情节依法予以处理。

第二十九条 社区矫正对象确因正常工作和生活需要经常性跨市、县活动的，应当由本人提出书面申请，写明理由、经常性去往市县名称、时间、频次等，同时提供相应证明，由执行地县级社区矫正机构批准，批准一次的有效期为六个月。在批准的期限内，社区矫正对象到批准市、县活动的，可以通过电话、微信等方式报告活动情况。到期后，社区矫正对象仍需要经常性跨市、县活动的，应当重新提出申请。

第三十条 社区矫正对象因工作、居所变化等原因需要变更执行地的，一般应当提前一个月提出书面申请，并提供相应证明材料，由受委托的司法所签署意见后报执行地县级社区矫正机构审批。

执行地县级社区矫正机构收到申请后，应当在五日内书面征求新执行地县级社区矫正机构的意见。新执行地县级社区矫正机构接到征求意见函后，应当在五日内核实有关情况，作出是否同意接收的意见并书面回复。执行地县级社区矫正机构根据回复意见，作出决定。执行地县级社区矫正机构对新执行地县级社区矫正机构的回复意见有异议的，可以报上一级社区矫正机构协调解决。

经审核，执行地县级社区矫正机构不同意变更执行地的，应在决定作出之日起五日内告知社区矫正对象。同意变更执行地的，应对社区矫正对象进行教育，书面告知其到新执行地县级社区矫正机构报到的时间期限以及逾期报到或者未报到的后果，责令其按时报到。

第三十一条 同意变更执行地的，原执行地县级社区矫正机构应当在作出决定之日起五日内，将有关法律文书和档案材料移交新执行地县级社区矫正机构，并将有关法律文书抄送社区矫正决定机关和原执行地县级人民检察院、公安机关。新执行地县级社区矫正机构收到法律文书和档案材料后，在五日内送达回执，并将有关法律文书抄送所在地县级人民检察院、公安机关。

同意变更执行地的，社区矫正对象应当自收到变更执行地决定之日起七日内，到新执行地县级社区矫正机构报到。新执行地县级社区矫正机构应当核实身份、办理登记接收手续。发现社区矫正对象未按规定时间报到的，新执行地县级社区矫正机构应当立即通知原执行地县级社区矫正机构，由原执行地县级社区矫正机构组织查找。未及时办理交付接收，造成社区矫正对象脱管漏管的，原执行地社区矫正机构会同新执行地社区矫正机构妥善处置。

对公安机关、监狱管理机关批准暂予监外执行的社区矫正对象变更执行地的，公安机关、监狱管理机关在收到社区矫正机构送达的法律文书后，应与新执行地同级公安机关、监狱管理机关办理交接。新执行地的公安机关、监狱管理机关应指定一所看守所、监狱接收社区矫正对象档案，负责办理其收监、刑满释放等手续。看守所、监狱在接收档案之日起五日内，应当将有关情况通报新执行地县级社区矫正机构。对公安机关批准暂予监外执行的社区矫正对象在同一省、自治区、直辖市变更执行地的，可以不移交档案。

第三十二条 社区矫正机构应当根据有关法律法规、部门规章和其他规范性文件，建立内容全面、程序合理、易于操作的社区矫正对象考核奖惩制度。

社区矫正机构、受委托的司法所应当根据社区矫正对象认罪悔罪、遵守有关规定、服从监督管理、接受教育等情况，定期对其考核。对于符合表扬条件、具备训诫、警告情形的社区矫正对象，经执行地县级社区矫正机构决定，可以给予其相应奖励或者处罚，作出书面决定。对于涉嫌违反治安管理行为的社区矫正对象，执行地县级社区矫正机构可以向同级公安机关提出建议。社区矫正机构奖励或者处罚的书面决定应当抄送人民检察院。

社区矫正对象的考核结果与奖惩应当书面通知其本人，定期公示，记入档案，做到准确及时、公开公平。社区矫正对象对考核奖惩提出异议的，执行地县级社区矫正机构应当及时处理，并将处理结果告知社区矫正对象。社区矫正对象对处理结果仍有异议的，可以向人民检察院提出。

第三十三条 社区矫正对象认罪悔罪、遵守法律法规、服从监督管理、接受教育表现突出的，应当给予表扬。

社区矫正对象接受社区矫正六个月以上并且同时符合下列条件的，执行地县级社区矫正机构可以给予表扬：

（一）服从人民法院判决，认罪悔罪；

（二）遵守法律法规；

（三）遵守关于报告、会客、外出、迁居等规定，服从社区矫正机构的管理；

（四）积极参加教育学习等活动，接受教育矫正的。

社区矫正对象接受社区矫正期间，有见义勇为、抢险救灾等突出表现，或者帮助他人、服务社会等突出事迹的，执行地县级社区矫正机构可以给予表扬。对于符合法定减刑条件的，由执行地县级社区矫正机构依照本办法第四十二条的规定，提出减刑建议。

第三十四条　社区矫正对象具有下列情形之一的，执行地县级社区矫正机构应当给予训诫：

（一）不按规定时间报到或者接受社区矫正期间脱离监管，未超过十日的；

（二）违反关于报告、会客、外出、迁居等规定，情节轻微的；

（三）不按规定参加教育学习等活动，经教育仍不改正的；

（四）其他违反监督管理规定，情节轻微的。

第三十五条　社区矫正对象具有下列情形之一的，执行地县级社区矫正机构应当给予警告：

（一）违反人民法院禁止令，情节轻微的；

（二）不按规定时间报到或者接受社区矫正期间脱离监管，超过十日的；

（三）违反关于报告、会客、外出、迁居等规定，情节较重的；

（四）保外就医的社区矫正对象无正当理由不按时提交病情复查情况，经教育仍不改正的；

（五）受到社区矫正机构两次训诫，仍不改正的；

（六）其他违反监督管理规定，情节较重的。

第三十六条　社区矫正对象违反监督管理规定或者人民法院禁止令，依法应予治安管理处罚的，执行地县级社区矫正机构应当及时提请同级公安机关依法给予处罚，并向执行地同级人民检察院抄送治安管理处罚建议书副本，及时通知处理结果。

第三十七条　电子定位装置是指运用卫星等定位技术，能对社区矫正对象进行定位等监管，并具有防拆、防爆、防水等性能的专门的电子设备，如电子定位腕带等，但不包括手机等设备。

对社区矫正对象采取电子定位装置进行监督管理的，应当告知社区矫正对象监管的期限、要求以及违反监管规定的后果。

第三十八条　发现社区矫正对象失去联系的，社区矫正机构应当立即组织查找，可以采取通信联络、信息化核查、实地查访等方式查找，查找时要做好记录，固定证据。查找不到的，社区矫正机构应当及时通知公安机关，公安机关应当协助查找。社区矫正机构应当及时将组织查找的情况通报人民检察院。

查找到社区矫正对象后，社区矫正机构应当根据其脱离监管的情形，给予相应处置。虽能查找到社区矫正对象下落但其拒绝接受监督管理的，社区矫正机构应当视情节依法提请公安机关予以治安管理处罚，或者依法提请撤销缓刑、撤销假释、对暂予监外执行的收监执行。

第三十九条 社区矫正机构根据执行禁止令的需要，可以协调有关的部门、单位、场所、个人协助配合执行禁止令。

对禁止令确定需经批准才能进入的特定区域或者场所，社区矫正对象确需进入的，应当经执行地县级社区矫正机构批准，并通知原审人民法院和执行地县级人民检察院。

第四十条 发现社区矫正对象有违反监督管理规定或者人民法院禁止令等违法情形的，执行地县级社区矫正机构应当调查核实情况，收集有关证据材料，提出处理意见。

社区矫正机构发现社区矫正对象有撤销缓刑、撤销假释或者暂予监外执行收监执行的法定情形的，应当组织开展调查取证工作，依法向社区矫正决定机关提出撤销缓刑、撤销假释或者暂予监外执行收监执行建议，并将建议书抄送同级人民检察院。

第四十一条 社区矫正对象被依法决定行政拘留、司法拘留、强制隔离戒毒等或者因涉嫌犯新罪、发现判决宣告前还有其他罪没有判决被采取强制措施的，决定机关应当自作出决定之日起三日内将有关情况通知执行地县级社区矫正机构和执行地县级人民检察院。

第四十二条 社区矫正对象符合法定减刑条件的，由执行地县级社区矫正机构提出减刑建议书并附相关证据材料，报经地（市）社区矫正机构审核同意后，由地（市）社区矫正机构提请执行地的中级人民法院裁定。

依法应由高级人民法院裁定的减刑案件，由执行地县级社区矫正机构提出减刑建议书并附相关证据材料，逐级上报省级社区矫正机构审核同意后，由省级社区矫正机构提请执行地的高级人民法院裁定。

人民法院应当自收到减刑建议书和相关证据材料之日起三十日内依法裁定。

社区矫正机构减刑建议书和人民法院减刑裁定书副本，应当同时抄送社区矫正执行地同级人民检察院、公安机关及罪犯原服刑或者接收其档案的监狱。

第四十三条 社区矫正机构、受委托的司法所应当充分利用地方人民政府及其有关部门提供的教育帮扶场所和有关条件，按照因人施教的原则，有针对性地对社区矫正对象开展教育矫正活动。

社区矫正机构、司法所应当根据社区矫正对象的矫正阶段、犯罪类型、现实表现等实际情况，对其实施分类教育；应当结合社区矫正对象的个体特征、日常表现等具体情况，进行个别教育。

社区矫正机构、司法所根据需要可以采用集中教育、网上培训、实地参观等多种形式开展集体教育；组织社区矫正对象参加法治、道德等方面的教育活动；根据社区矫正对象的心理健康状况，对其开展心理健康教育、实施心理辅导。

社区矫正机构、司法所可以通过公开择优购买服务或者委托社会组织执行项目等方式，对社区矫正对象开展教育活动。

第四十四条 执行地县级社区矫正机构、受委托的司法所按照符合社会公共利益的原则，可以根据社区矫正对象的劳动能力、健康状况等情况，组织社区矫正对象参加公益活动。

第四十五条 执行地县级社区矫正机构、受委托的司法所依法协调有关部门和单位，根据职责分工，对遇到暂时生活困难的社区矫正对象提供临时救助；对就业困难的社区矫正对象提供职业技能培训和就业指导；帮助符合条件的社区矫正对象落实社会保障措施；协助在就学、法律援助等方面遇到困难的社区矫正对象解决问题。

第四十六条 社区矫正对象在缓刑考验期内，有下列情形之一的，由执行地同级社区矫正机构提出撤销缓刑建议：

（一）违反禁止令，情节严重的；

（二）无正当理由不按规定时间报到或者接受社区矫正期间脱离监管，超过一个月的；

（三）因违反监督管理规定受到治安管理处罚，仍不改正的；

（四）受到社区矫正机构两次警告，仍不改正的；

（五）其他违反有关法律、行政法规和监督管理规定，情节严重的情形。

社区矫正机构一般向原审人民法院提出撤销缓刑建议。如果原审人民法院与执行地同级社区矫正机构不在同一省、自治区、直辖市的，可以向执行地人民法院提出建议，执行地人民法院作出裁定的，裁定书同时抄送原审人民法院。

社区矫正机构撤销缓刑建议书和人民法院的裁定书副本同时抄送社区矫正执行地同级人民检察院。

第四十七条 社区矫正对象在假释考验期内，有下列情形之一的，由执行地同级社区矫正机构提出撤销假释建议：

（一）无正当理由不按规定时间报到或者接受社区矫正期间脱离监管，超过一个月的；

（二）受到社区矫正机构两次警告，仍不改正的；

（三）其他违反有关法律、行政法规和监督管理规定，尚未构成新的犯罪的。

社区矫正机构一般向原审人民法院提出撤销假释建议。如果原审人民法院与执行地同级社区矫正机构不在同一省、自治区、直辖市的，可以向执行地人民法院提出建议，执行地人民法院作出裁定的，裁定书同时抄送原审人民法院。

社区矫正机构撤销假释的建议书和人民法院的裁定书副本同时抄送社区矫正执行地同级人民检察院、公安机关、罪犯原服刑或者接收其档案的监狱。

第四十八条 被提请撤销缓刑、撤销假释的社区矫正对象具备下列情形之一的，社区矫正机构在提出撤销缓刑、撤销假释建议书的同时，提请人民法院决定对其予以逮捕：

（一）可能逃跑的；

（二）具有危害国家安全、公共安全、社会秩序或者他人人身安全现实危险的；

（三）可能对被害人、举报人、控告人或者社区矫正机构工作人员等实施报复行为的；

（四）可能实施新的犯罪的。

社区矫正机构提请人民法院决定逮捕社区矫正对象时，应当提供相应证据，移送人民法院审查决定。

社区矫正机构提请逮捕、人民法院作出是否逮捕决定的法律文书，应当同时抄送执行地县级人民检察院。

第四十九条 暂予监外执行的社区矫正对象有下列情形之一的，由执行地县级社区矫正机构提出收监执行建议：

（一）不符合暂予监外执行条件的；

（二）未经社区矫正机构批准擅自离开居住的市、县，经警告拒不改正，或者拒不报告行踪，脱离监管的；

（三）因违反监督管理规定受到治安管理处罚，仍不改正的；

（四）受到社区矫正机构两次警告的；

（五）保外就医期间不按规定提交病情复查情况，经警告拒不改正的；

（六）暂予监外执行的情形消失后，刑期未满的；

（七）保证人丧失保证条件或者因不履行义务被取消保证人资格，不能在规定期限内提出新的保证人的；

（八）其他违反有关法律、行政法规和监督管理规定，情节严重的情形。

社区矫正机构一般向执行地社区矫正决定机关提出收监执行建议。如果原社区矫正决定机关与执行地县级社区矫正机构在同一省、自治区、直辖市的，可以向原社区矫正决定机关提出建议。

社区矫正机构的收监执行建议书和决定机关的决定书，应当同时抄送执行地县级人民检察院。

第五十条 人民法院裁定撤销缓刑、撤销假释或者决定暂予监外执行收监执行的，由执行地县级公安机关本着就近、便利、安全的原则，送交社区矫正对象执行地所属的省、自治区、直辖市管辖范围内的看守所或者监狱执行刑罚。

公安机关决定暂予监外执行收监执行的，由执行地县级公安机关送交存放或者接收罪犯档案的看守所收监执行。

监狱管理机关决定暂予监外执行收监执行的，由存放或者接收罪犯档案的监狱收监执行。

第五十一条 撤销缓刑、撤销假释的裁定和收监执行的决定生效后，社区矫正对象下落不明的，应当认定为在逃。

被裁定撤销缓刑、撤销假释和被决定收监执行的社区矫正对象在逃的，由执行地县级公安机关负责追捕。撤销缓刑、撤销假释裁定书和对暂予监外执行罪犯收监执行决定书，可以作为公安机关追逃依据。

第五十二条 社区矫正机构应当建立突发事件处置机制，发现社区矫正对象非正常死亡、涉嫌实施犯罪、参与群体性事件的，应当立即与公安机关等有关部门协调联动、妥善处置，并将有关情况及时报告上一级社区矫正机构，同时通报执行地人民检察院。

第五十三条 社区矫正对象矫正期限届满，且在社区矫正期间没有应当撤销缓刑、撤销假释或者暂予监外执行收监执行情形的，社区矫正机构依法办理解除矫正手续。

社区矫正对象一般应当在社区矫正期满三十日前，作出个人总结，执行地县级社区矫正机构应当根据其在接受社区矫正期间的表现等情况作出书面鉴定，与安置帮教工作部门做好衔接工作。

执行地县级社区矫正机构应当向社区矫正对象发放解除社区矫正证明书，并书面通知社区矫正决定机关，同时抄送执行地县级人民检察院和公安机关。

公安机关、监狱管理机关决定暂予监外执行的社区矫正对象刑期届满的，由看守所、监狱依法为其办理刑满释放手续。

社区矫正对象被赦免的，社区矫正机构应当向社区矫正对象发放解除社区矫正证明书，依法办理解除矫正手续。

第五十四条 社区矫正对象矫正期满，执行地县级社区矫正机构或者受委托的司法所可以组织解除矫正宣告。

解矫宣告包括以下内容：

（一）宣读对社区矫正对象的鉴定意见；

（二）宣布社区矫正期限届满，依法解除社区矫正；

（三）对判处管制的，宣布执行期满，解除管制；对宣告缓刑的，宣布缓刑考验期满，原判刑罚不再执行；对裁定假释的，宣布考验期满，原判刑罚执行完毕。

宣告由社区矫正机构或者司法所工作人员主持，矫正小组成员及其他相关人员到场，按照规定程序进行。

第五十五条 社区矫正机构、受委托的司法所应当根据未成年社区矫正对象的年龄、心理特点、发育需要、成长经历、犯罪原因、家庭监护教育条件等情况，制定适应未成年人特点的矫正方案，采取有益于其身心健康发展、融入正常社会生活的矫正措施。

社区矫正机构、司法所对未成年社区矫正对象的相关信息应当保密。对未成年社区矫正对象的考核奖惩和宣告不公开进行。对未成年社区矫正对象进行宣告或者处罚时，应通知其监护人到场。

社区矫正机构、司法所应当选任熟悉未成年人身心特点，具有法律、教育、心理等专业知识的人员负责未成年人社区矫正工作，并通过加强培训、管理，提高专业化水平。

第五十六条 社区矫正工作人员的人身安全和职业尊严受法律保护。

对任何干涉社区矫正工作人员执法的行为，社区矫正工作人员有权拒绝，并按照规定如实记录和报告。对于侵犯社区矫正工作人员权利的行为，社区矫正工作人员有权提出控告。

社区矫正工作人员因依法履行职责遭受不实举报、诬告陷害、侮辱诽谤，致使名誉受到损害的，有关部门或者个人应当及时澄清事实，消除不良影响，并依法追究相关单位或者个人的责任。

对社区矫正工作人员追究法律责任，应当根据其行为的危害程度、造成的后果、以及责任大小予以确定，实事求是，过罚相当。社区矫正工作人员依法履职的，不能仅因社区矫正对象再犯罪而追究其法律责任。

第五十七条 有关单位对人民检察院的书面纠正意见在规定的期限内没有回复纠正情况的，人民检察院应当督促回复。经督促被监督单位仍不回复或者没有正当理由不纠正的，人民检察院应当向上一级人民检察院报告。

有关单位对人民检察院的检察建议在规定的期限内经督促无正当理由不予整改或者整改不到位的，检察机关可以将相关情况报告上级人民检察院，通报被建议单位的上级机关、行政主管部门或者行业自律组织等，必要时可以报告同级党委、人大，通报同级政府、纪检监察机关。

第五十八条 本办法所称“以上”、“内”，包括本数；“以下”、“超过”不包括本数。

第五十九条 本办法自 2020 年 7 月 1 日起施行。最高人民法院、最高人民检察院、公安部、司法部 2012 年 1 月 10 日印发的《社区矫正实施办法》（司发通〔2012〕12 号）同时废止。

中华人民共和国刑法（节选）

（1979年7月1日第五届全国人民代表大会第二次会议通过　1997年3月14日第八届全国人民代表大会第五次会议修订。　根据1998年12月29日《全国人民代表大会常务委员会关于惩治骗购外汇、逃汇和非法买卖外汇犯罪的决定》，1999年12月25日《中华人民共和国刑法修正案》，2001年8月31日《中华人民共和国刑法修正案（二）》，2001年12月29日《中华人民共和国刑法修正案（三）》，2002年12月28日《中华人民共和国刑法修正案（四）》，2005年2月28日《中华人民共和国刑法修正案（五）》，2006年6月29日《中华人民共和国刑法修正案（六）》，2009年2月28日《中华人民共和国刑法修正案（七）》，根据2009年8月27日《全国人民代表大会常务委员会关于修改部分法律的决定》修正，2011年2月25日《中华人民共和国刑法修正案（八）》，2015年8月29日《中华人民共和国刑法修正案（九）》，2017年11月4日《中华人民共和国刑法修正案（十）》，2020年12月26日《中华人民共和国刑法修正案（十一）》修正）

第三章　刑罚

第一节　刑罚的种类

第三十二条　【主刑和附加刑】刑罚分为主刑和附加刑。

第三十三条　【主刑种类】主刑的种类如下：

（一）管制；

（二）拘役；

（三）有期徒刑；

（四）无期徒刑；

（五）死刑。

第三十四条　【附加刑种类】附加刑的种类如下：

（一）罚金；

（二）剥夺政治权利；

（三）没收财产。

附加刑也可以独立适用。

第三十七条　【非刑罚性处置措施、职业禁止】对于犯罪情节轻微不需要判处刑罚的，可以免予刑事处罚，但是可以根据案件的不同情况，予以训诫或者责令具结悔过、赔礼道歉、赔偿损失，或者由主管部门予以行政处罚或者行政处分。

第三十七条之一 因利用职业便利实施犯罪，或者实施违背职业要求的特定义务的犯罪被判处刑罚的，人民法院可以根据犯罪情况和预防再犯罪的需要，禁止其自刑罚执行完毕之日或者假释之日起从事相关职业，期限为三年至五年。

被禁止从事相关职业的人违反人民法院依照前款规定作出的决定的，由公安机关依法给予处罚；情节严重的，依照本法第三百一十三条的规定定罪处罚。

其他法律、行政法规对其从事相关职业另有禁止或者限制性规定的，从其规定。

第二节 管制

第三十八条 【管制的期限与执行机关】管制的期限，为三个月以上二年以下。

判处管制，可以根据犯罪情况，同时禁止犯罪分子在执行期间从事特定活动，进入特定区域、场所，接触特定的人。

对判处管制的犯罪分子，依法实行社区矫正。

违反第二款规定的禁止令的，由公安机关依照《中华人民共和国治安管理处罚法》的规定处罚。

第三十九条 【被管制犯罪的义务与权利】被判处管制的犯罪分子，在执行期间，应当遵守下列规定：

（一）遵守法律、行政法规，服从监督；

（二）未经执行机关批准，不得行使言论、出版、集会、结社、游行、示威自由的权利；

（三）按照执行机关规定报告自己的活动情况；

（四）遵守执行机关关于会客的规定；

（五）离开所居住的市、县或者迁居，应当报经执行机关批准。

对于被判处管制的犯罪分子，在劳动中应当同工同酬。

第四十条 【管制期满解除】被判处管制的犯罪分子，管制期满，执行机关应即向本人和其所在单位或者居住地的群众宣布解除管制。

第四十一条 【管制刑期的计算和折抵】管制的刑期，从判决执行之日起计算；判决执行以前先行羁押的，羁押一日折抵刑期二日。

第四章 刑罚的具体运用

第五节 缓刑

第七十二条 【适用条件】对于被判处拘役、三年以下有期徒刑的犯罪分子，同时符合下列条件的，可以宣告缓刑，对其中不满十八周岁的人、怀孕的妇女和已满七十五周岁的人，应当宣告缓刑：

（一）犯罪情节较轻；

（二）有悔罪表现；

（三）没有再犯罪的危险；

（四）宣告缓刑对所居住社区没有重大不良影响。

宣告缓刑，可以根据犯罪情况，同时禁止犯罪分子在缓刑考验期限内从事特定活动，进入特定区域、场所，接触特定的人。

被宣告缓刑的犯罪分子，如果被判处附加刑，附加刑仍须执行。

第七十三条　【考验期限】拘役的缓刑考验期限为原判刑期以上一年以下，但是不能少于二个月。

有期徒刑的缓刑考验期限为原判刑期以上五年以下，但是不能少于一年。

缓刑考验期限，从判决确定之日起计算。

第七十四条　【累犯不适用缓刑】对于累犯和犯罪集团的首要分子，不适用缓刑。

第七十五条　【缓刑犯应遵守的规定】被宣告缓刑的犯罪分子，应当遵守下列规定：

（一）遵守法律、行政法规，服从监督；

（二）按照考察机关的规定报告自己的活动情况；

（三）遵守考察机关关于会客的规定；

（四）离开所居住的市、县或者迁居，应当报经考察机关批准。

第七十六条　【缓刑的考验及其积极后果】对宣告缓刑的犯罪分子，在缓刑考验期限内，依法实行社区矫正，如果没有本法第七十七条规定的情形，缓刑考验期满，原判的刑罚就不再执行，并公开予以宣告。

第七十七条　【缓刑的撤销及其处理】被宣告缓刑的犯罪分子，在缓刑考验期限内犯新罪或者发现判决宣告以前还有其他罪没有判决的，应当撤销缓刑，对新犯的罪或者新发现的罪作出判决，把前罪和后罪所判处的刑罚，依照本法第六十九条的规定，决定执行的刑罚。

被宣告缓刑的犯罪分子，在缓刑考验期限内，违反法律、行政法规或者国务院有关部门关于缓刑的监督管理规定，或者违反人民法院判决中的禁止令，情节严重的，应当撤销缓刑，执行原判刑罚。

第七节　假释

第八十一条　【适用条件】被判处有期徒刑的犯罪分子，执行原判刑期二分之一以上，被判处无期徒刑的犯罪分子，实际执行十三年以上，如果认真遵守监规，接受教育改造，确有悔改表现，没有再犯罪的危险的，可以假释。如果有特殊情况，经最高人民法院核准，可以不受上述执行刑期的限制。

对累犯以及因故意杀人、强奸、抢劫、绑架、放火、爆炸、投放危险物质或者有组织的暴力性犯罪被判处十年以上有期徒刑、无期徒刑的犯罪分子，不得假释。

对犯罪分子决定假释时，应当考虑其假释后对所居住社区的影响。

第八十二条 【程序】对于犯罪分子的假释，依照本法第七十九条规定的程序进行。非经法定程序不得假释。

第八十三条 【考验期限】有期徒刑的假释考验期限，为没有执行完毕的刑期；无期徒刑的假释考验期限为十年。

假释考验期限，从假释之日起计算。

第八十四条 【假释犯应遵守的规定】被宣告假释的犯罪分子，应当遵守下列规定：

（一）遵守法律、行政法规，服从监督；

（二）按照监督机关的规定报告自己的活动情况；

（三）遵守监督机关关于会客的规定；

（四）离开所居住的市、县或者迁居，应当报经监督机关批准。

第八十五条 【假释考验及其积极后果】对假释的犯罪分子，在假释考验期限内，依法实行社区矫正，如果没有本法第八十六条规定的情形，假释考验期满，就认为原判刑罚已经执行完毕，并公开予以宣告。

第八十六条 【假释的撤销及其处理】被假释的犯罪分子，在假释考验期限内犯新罪，应当撤销假释，依照本法第七十一条的规定实行数罪并罚。

在假释考验期限内，发现被假释的犯罪分子在判决宣告以前还有其他罪没有判决的，应当撤销假释，依照本法第七十条的规定实行数罪并罚。

被假释的犯罪分子，在假释考验期限内，有违反法律、行政法规或者国务院有关部门关于假释的监督管理规定的行为，尚未构成新的犯罪的，应当依照法定程序撤销假释，收监执行未执行完毕的刑罚。

第五章 其他规定

第九十三条 【国家工作人员的范围】本法所称国家工作人员，是指国家机关中从事公务的人员。

国有公司、企业、事业单位、人民团体中从事公务的人员和国家机关、国有公司、企业、事业单位委派到非国有公司、企业、事业单位、社会团体从事公务的人员，以及其他依照法律从事公务的人员，以国家工作人员论。

第八章　贪污贿赂罪

第三百八十二条　【贪污罪】国家工作人员利用职务上的便利，侵吞、窃取、骗取或者以其他手段非法占有公共财物的，是贪污罪。

受国家机关、国有公司、企业、事业单位、人民团体委托管理、经营国有财产的人员，利用职务上的便利，侵吞、窃取、骗取或者以其他手段非法占有国有财物的，以贪污论。

与前两款所列人员勾结，伙同贪污的，以共犯论处。

第三百八十三条　【对犯贪污罪的处罚规定】对犯贪污罪的，根据情节轻重，分别依照下列规定处罚：

（一）贪污数额较大或者有其他较重情节的，处三年以下有期徒刑或者拘役，并处罚金。

（二）贪污数额巨大或者有其他严重情节的，处三年以上十年以下有期徒刑，并处罚金或者没收财产。

（三）贪污数额特别巨大或者有其他特别严重情节的，处十年以上有期徒刑或者无期徒刑，并处罚金或者没收财产；数额特别巨大，并使国家和人民利益遭受特别重大损失的，处无期徒刑或者死刑，并处没收财产。

对多次贪污未经处理的，按照累计贪污数额处罚。

犯第一款罪，在提起公诉前如实供述自己罪行、真诚悔罪、积极退赃，避免、减少损害结果的发生，有第一项规定情形的，可以从轻、减轻或者免除处罚；有第二项、第三项规定情形的，可以从轻处罚。

犯第一款罪，有第三项规定情形被判处死刑缓期执行的，人民法院根据犯罪情节等情况可以同时决定在其死刑缓期执行二年期满依法减为无期徒刑后，终身监禁，不得减刑、假释。

第三百八十四条　【挪用公款罪】国家工作人员利用职务上的便利，挪用公款归个人使用，进行非法活动的，或者挪用公款数额较大、进行营利活动的，或者挪用公款数额较大、超过三个月未还的，是挪用公款罪，处五年以下有期徒刑或者拘役；情节严重的，处五年以上有期徒刑。挪用公款数额巨大不退还的，处十年以上有期徒刑或者无期徒刑。

挪用用于救灾、抢险、防汛、优抚、扶贫、移民、救济款物归个人使用的，从重处罚。

第三百八十五条　【受贿罪】国家工作人员利用职务上的便利，索取他人财物的，或者非法收受他人财物，为他人谋取利益的，是受贿罪。

国家工作人员在经济往来中，违反国家规定，收受各种名义的回扣、手续费，归个人所有的，以受贿论处。

第三百八十六条 【对犯受贿罪的处罚规定】对犯受贿罪的，根据受贿所得数额及情节，依照本法第三百八十三条的规定处罚。索贿的从重处罚。

第九章 渎职罪

第三百九十七条 【滥用职权罪；玩忽职守罪】国家机关工作人员滥用职权或者玩忽职守，致使公共财产、国家和人民利益遭受重大损失的，处三年以下有期徒刑或者拘役；情节特别严重的，处三年以上七年以下有期徒刑。本法另有规定的，依照规定。

国家机关工作人员徇私舞弊，犯前款罪的，处五年以下有期徒刑或者拘役；情节特别严重的，处五年以上十年以下有期徒刑。本法另有规定的，依照规定。

中华人民共和国刑事诉讼法（节选）

（1979 年 7 月 1 日第五届全国人民代表大会第二次会议通过 根据 1996 年 3 月 17 日第八届全国人民代表大会第四次会议《关于修改〈中华人民共和国刑事诉讼法〉的决定》第一次修正 根据 2012 年 3 月 14 日第十一届全国人民代表大会第五次会议《关于修改〈中华人民共和国刑事诉讼法〉的决定》第二次修正 根据 2018 年 10 月 26 日第十三届全国人民代表大会常务委员会第六次会议《关于修改〈中华人民共和国刑事诉讼法〉的决定》第三次修正）

第二百六十五条 对被判处有期徒刑或者拘役的罪犯，有下列情形之一的，可以暂予监外执行：

（一）有严重疾病需要保外就医的；

（二）怀孕或者正在哺乳自己婴儿的妇女；

（三）生活不能自理，适用暂予监外执行不致危害社会的。

对被判处无期徒刑的罪犯，有前款第二项规定情形的，可以暂予监外执行。

对适用保外就医可能有社会危险性的罪犯，或者自伤自残的罪犯，不得保外就医。

对罪犯确有严重疾病，必须保外就医的，由省级人民政府指定的医院诊断并开具证明文件。

在交付执行前，暂予监外执行由交付执行的人民法院决定；在交付执行后，暂予监外执行由监狱或者看守所提出书面意见，报省级以上监狱管理机关或者设区的市一级以上公安机关批准。

第二百六十六条 监狱、看守所提出暂予监外执行的书面意见的，应当将书面意见的副本抄送人民检察院。人民检察院可以向决定或者批准机关提出书面意见。

第二百六十七条 决定或者批准暂予监外执行的机关应当将暂予监外执行决定抄送人民检察院。人民检察院认为暂予监外执行不当的，应当自接到通知之日起一个月以内将书面意见送交决定或者批准暂予监外执行的机关，决定或者批准暂予监外执行的机关接到人民检察院的书面意见后，应当立即对该决定进行重新核查。

第二百六十八条 对暂予监外执行的罪犯，有下列情形之一的，应当及时收监：

（一）发现不符合暂予监外执行条件的；

（二）严重违反有关暂予监外执行监督管理规定的；

（三）暂予监外执行的情形消失后，罪犯刑期未满的。

对于人民法院决定暂予监外执行的罪犯应当予以收监的，由人民法院作出决定，将有关的法律文书送达公安机关、监狱或者其他执行机关。

不符合暂予监外执行条件的罪犯通过贿赂等非法手段被暂予监外执行的，在监外执行的期间不计入执行刑期。罪犯在暂予监外执行期间脱逃的，脱逃的期间不计入执行刑期。

罪犯在暂予监外执行期间死亡的，执行机关应当及时通知监狱或者看守所。

第二百六十九条 对被判处管制、宣告缓刑、假释或者暂予监外执行的罪犯，依法实行社区矫正，由社区矫正机构负责执行。

第二百七十三条 罪犯在服刑期间又犯罪的，或者发现了判决的时候所没有发现的罪行，由执行机关移送人民检察院处理。

被判处管制、拘役、有期徒刑或者无期徒刑的罪犯，在执行期间确有悔改或者立功表现，应当依法予以减刑、假释的时候，由执行机关提出建议书，报请人民法院审核裁定，并将建议书副本抄送人民检察院。人民检察院可以向人民法院提出书面意见。

中华人民共和国公务员法（节选）

（2005 年 4 月 27 日第十届全国人民代表大会常务委员会第十五次会议通过　根据 2017 年 9 月 1 日第十二届全国人民代表大会常务委员会第二十九次会议《关于修改〈中华人民共和国法官法〉等八部法律的决定》修正　2018 年 12 月 29 日第十三届全国人民代表大会常务委员会第七次会议修订）

第十四条　公务员应当履行下列义务：

（一）忠于宪法，模范遵守、自觉维护宪法和法律，自觉接受中国共产党领导；

（二）忠于国家，维护国家的安全、荣誉和利益；

（三）忠于人民，全心全意为人民服务，接受人民监督；

（四）忠于职守，勤勉尽责，服从和执行上级依法作出的决定和命令，按照规定的权限和程序履行职责，努力提高工作质量和效率；

（五）保守国家秘密和工作秘密；

（六）带头践行社会主义核心价值观，坚守法治，遵守纪律，恪守职业道德，模范遵守社会公德、家庭美德；

（七）清正廉洁，公道正派；

（八）法律规定的其他义务。

第五十九条　公务员应当遵纪守法，不得有下列行为：

（一）散布有损宪法权威、中国共产党和国家声誉的言论，组织或者参加旨在反对宪法、中国共产党领导和国家的集会、游行、示威等活动；

（二）组织或者参加非法组织，组织或者参加罢工；

（三）挑拨、破坏民族关系，参加民族分裂活动或者组织、利用宗教活动破坏民族团结和社会稳定；

（四）不担当，不作为，玩忽职守，贻误工作；

（五）拒绝执行上级依法作出的决定和命令；

（六）对批评、申诉、控告、检举进行压制或者打击报复；

（七）弄虚作假，误导、欺骗领导和公众；

（八）贪污贿赂，利用职务之便为自己或者他人谋取私利；

（九）违反财经纪律，浪费国家资财；

（十）滥用职权，侵害公民、法人或者其他组织的合法权益；

（十一）泄露国家秘密或者工作秘密；

（十二）在对外交往中损害国家荣誉和利益；

（十三）参与或者支持色情、吸毒、赌博、迷信等活动；

（十四）违反职业道德、社会公德和家庭美德；

（十五）违反有关规定参与禁止的网络传播行为或者网络活动；

（十六）违反有关规定从事或者参与营利性活动，在企业或者其他营利性组织中兼任职务；

（十七）旷工或者因公外出、请假期满无正当理由逾期不归；

（十八）违纪违法的其他行为。

第六十一条 公务员因违纪违法应当承担纪律责任的，依照本法给予处分或者由监察机关依法给予政务处分；违纪违法行为情节轻微，经批评教育后改正的，可以免予处分。

第六十二条 处分分为：警告、记过、记大过、降级、撤职、开除。

第六十三条 对公务员的处分，应当事实清楚、证据确凿、定性准确、处理恰当、程序合法、手续完备。

公务员违纪违法的，应当由处分决定机关决定对公务员违纪违法的情况进行调查，并将调查认定的事实以及拟给予处分的依据告知公务员本人。公务员有权进行陈述和申辩；处分决定机关不得因公务员申辩而加重处分。

处分决定机关认为对公务员应当给予处分的，应当在规定的期限内，按照管理权限和规定的程序作出处分决定。处分决定应当以书面形式通知公务员本人。

第六十四条 公务员在受处分期间不得晋升职务、职级和级别，其中受记过、记大过、降级、撤职处分的，不得晋升工资档次。

受处分的期间为：警告，六个月；记过，十二个月；记大过，十八个月；降级、撤职，二十四个月。

受撤职处分的，按照规定降低级别。

第六十五条 公务员受开除以外的处分，在受处分期间有悔改表现，并且没有再发生违纪违法行为的，处分期满后自动解除。

解除处分后，晋升工资档次、级别和职务、职级不再受原处分的影响。但是，解除降级、撤职处分的，不视为恢复原级别、原职务、原职级。

中国共产党纪律处分条例（节选）

第八条 对党员的纪律处分种类：

（一）警告；

（二）严重警告；

（三）撤销党内职务；

（四）留党察看；

（五）开除党籍。

第二十七条 党组织在纪律审查中发现党员有贪污贿赂、滥用职权、玩忽职守、权力寻租、利益输送、徇私舞弊、浪费国家资财等违反法律涉嫌犯罪行为的，应当给予撤销党内职务、留党察看或者开除党籍处分。

第二十八条 党组织在纪律审查中发现党员有刑法规定的行为，虽不构成犯罪但须追究党纪责任的，或者有其他违法行为，损害党、国家和人民利益的，应当视具体情节给予警告直至开除党籍处分。

第二十九条 党组织在纪律审查中发现党员严重违纪涉嫌违法犯罪的，原则上先作出党纪处分决定，并按照规定给予政务处分后，再移送有关国家机关依法处理。

第三十条 党员被依法留置、逮捕的，党组织应当按照管理权限中止其表决权、选举权和被选举权等党员权利。根据监察机关、司法机关处理结果，可以恢复其党员权利的，应当及时予以恢复。

第三十一条 党员犯罪情节轻微，人民检察院依法作出不起诉决定的，或者人民法院依法作出有罪判决并免予刑事处罚的，应当给予撤销党内职务、留党察看或者开除党籍处分。

党员犯罪，被单处罚金的，依照前款规定处理。

第三十二条 党员犯罪，有下列情形之一的，应当给予开除党籍处分：

（一）因故意犯罪被依法判处刑法规定的主刑（含宣告缓刑）的；

（二）被单处或者附加剥夺政治权利的；

（三）因过失犯罪，被依法判处三年以上（不含三年）有期徒刑的。

因过失犯罪被判处三年以下（含三年）有期徒刑或者被判处管制、拘役的，一般应当开除党籍。对于个别可以不开除党籍的，应当对照处分党员批准权限的规定，报请再上一级党组织批准。

第三十三条 党员依法受到刑事责任追究的，党组织应当根据司法机关的生效判决、裁定、决定及其认定的事实、性质和情节，依照本条例规定给予党纪处分，是公职人员的由监察机关给予相应政务处分。

党员依法受到政务处分、行政处罚，应当追究党纪责任的，党组织可以根据生效的政务处分、行政处罚决定认定的事实、性质和情节，经核实后依照规定给予党纪处分或者组织处理。

党员违反国家法律法规，违反企事业单位或者其他社会组织的规章制度受到其他纪律处分，应当追究党纪责任的，党组织在对有关方面认定的事实、性质和情节进行核实后，依照规定给予党纪处分或者组织处理。

党组织作出党纪处分或者组织处理决定后，司法机关、行政机关等依法改变原生效判决、裁定、决定等，对原党纪处分或者组织处理决定产生影响的，党组织应当根据改变后的生效判决、裁定、决定等重新作出相应处理。

最高人民法院、最高人民检察院、公安部、司法部关于对判处管制、宣告缓刑的犯罪分子适用禁止令有关问题的规定（试行）

法发〔2011〕9号

为正确适用《中华人民共和国刑法修正案（八）》，确保管制和缓刑的执行效果，根据刑法和刑事诉讼法的有关规定，现就判处管制、宣告缓刑的犯罪分子适用禁止令的有关问题规定如下：

第一条　对判处管制、宣告缓刑的犯罪分子，人民法院根据犯罪情况，认为从促进犯罪分子教育矫正、有效维护社会秩序的需要出发，确有必要禁止其在管制执行期间、缓刑考验期限内从事特定活动，进入特定区域、场所，接触特定人的，可以根据刑法第三十八条第二款、第七十二条第二款的规定，同时宣告禁止令。

第二条　人民法院宣告禁止令，应当根据犯罪分子的犯罪原因、犯罪性质、犯罪手段、犯罪后的悔罪表现、个人一贯表现等情况，充分考虑与犯罪分子所犯罪行的关联程度，有针对性地决定禁止其在管制执行期间、缓刑考验期限内“从事特定活动，进入特定区域、场所，接触特定的人”的一项或者几项内容。

第三条　人民法院可以根据犯罪情况，禁止判处管制、宣告缓刑的犯罪分子在管制执行期间、缓刑考验期限内从事以下一项或者几项活动：

（一）个人为进行违法犯罪活动而设立公司、企业、事业单位或者在设立公司、企业、事业单位后以实施犯罪为主要活动的，禁止设立公司、企业、事业单位；

（二）实施证券犯罪、贷款犯罪、票据犯罪、信用卡犯罪等金融犯罪的，禁止从事证券交易、申领贷款、使用票据或者申领、使用信用卡等金融活动；

（三）利用从事特定生产经营活动实施犯罪的，禁止从事相关生产经营活动；

（四）附带民事赔偿义务未履行完毕，违法所得未追缴、退赔到位，或者罚金尚未足额缴纳的，禁止从事高消费活动；

（五）其他确有必要禁止从事的活动。

第四条　人民法院可以根据犯罪情况，禁止判处管制、宣告缓刑的犯罪分子在管制执行期间、缓刑考验期限内进入以下一类或者几类区域、场所：

（一）禁止进入夜总会、酒吧、迪厅、网吧等娱乐场所；

（二）未经执行机关批准，禁止进入举办大型群众性活动的场所；

（三）禁止进入中小学校区、幼儿园园区及周边地区，确因本人就学、居住等原因，经执行机关批准的除外；

（四）其他确有必要禁止进入的区域、场所。

第五条 人民法院可以根据犯罪情况，禁止判处管制、宣告缓刑的犯罪分子在管制执行期间、缓刑考验期限内接触以下一类或者几类人员：

（一）未经对方同意，禁止接触被害人及其法定代理人、近亲属；

（二）未经对方同意，禁止接触证人及其法定代理人、近亲属；

（三）未经对方同意，禁止接触控告人、批评人、举报人及其法定代理人、近亲属；

（四）禁止接触同案犯；

（五）禁止接触其他可能遭受其侵害、滋扰的人或者可能诱发其再次危害社会的人。

第六条 禁止令的期限，既可以与管制执行、缓刑考验的期限相同，也可以短于管制执行、缓刑考验的期限，但判处管制的，禁止令的期限不得少于三个月，宣告缓刑的，禁止令的期限不得少于二个月。

判处管制的犯罪分子在判决执行以前先行羁押以致管制执行的期限少于三个月的，禁止令的期限不受前款规定的最短期限的限制。

禁止令的执行期限，从管制、缓刑执行之日起计算。

第七条 人民检察院在提起公诉时，对可能判处管制、宣告缓刑的被告人可以提出宣告禁止令的建议。当事人、辩护人、诉讼代理人可以就应否对被告人宣告禁止令提出意见，并说明理由。

公安机关在移送审查起诉时，可以根据犯罪嫌疑人涉嫌犯罪的情况，就应否宣告禁止令及宣告何种禁止令，向人民检察院提出意见。

第八条 人民法院对判处管制、宣告缓刑的被告人宣告禁止令的，应当在裁判文书主文部分单独作为一项予以宣告。

第九条 禁止令由司法行政机关指导管理的社区矫正机构负责执行。

第十条 人民检察院对社区矫正机构执行禁止令的活动实行监督。发现有违反法律规定的情况，应当通知社区矫正机构纠正。

第十一条 判处管制的犯罪分子违反禁止令，或者被宣告缓刑的犯罪分子违反禁止令尚不属情节严重的，由负责执行禁止令的社区矫正机构所在地的公安机关依照《中华人民共和国治安管理处罚法》第六十条的规定处罚。

第十二条 被宣告缓刑的犯罪分子违反禁止令，情节严重的，应当撤销缓刑，执行原判刑罚。原作出缓刑裁判的人民法院应当自收到当地社区矫正机构提出的撤销缓刑建议书之日起一个月内依法作出裁定。人民法院撤销缓刑的裁定一经作出，立即生效。

违反禁止令，具有下列情形之一的，应当认定为“情节严重”：

（一）三次以上违反禁止令的；

（二）因违反禁止令被治安管理处罚后，再次违反禁止令的；

（三）违反禁止令，发生较为严重危害后果的；

（四）其他情节严重的情形。

第十三条 被宣告禁止令的犯罪分子被依法减刑时，禁止令的期限可以相应缩短，由人民法院在减刑裁定中确定新的禁止令期限。

最高人民检察院关于渎职侵权犯罪案件立案标准的规定（节选）

高检发释字〔2006〕2号

（2005年12月29日最高人民检察院第十届检察委员会第四十九次会议通过）

根据《中华人民共和国刑法》、《中华人民共和国刑事诉讼法》和其他法律的有关规定，对国家机关工作人员渎职和利用职权实施的侵犯公民人身权利、民主权利犯罪案件的立案标准规定如下：

一、渎职犯罪案件

（一）滥用职权案（第三百九十七条）

滥用职权罪是指国家机关工作人员超越职权，违法决定、处理其无权决定、处理的事项，或者违反规定处理公务，致使公共财产、国家和人民利益遭受重大损失的行为。

涉嫌下列情形之一的，应予立案：

1. 造成死亡一人以上，或者重伤二人以上，或者重伤一人、轻伤三人以上，或者轻伤五人以上的；

2. 导致十人以上严重中毒的；

3. 造成个人财产直接经济损失十万元以上，或者直接经济损失不满十万元，但间接经济损失五十万元以上的；

4. 造成公共财产或者法人、其他组织财产直接经济损失二十万元以上，或者直接经济损失不满二十万元，但间接经济损失一百万元以上的；

5. 虽未达到三、四两项数额标准，但三、四两项合计直接经济损失二十万元以上，或者合计直接经济损失不满二十万元，但合计间接经济损失一百万元以上的；

6. 造成公司、企业等单位停业、停产六个月以上，或者破产的；

7. 弄虚作假，不报、缓报、谎报或者授意、指使、强令他人不报、缓报、谎报情况，导致重特大事故危害结果继续、扩大，或者致使抢救、调查、处理工作延误的；

8. 严重损害国家声誉，或者造成恶劣社会影响的；

9. 其他致使公共财产、国家和人民利益遭受重大损失的情形。

国家机关工作人员滥用职权，符合刑法第九章所规定的特殊渎职罪构成要件的，按照该特殊规定追究刑事责任；主体不符合刑法第九章所规定的特殊渎职罪的主体要件，但滥用职权涉嫌前款第一项至第九项规定情形之一的，按照刑法第三百九十七条的规定以滥用职权罪追究刑事责任。

（二）玩忽职守案（第三百九十七条）

玩忽职守罪是指国家机关工作人员严重不负责任，不履行或者不认真履行职责，致使公共财产、国家和人民利益遭受重大损失的行为。

涉嫌下列情形之一的，应予立案：

1. 造成死亡一人以上，或者重伤三人以上，或者重伤二人、轻伤四人以上，或者重伤一人、轻伤七人以上，或者轻伤十人以上的；

2. 导致二十人以上严重中毒的；

3. 造成个人财产直接经济损失十五万元以上，或者直接经济损失不满十五万元，但间接经济损失七十五万元以上的；

4. 造成公共财产或者法人、其他组织财产直接经济损失三十万元以上，或者直接经济损失不满三十万元，但间接经济损失一百五十万元以上的；

5. 虽未达到三、四两项数额标准，但三、四两项合计直接经济损失三十万元以上，或者合计直接经济损失不满三十万元，但合计间接经济损失一百五十万元以上的；

6. 造成公司、企业等单位停业、停产一年以上，或者破产的；

7. 海关、外汇管理部门的工作人员严重不负责任，造成一百万美元以上外汇被骗购或者逃汇一千万美元以上的；

8. 严重损害国家声誉，或者造成恶劣社会影响的；

9. 其他致使公共财产、国家和人民利益遭受重大损失的情形。

国家机关工作人员玩忽职守，符合刑法第九章所规定的特殊渎职罪构成要件的，按照该特殊规定追究刑事责任；主体不符合刑法第九章所规定的特殊渎职罪的主体要件，但玩忽职守涉嫌前款第一项至第九项规定情形之一的，按照刑法第三百九十七条的规定以玩忽职守罪追究刑事责任。

最高人民法院、最高人民检察院关于办理渎职刑事案件适用法律若干问题的解释（一）

（2012 年 7 月 9 日最高人民法院审判委员会第 1 552 次会议、2012 年 9 月 12 日最高人民检察院第十一届检察委员会第 79 次会议通过）

为依法惩治渎职犯罪，根据刑法有关规定，现就办理渎职刑事案件适用法律的若干问题解释如下：

第一条 国家机关工作人员滥用职权或者玩忽职守，具有下列情形之一的，应当认定为第三百九十七条规定的“致使公共财产、国家和人民利益遭受重大损失”：

（一）造成死亡 1 人以上，或者重伤 3 人以上，或者轻伤 9 人以上，或者重伤 2 人、轻伤 3 人以上，或者重伤 1 人、轻伤 6 人以上的；

（二）造成经济损失 30 万元以上的；

（三）造成恶劣社会影响的；

（四）其他致使公共财产、国家和人民利益遭受重大损失的情形。

具有下列情形之一的，应当认定为刑法第三百九十七条规定的“情节特别严重”：

（一）造成伤亡达到前款第（一）项规定人数 3 倍以上的；

（二）造成经济损失 150 万元以上的；

（三）造成前款规定的损失后果，不报、迟报、谎报或者授意、指使、强令他人不报、迟报、谎报事故情况，致使损失后果持续、扩大或者抢救工作延误的；

（四）造成特别恶劣社会影响的；

（五）其他特别严重的情节。

第二条 国家机关工作人员实施滥用职权或者玩忽职守犯罪行为，触犯刑法分则第九章第三百九十八条至第四百一十九条规定的，依照该规定定罪处罚。

国家机关工作人员滥用职权或者玩忽职守，因不具备徇私舞弊等情形，不符合刑法分则第九章第三百九十八条至第四百一十九条的规定，但依法构成第三百九十七条规定的犯罪的，以滥用职权罪或者玩忽职守罪定罪处罚。

第三条 国家机关工作人员实施渎职犯罪并收受贿赂，同时构成受贿罪的，除刑法另有规定外，以渎职犯罪和受贿罪数罪并罚。

第四条 国家机关工作人员实施渎职行为，放纵他人犯罪或者帮助他人逃避刑事处罚，构成犯罪的，依照渎职罪的规定定罪处罚。

国家机关工作人员与他人共谋，利用其职务行为帮助他人实施其他犯罪行为，同时构成渎职犯罪和共谋实施的其他犯罪共犯的，依照处罚较重的规定定罪处罚。

国家机关工作人员与他人共谋，既利用其职务行为帮助他人实施其他犯罪，又以非职务行为与他人共同实施该其他犯罪行为，同时构成渎职犯罪和其他犯罪的共犯的，依照数罪并罚的规定定罪处罚。

第五条 国家机关负责人员违法决定，或者指使、授意、强令其他国家机关工作人员违法履行职务或者不履行职务，构成刑法分则第九章规定的渎职犯罪的，应当依法追究刑事责任。

以“集体研究”形式实施的渎职犯罪，应当依照刑法分则第九章的规定追究国家机关负有责任的人员的刑事责任。对于具体执行人员，应当在综合认定其行为性质、是否提出反对意见、危害结果大小等情节的基础上决定是否追究刑事责任和应当判处的刑罚。

第六条 以危害结果为条件的渎职犯罪的追诉期限，从危害结果发生之日起计算；有数个危害结果的，从最后一个危害结果发生之日起计算。

第七条 依法或者受委托行使国家行政管理职权的公司、企业、事业单位的工作人员，在行使行政管理职权时滥用职权或者玩忽职守，构成犯罪的，应当依照《全国人民代表大会常务委员会关于〈中华人民共和国刑法〉第九章渎职罪主体适用问题的解释》的规定，适用渎职罪的规定追究刑事责任。

第八条 本解释规定的“经济损失”，是指渎职犯罪或者与渎职犯罪相关联的犯罪立案时已经实际造成的财产损失，包括为挽回渎职犯罪所造成损失而支付的各种开支、费用等。立案后至提起公诉前持续发生的经济损失，应一并计入渎职犯罪造成的经济损失。

债务人经法定程序被宣告破产，债务人潜逃、去向不明，或者因行为人的责任超过诉讼时效等，致使债权已经无法实现的，无法实现的债权部分应当认定为渎职犯罪的经济损失。

渎职犯罪或者与渎职犯罪相关联的犯罪立案后，犯罪分子及其亲友自行挽回的经济损失，司法机关或者犯罪分子所在单位及其上级主管部门挽回的经济损失，或者因客观原因减少的经济损失，不予扣减，但可以作为酌定从轻处罚的情节。

第九条 负有监督管理职责的国家机关工作人员滥用职权或者玩忽职守，致使不符合安全标准的食品、有毒有害食品、假药、劣药等流入社会，对人民群众生命、健康造成严重危害后果的，依照渎职罪的规定从严惩处。

第十条 最高人民法院、最高人民检察院此前发布的司法解释与本解释不一致的，以本解释为准。

全国人民代表大会常务委员会关于《中华人民共和国刑法》第九章渎职罪主体适用问题的解释

（2002 年 12 月 28 日第九届全国人民代表大会常务委员会第三十一次会议通过，自公布之日起施行）

全国人大常委会根据司法实践中遇到的情况，讨论了刑法第九章渎职罪主体的适用问题，解释如下：

在依照法律、法规规定行使国家行政管理职权的组织中从事公务的人员，或者在受国家机关委托代表国家机关行使职权的组织中从事公务的人员，或者虽未列入国家机关人员编制但在国家机关中从事公务的人员，在代表国家机关行使职权时，有渎职行为，构成犯罪的，依照刑法关于渎职罪的规定追究刑事责任。

现予公告。

最高人民法院、最高人民检察院关于办理贪污贿赂刑事案件适用法律若干问题的解释

（2016 年 3 月 28 日由最高人民法院审判委员会第 1 680 次会议、2016 年 3 月 25 日由最高人民检察院第十二届检察委员会第 50 次会议通过，自 2016 年 4 月 18 日起施行）

为依法惩治贪污贿赂犯罪活动，根据刑法有关规定，现就办理贪污贿赂刑事案件适用法律的若干问题解释如下：

第一条 贪污或者受贿数额在三万元以上不满二十万元的，应当认定为刑法第三百八十三条第一款规定的“数额较大”，依法判处三年以下有期徒刑或者拘役，并处罚金。

贪污数额在一万元以上不满三万元，具有下列情形之一的，应当认定为刑法第三百八十三条第一款规定的“其他较重情节”，依法判处三年以下有期徒刑或者拘役，并处罚金：

（一）贪污救灾、抢险、防汛、优抚、扶贫、移民、救济、防疫、社会捐助等特定款物的；

（二）曾因贪污、受贿、挪用公款受过党纪、行政处分的；

（三）曾因故意犯罪受过刑事追究的；

（四）赃款赃物用于非法活动的；

（五）拒不交待赃款赃物去向或者拒不配合追缴工作，致使无法追缴的；

（六）造成恶劣影响或者其他严重后果的。

受贿数额在一万元以上不满三万元，具有前款第二项至第六项规定的情形之一，或者具有下列情形之一的，应当认定为刑法第三百八十三条第一款规定的“其他较重情节”，依法判处三年以下有期徒刑或者拘役，并处罚金：

（一）多次索贿的；

（二）为他人谋取不正当利益，致使公共财产、国家和人民利益遭受损失的；

（三）为他人谋取职务提拔、调整的。

第二条 贪污或者受贿数额在二十万元以上不满三百万元的，应当认定为刑法第三百八十三条第一款规定的“数额巨大”，依法判处三年以上十年以下有期徒刑，并处罚金或者没收财产。

贪污数额在十万元以上不满二十万元，具有本解释第一条第二款规定的情形之一的，应当认定为刑法第三百八十三条第一款规定的“其他严重情节”，依法判处三年以上十年以下有期徒刑，并处罚金或者没收财产。

受贿数额在十万元以上不满二十万元，具有本解释第一条第三款规定的情形之一的，应当认定为刑法第三百八十三条第一款规定的“其他严重情节”，依法判处三年以上十年以下有期徒刑，并处罚金或者没收财产。

第三条 贪污或者受贿数额在三百万元以上的，应当认定为刑法第三百八十三条第一款规定的“数额特别巨大”，依法判处十年以上有期徒刑、无期徒刑或者死刑，并处罚金或者没收财产。

贪污数额在一百五十万元以上不满三百万元，具有本解释第一条第二款规定的情形之一的，应当认定为刑法第三百八十三条第一款规定的“其他特别严重情节”，依法判处十年以上有期徒刑、无期徒刑或者死刑，并处罚金或者没收财产。

受贿数额在一百五十万元以上不满三百万元，具有本解释第一条第三款规定的情形之一的，应当认定为刑法第三百八十三条第一款规定的“其他特别严重情节”，依法判处十年以上有期徒刑、无期徒刑或者死刑，并处罚金或者没收财产。

第四条 贪污、受贿数额特别巨大，犯罪情节特别严重、社会影响特别恶劣、给国家和人民利益造成特别重大损失的，可以判处死刑。

符合前款规定的情形，但具有自首，立功，如实供述自己罪行、真诚悔罪、积极退赃，或者避免、减少损害结果的发生等情节，不是必须立即执行的，可以判处死刑缓期二年执行。

符合第一款规定情形的，根据犯罪情节等情况可以判处死刑缓期二年执行，同时裁判决定在其死刑缓期执行二年期满依法减为无期徒刑后，终身监禁，不得减刑、假释。

第五条 挪用公款归个人使用，进行非法活动，数额在三万元以上的，应当依照刑法第三百八十四条的规定以挪用公款罪追究刑事责任；数额在三百万元以上的，应当认定为刑法第三百八十四条第一款规定的“数额巨大”。具有下列情形之一的，应当认定为刑法第三百八十四条第一款规定的“情节严重”：

（一）挪用公款数额在一百万元以上的；

（二）挪用救灾、抢险、防汛、优抚、扶贫、移民、救济特定款物，数额在五十万元以上不满一百万元的；

（三）挪用公款不退还，数额在五十万元以上不满一百万元的；

（四）其他严重的情节。

第六条 挪用公款归个人使用，进行营利活动或者超过三个月未还，数额在五万元以上的，应当认定为刑法第三百八十四条第一款规定的“数额较大”；数额在五百万元以上的，应当认定为刑法第三百八十四条第一款规定的“数额巨大”。具有下列情形之一的，应当认定为刑法第三百八十四条第一款规定的“情节严重”：

（一）挪用公款数额在二百万元以上的；

（二）挪用救灾、抢险、防汛、优抚、扶贫、移民、救济特定款物，数额在一百万元以上不满二百万元的；

（三）挪用公款不退还，数额在一百万元以上不满二百万元的；

（四）其他严重的情节。

第七条 为谋取不正当利益，向国家工作人员行贿，数额在三万元以上的，应当依照刑法第三百九十条的规定以行贿罪追究刑事责任。

行贿数额在一万元以上不满三万元，具有下列情形之一的，应当依照刑法第三百九十条的规定以行贿罪追究刑事责任：

（一）向三人以上行贿的；

（二）将违法所得用于行贿的；

（三）通过行贿谋取职务提拔、调整的；

（四）向负有食品、药品、安全生产、环境保护等监督管理职责的国家工作人员行贿，实施非法活动的；

（五）向司法工作人员行贿，影响司法公正的；

（六）造成经济损失数额在五十万元以上不满一百万元的。

第八条 犯行贿罪，具有下列情形之一的，应当认定为刑法第三百九十条第一款规定的“情节严重”：

（一）行贿数额在一百万元以上不满五百万元的；

（二）行贿数额在五十万元以上不满一百万元，并具有本解释第七条第二款第一项至第五项规定的情形之一的；

（三）其他严重的情节。

为谋取不正当利益，向国家工作人员行贿，造成经济损失数额在一百万元以上不满五百万元的，应当认定为刑法第三百九十条第一款规定的“使国家利益遭受重大损失”。

第九条 犯行贿罪，具有下列情形之一的，应当认定为刑法第三百九十条第一款规定的“情节特别严重”：

（一）行贿数额在五百万元以上的；

（二）行贿数额在二百五十万元以上不满五百万元，并具有本解释第七条第二款第一项至第五项规定的情形之一的；

（三）其他特别严重的情节。

为谋取不正当利益，向国家工作人员行贿，造成经济损失数额在五百万元以上的，应当认定为刑法第三百九十条第一款规定的“使国家利益遭受特别重大损失”。

第十条 刑法第三百八十八条之一规定的利用影响力受贿罪的定罪量刑适用标准，参照本解释关于受贿罪的规定执行。

刑法第三百九十条之一规定的对有影响力的人行贿罪的定罪量刑适用标准，参照本解释关于行贿罪的规定执行。

单位对有影响力的人行贿数额在二十万元以上的，应当依照刑法第三百九十条之一的规定以对有影响力的人行贿罪追究刑事责任。

第十一条 刑法第一百六十三条规定的非国家工作人员受贿罪、第二百七十一条规定的职务侵占罪中的“数额较大”“数额巨大”的数额起点，按照本解释关于受贿罪、贪污罪相对应的数额标准规定的二倍、五倍执行。

刑法第二百七十二条规定的挪用资金罪中的“数额较大”“数额巨大”以及“进行非法活动”情形的数额起点，按照本解释关于挪用公款罪“数额较大”“情节严重”以及“进行非法活动”的数额标准规定的二倍执行。

刑法第一百六十四条第一款规定的对非国家工作人员行贿罪中的“数额较大”“数额巨大”的数额起点，按照本解释第七条、第八条第一款关于行贿罪的数额标准规定的二倍执行。

第十二条 贿赂犯罪中的“财物”，包括货币、物品和财产性利益。财产性利益包括可以折算为货币的物质利益如房屋装修、债务免除等，以及需要支付货币的其他利益如会员服务、旅游等。后者的犯罪数额，以实际支付或者应当支付的数额计算。

第十三条 具有下列情形之一的，应当认定为“为他人谋取利益”，构成犯罪的，应当依照刑法关于受贿犯罪的规定定罪处罚：

（一）实际或者承诺为他人谋取利益的；

（二）明知他人有具体请托事项的；

（三）履职时未被请托，但事后基于该履职事由收受他人财物的。

国家工作人员索取、收受具有上下级关系的下属或者具有行政管理关系的被管理人员的财物价值三万元以上，可能影响职权行使的，视为承诺为他人谋取利益。

第十四条 根据行贿犯罪的事实、情节，可能被判处三年有期徒刑以下刑罚的，可以认定为刑法第三百九十条第二款规定的“犯罪较轻”。

根据犯罪的事实、情节，已经或者可能被判处十年有期徒刑以上刑罚的，或者案件在本省、自治区、直辖市或者全国范围内有较大影响的，可以认定为刑法

第三百九十条第二款规定的“重大案件”。

具有下列情形之一的，可以认定为刑法第三百九十条第二款规定的“对侦破重大案件起关键作用”：

（一）主动交待办案机关未掌握的重大案件线索的；

（二）主动交待的犯罪线索不属于重大案件的线索，但该线索对于重大案件侦破有重要作用的；

（三）主动交待行贿事实，对于重大案件的证据收集有重要作用的；

（四）主动交待行贿事实，对于重大案件的追逃、追赃有重要作用的。

第十五条 对多次受贿未经处理的，累计计算受贿数额。

国家工作人员利用职务上的便利为请托人谋取利益前后多次收受请托人财物，受请托之前收受的财物数额在一万元以上的，应当一并计入受贿数额。

第十六条 国家工作人员出于贪污、受贿的故意，非法占有公共财物、收受他人财物之后，将赃款赃物用于单位公务支出或者社会捐赠的，不影响贪污罪、受贿罪的认定，但量刑时可以酌情考虑。

特定关系人索取、收受他人财物，国家工作人员知道后未退还或者上交的，应当认定国家工作人员具有受贿故意。

第十七条 国家工作人员利用职务上的便利，收受他人财物，为他人谋取利益，同时构成受贿罪和刑法分则第三章第三节、第九章规定的渎职犯罪的，除刑法另有规定外，以受贿罪和渎职犯罪数罪并罚。

第十八条 贪污贿赂犯罪分子违法所得的一切财物，应当依照刑法第六十四条的规定予以追缴或者责令退赔，对被害人的合法财产应当及时返还。对尚未追缴到案或者尚未足额退赔的违法所得，应当继续追缴或者责令退赔。

第十九条 对贪污罪、受贿罪判处三年以下有期徒刑或者拘役的，应当并处十万元以上五十万元以下的罚金；判处三年以上十年以下有期徒刑的，应当并处二十万元以上犯罪数额二倍以下的罚金或者没收财产；判处十年以上有期徒刑或者无期徒刑的，应当并处五十万元以上犯罪数额二倍以下的罚金或者没收财产。

对刑法规定并处罚金的其他贪污贿赂犯罪，应当在十万元以上犯罪数额二倍以下判处罚金。

第二十条 本解释自 2016 年 4 月 18 日起施行。最高人民法院、最高人民检察院此前发布的司法解释与本解释不一致的，以本解释为准。

中组部、人社部、监察部、国家公务员局关于公务员被采取强制措施和受行政刑事处罚工资待遇处理有关问题的通知

人社部发〔2010〕104号

各省、自治区、直辖市党委组织部、政府人力资源社会保障厅（局）、监察厅（局），福建省公务员局，新建生产建设兵团党委组织部、人事局、监察局，中央和国家机关各部委、各人民团体干部（人事）部门，国务院各有关部门监察局，监察部各派驻监察局、监察专员办公室：

根据《中华人民共和国公务员法》《行政机关公务员处分条例》等有关规定，现就公务员被采取强制措施和受行政、刑事处罚工资待遇处理有关问题通知如下：

一、公务员被采取强制措施和受行政、刑事处罚的工资待遇处理

（一）公务员被取保候审、监视居住、刑事拘留、逮捕期间，停发工资待遇，按本人原基本工资的75%计发生活费，不计算工作年限。经审查核实，公安机关撤销案件或人民检察院不起诉或人民法院宣告无罪、免予刑事处罚，未被收容教育、强制隔离戒毒、劳动教养、行政拘留，且未受处分的，恢复工资待遇，减发的工资予以补发，被采取强制措施期间计算工作年限。

（二）公务员被刑事拘留在逃或批准逮捕在逃的，停发工资待遇。

（三）公务员被收容教育、强制隔离戒毒、劳动教养和行政拘留期间，未被开除的，停发工资待遇，按本人原基本工资的75%计发生活费，不计算工作年限。期满后的工资待遇，根据所受处分相应确定。

（四）公务员受到刑事处罚，处分决定机关尚未作出开除处分决定的，从人民法院判决生效之日起，取消原工资待遇。

（五）公务员受到刑事处罚，经再审宣告无罪或免予刑事处罚，原开除处分决定被撤销，不再给予处分的，从处分变更的次月起恢复工资待遇。原判期间和刑罚执行完毕至开除处分决定被撤销期间，被停发的工资由单位补发。达到国家规定的退休年龄以前，原判期间和刑罚执行完毕至开除处分决定被撤销期间计算工作年限。

（六）公务员受到刑事处罚，经再审宣告无罪或免予刑事处罚，原开除处分决定被变更的，根据变更后的处分相应确定工资待遇，从处分变更的次月起执行。原判期间和刑罚执行完毕至开除处分决定被变更期间，被多减发的工资由单位补发。达到国家规定的退休年龄以前，原判期间和刑罚执行完毕至开除处分决定被变更期间计算工作年限。

二、公务员退休后被采取强制措施和受行政、刑事处罚的退休费待遇处理

（一）公务员退休后被取保候审、监视居住、刑事拘留、逮捕期间，停发退休费待遇，按本人原基本退休费的75%计发生活费。经审查核实，公安机关撤销案件或人民检察院不起诉或人民法院宣告无罪、免予刑事处罚，未被收容教育、强制隔离戒毒、劳动教养、行政拘留，且未被追究政纪责任的，恢复退休费待遇，减发的退休费予以补发。

（二）公务员退休后被刑事拘留在逃或批准逮捕在逃的，停发退休费待遇。

（三）公务员退休后被行政拘留期间，停发退休费待遇，按本人原基本退休费的75%计发生活费。期满后，按2%降低基本退休费。今后国家调整退休费时，不受原处罚的影响。

（四）公务员退休后被收容教育、强制隔离戒毒、劳动教养期间，停发退休费待遇，按本人原基本退休费的75%计发生活费。期满后，按12%降低基本退休费，补贴按降低一个职务层次确定。今后国家调整退休费时，按降低后职务层次的标准执行。

（五）公务员退休后被判处管制、拘役或拘役被宣告缓刑、有期徒刑被宣告缓刑期间，停发退休费待遇，按本人原基本退休费的60%计发生活费。刑罚执行完毕或缓刑考验期满不再执行原判刑罚的，按40%降低基本退休费，补贴按办事员确定。今后国家调整退休费时，按办事员的标准执行。

（六）公务员退休后被判处有期徒刑以上刑罚的，从人民法院判决生效之日起，取消原退休费待遇。刑罚执行完毕后的生活待遇，由原发给退休费的单位酌情处理。

（七）公务员退休后受到刑事处罚，经再审宣告无罪或免予刑事处罚，且不追究政纪责任的，从再审宣告无罪或免予刑事处罚的次月起恢复退休费待遇。原判期间和刑罚执行完毕至再审宣告无罪或免予刑事处罚期间，被停发的退休费由单位补发。

（八）公务员退休后受到刑事处罚，经再审宣告无罪或免予刑事处罚，但被追究政纪责任的，根据应给予的处分相应确定退休费待遇，从审查结论作出的次月起执行。原判期间和刑罚执行完毕至作出审查结论期间，被多减发的退休费由单位补发。

三、其他有关规定

（一）参照公务员法管理的机关（单位）工作人员，参照本通知执行。

（二）本通知自发文之日起执行。过去有关文件规定与本通知不一致的，以本通知为准。

本通知由人力资源和社会保障部会同中央组织部、监察部负责解释。

上述规定可以看出：公务员被免予追究刑事责任的或虽然被追究刑事责任但免于刑事处罚的，可以不开除公职，被判处缓刑以上责任刑罚的（包括缓刑），一定开除公职。

中华人民共和国公职人员政务处分法（节选）

（2020年6月20日第十三届全国人民代表大会常务委员会第十九次会议通过）

第二章　政务处分的种类和适用

第七条　政务处分的种类为：

（一）警告；

（二）记过；

（三）记大过；

（四）降级；

（五）撤职；

（六）开除。

第八条　政务处分的期间为：

（一）警告，六个月；

（二）记过，十二个月；

（三）记大过，十八个月；

（四）降级、撤职，二十四个月。

政务处分决定自作出之日起生效，政务处分期自政务处分决定生效之日起计算。

第十一条　公职人员有下列情形之一的，可以从轻或者减轻给予政务处分：

（一）主动交代本人应当受到政务处分的违法行为的；

（二）配合调查，如实说明本人违法事实的；

（三）检举他人违纪违法行为，经查证属实的；

（四）主动采取措施，有效避免、挽回损失或者消除不良影响的；

（五）在共同违法行为中起次要或者辅助作用的；

（六）主动上交或者退赔违法所得的；

（七）法律、法规规定的其他从轻或者减轻情节。

第十二条　公职人员违法行为情节轻微，且具有本法第十一条规定的情形之一的，可以对其进行谈话提醒、批评教育、责令检查或者予以诫勉，免予或者不予政务处分。

公职人员因不明真相被裹挟或者被胁迫参与违法活动，经批评教育后确有悔改表现的，可以减轻、免予或者不予政务处分。

第十三条 公职人员有下列情形之一的，应当从重给予政务处分：

（一）在政务处分期内再次故意违法，应当受到政务处分的；

（二）阻止他人检举、提供证据的；

（三）串供或者伪造、隐匿、毁灭证据的；

（四）包庇同案人员的；

（五）胁迫、唆使他人实施违法行为的；

（六）拒不上交或者退赔违法所得的；

（七）法律、法规规定的其他从重情节。

第十四条 公职人员犯罪，有下列情形之一的，予以开除：

（一）因故意犯罪被判处管制、拘役或者有期徒刑以上刑罚（含宣告缓刑）的；

（二）因过失犯罪被判处有期徒刑，刑期超过三年的；

（三）因犯罪被单处或者并处剥夺政治权利的。

因过失犯罪被判处管制、拘役或者三年以下有期徒刑的，一般应当予以开除；案件情况特殊，予以撤职更为适当的，可以不予开除，但是应当报请上一级机关批准。

公职人员因犯罪被单处罚金，或者犯罪情节轻微，人民检察院依法作出不起诉决定或者人民法院依法免予刑事处罚的，予以撤职；造成不良影响的，予以开除。

第十九条 公务员以及参照《中华人民共和国公务员法》管理的人员在政务处分期内，不得晋升职务、职级、衔级和级别；其中，被记过、记大过、降级、撤职的，不得晋升工资档次。被撤职的，按照规定降低职务、职级、衔级和级别，同时降低工资和待遇。

第二十条 法律、法规授权或者受国家机关依法委托管理公共事务的组织中从事公务的人员，以及公办的教育、科研、文化、医疗卫生、体育等单位中从事管理的人员，在政务处分期内，不得晋升职务、岗位和职员等级、职称；其中，被记过、记大过、降级、撤职的，不得晋升薪酬待遇等级。被撤职的，降低职务、岗位或者职员等级，同时降低薪酬待遇。

第二十六条 公职人员被开除的，自政务处分决定生效之日起，应当解除其与所在机关、单位的人事关系或者劳动关系。

公职人员受到开除以外的政务处分，在政务处分期内有悔改表现，并且没有再发生应当给予政务处分的违法行为的，政务处分期满后自动解除，晋升职务、职级、衔级、级别、岗位和职员等级、职称、薪酬待遇不再受原政务处分影响。但是，解除降级、撤职的，不恢复原职务、职级、衔级、级别、岗位和职员等级、职称、薪酬待遇。

第二十七条 已经退休的公职人员退休前或者退休后有违法行为的，不再给予政务处分，但是可以对其立案调查；依法应当予以降级、撤职、开除的，应当按照规定相应调整其享受的待遇，对其违法取得的财物和用于违法行为的本人财物依照本法第二十五条的规定处理。

已经离职或者死亡的公职人员在履职期间有违法行为的，依照前款规定处理。

第四章 政务处分的程序

第四十四条 调查终结后，监察机关应当根据下列不同情况，分别作出处理：

（一）确有应受政务处分的违法行为的，根据情节轻重，按照政务处分决定权限，履行规定的审批手续后，作出政务处分决定；

（二）违法事实不能成立的，撤销案件；

（三）符合免予、不予政务处分条件的，作出免予、不予政务处分决定；

（四）被调查人涉嫌其他违法或者犯罪行为的，依法移送主管机关处理。

第四十五条 决定给予政务处分的，应当制作政务处分决定书。

政务处分决定书应当载明下列事项：

（一）被处分人的姓名、工作单位和职务；

（二）违法事实和证据；

（三）政务处分的种类和依据；

（四）不服政务处分决定，申请复审、复核的途径和期限；

（五）作出政务处分决定的机关名称和日期。

政务处分决定书应当盖有作出决定的监察机关的印章。

第四十六条 政务处分决定书应当及时送达被处分人和被处分人所在机关、单位，并在一定范围内宣布。

作出政务处分决定后，监察机关应当根据被处分人的具体身份书面告知相关的机关、单位。

第五章 复审、复核

第五十五条 公职人员对监察机关作出的涉及本人的政务处分决定不服的，可以依法向作出决定的监察机关申请复审；公职人员对复审决定仍不服的，可以向上一级监察机关申请复核。

监察机关发现本机关或者下级监察机关作出的政务处分决定确有错误的，应当及时予以纠正或者责令下级监察机关及时予以纠正。

第五十六条 复审、复核期间，不停止原政务处分决定的执行。

公职人员不因提出复审、复核而被加重政务处分。

第五十七条 有下列情形之一的，复审、复核机关应当撤销原政务处分决定，重新作出决定或者责令原作出决定的监察机关重新作出决定：

（一）政务处分所依据的违法事实不清或者证据不足的；

（二）违反法定程序，影响案件公正处理的；

（三）超越职权或者滥用职权作出政务处分决定的。

第五十八条 有下列情形之一的，复审、复核机关应当变更原政务处分决定，或者责令原作出决定的监察机关予以变更：

（一）适用法律、法规确有错误的；

（二）对违法行为的情节认定确有错误的；

（三）政务处分不当的。

第五十九条 复审、复核机关认为政务处分决定认定事实清楚，适用法律正确的，应当予以维持。

第六十条 公职人员的政务处分决定被变更，需要调整该公职人员的职务、职级、衔级、级别、岗位和职员等级或者薪酬待遇等的，应当按照规定予以调整。政务处分决定被撤销的，应当恢复该公职人员的级别、薪酬待遇，按照原职务、职级、衔级、岗位和职员等级安排相应的职务、职级、衔级、岗位和职员等级，并在原政务处分决定公布范围内为其恢复名誉。没收、追缴财物错误的，应当依法予以返还、赔偿。

公职人员因有本法第五十七条、第五十八条规定的情形被撤销政务处分或者减轻政务处分的，应当对其薪酬待遇受到的损失予以补偿。

人民检察院刑事诉讼规则（节选）

（2019 年 12 月 2 日最高人民检察院第十三届检察委员会第二十八次会议通过，自 2019 年 12 月 30 日起施行）

第二百七十七条 犯罪嫌疑人认罪认罚，人民检察院拟提出适用缓刑或者判处管制的量刑建议，可以委托犯罪嫌疑人居住地的社区矫正机构进行调查评估，也可以自行调查评估。

第四百八十八条 负责未成年人检察的部门应当依法对看守所、未成年犯管教所监管未成年人的活动实行监督，配合做好对未成年人的教育。发现没有对未成年犯罪嫌疑人、被告人与成年犯罪嫌疑人、被告人分别关押、管理或者违反规定对未成年犯留所执行刑罚的，应当依法提出纠正意见。

负责未成年人检察的部门发现社区矫正机构违反未成年人社区矫正相关规定的，应当依法提出纠正意见。

第十四章 刑罚执行和监管执法监督

第二节 交付执行监督

第六百二十五条 人民检察院发现人民法院、公安机关、看守所等机关的交付执行活动具有下列情形之一的，应当依法提出纠正意见：

（一）交付执行的第一审人民法院没有在法定期间内将判决书、裁定书、人民检察院的起诉书副本、自诉状复印件、执行通知书、结案登记表等法律文书送达公安机关、监狱、社区矫正机构等执行机关的；

（二）对被判处死刑缓期二年执行、无期徒刑或者有期徒刑余刑在三个月以上的罪犯，公安机关、看守所自接到人民法院执行通知书等法律文书后三十日以内，没有将成年罪犯送交监狱执行刑罚，或者没有将未成年罪犯送交未成年犯管教所执行刑罚的；

（三）对需要收监执行刑罚而判决、裁定生效前未被羁押的罪犯，第一审人民法院没有及时将罪犯收监送交公安机关，并将判决书、裁定书、执行通知书等法律文书送达公安机关的；

（四）公安机关对需要收监执行刑罚但下落不明的罪犯，在收到人民法院的判决书、裁定书、执行通知书等法律文书后，没有及时抓捕、通缉的；

（五）对被判处管制、宣告缓刑或者人民法院决定暂予监外执行的罪犯，在判决、裁定生效后或者收到人民法院暂予监外执行决定后，未依法交付罪犯居住地社区矫正机构执行，或者对被单处剥夺政治权利的罪犯，在判决、裁定生效后，未依法交付罪犯居住地公安机关执行的，或者人民法院依法交付执行，社区矫正机构或者公安机关应当接收而拒绝接收的；

（六）其他违法情形。

第六百二十六条　人民法院判决被告人无罪、免予刑事处罚、判处管制、宣告缓刑、单处罚金或者剥夺政治权利，被告人被羁押的，人民检察院应当监督被告人是否被立即释放。发现被告人没有被立即释放的，应当立即向人民法院或者看守所提出纠正意见。

第六百二十八条　人民检察院发现监狱、看守所对服刑期满或者依法应当予以释放的人员没有按期释放，对被裁定假释的罪犯依法应当交付罪犯居住地社区矫正机构实行社区矫正而不交付，对主刑执行完毕仍然需要执行附加剥夺政治权利的罪犯依法应当交付罪犯居住地公安机关执行而不交付，或者对服刑期未满又无合法释放根据的罪犯予以释放等违法行为的，应当依法提出纠正意见。

第三节　减刑、假释、暂予监外执行监督

第六百二十九条　人民检察院发现人民法院、监狱、看守所、公安机关暂予监外执行的活动具有下列情形之一的，应当依法提出纠正意见：

（一）将不符合法定条件的罪犯提请、决定暂予监外执行的；

（二）提请、决定暂予监外执行的程序违反法律规定或者没有完备的合法手续，或者对于需要保外就医的罪犯没有省级人民政府指定医院的诊断证明和开具的证明文件的；

（三）监狱、看守所提出暂予监外执行书面意见，没有同时将书面意见副本抄送人民检察院的；

（四）罪犯被决定或者批准暂予监外执行后，未依法交付罪犯居住地社区矫正机构实行社区矫正的；

（五）对符合暂予监外执行条件的罪犯没有依法提请暂予监外执行的；

（六）人民法院在作出暂予监外执行决定前，没有依法征求人民检察院意见的；

（七）发现罪犯不符合暂予监外执行条件，在暂予监外执行期间严重违反暂予监外执行监督管理规定，或者暂予监外执行的条件消失且刑期未满，应当收监执行而未及时收监执行的；

（八）人民法院决定将暂予监外执行的罪犯收监执行，并将有关法律文书送达公安机关、监狱、看守所后，监狱、看守所未及时收监执行的；

（九）对不符合暂予监外执行条件的罪犯通过贿赂、欺骗等非法手段被暂予监外执行以及在暂予监外执行期间脱逃的罪犯，监狱、看守所未建议人民法院将其监外执行期间、脱逃期间不计入执行刑期或者对罪犯执行刑期计算的建议违法、不当的；

（十）暂予监外执行的罪犯刑期届满，未及时办理释放手续的；

（十一）其他违法情形。

第六百三十条 人民检察院收到监狱、看守所抄送的暂予监外执行书面意见副本后，应当逐案进行审查，发现罪犯不符合暂予监外执行法定条件或者提请暂予监外执行违反法定程序的，应当在十日以内报经检察长批准，向决定或者批准机关提出书面检察意见，同时抄送执行机关。

第六百三十一条 人民检察院接到决定或者批准机关抄送的暂予监外执行决定书后，应当及时审查下列内容：

（一）是否属于被判处有期徒刑或者拘役的罪犯；

（二）是否属于有严重疾病需要保外就医的罪犯；

（三）是否属于怀孕或者正在哺乳自己婴儿的妇女；

（四）是否属于生活不能自理，适用暂予监外执行不致危害社会的罪犯；

（五）是否属于适用保外就医可能有社会危险性的罪犯，或者自伤自残的罪犯；

（六）决定或者批准机关是否符合刑事诉讼法第二百六十五条第五款的规定；

（七）办理暂予监外执行是否符合法定程序。

第六百三十二条 人民检察院经审查认为暂予监外执行不当的，应当自接到通知之日起一个月以内，向决定或者批准暂予监外执行的机关提出纠正意见。下级人民检察院认为暂予监外执行不当的，应当立即层报决定或者批准暂予监外执行的机关的同级人民检察院，由其决定是否向决定或者批准暂予监外执行的机关提出纠正意见。

第六百三十三条 人民检察院向决定或者批准暂予监外执行的机关提出不同意暂予监外执行的书面意见后，应当监督其对决定或者批准暂予监外执行的结果进行重新核查，并监督重新核查的结果是否符合法律规定。对核查不符合法律规定的，应当依法提出纠正意见，并向上一级人民检察院报告。

第六百三十四条 对于暂予监外执行的罪犯，人民检察院发现罪犯不符合暂予监外执行条件、严重违反有关暂予监外执行的监督管理规定或者暂予监外执行的情形消失而罪犯刑期未满的，应当通知执行机关收监执行，或者建议决定或者批准暂予监外执行的机关作出收监执行决定。

第六百三十五条 人民检察院收到执行机关抄送的减刑、假释建议书副本后，应当逐案进行审查。发现减刑、假释建议不当或者提请减刑、假释违反法定程序的，应当在十日以内报经检察长批准，向审理减刑、假释案件的人民法院提出书面检察意见，同时也可以向执行机关提出书面纠正意见。案情复杂或者情况特殊的，可以延长十日。

第六百三十六条 人民检察院发现监狱等执行机关提请人民法院裁定减刑、假释的活动具有下列情形之一的，应当依法提出纠正意见：

（一）将不符合减刑、假释法定条件的罪犯，提请人民法院裁定减刑、假释的；

（二）对依法应当减刑、假释的罪犯，不提请人民法院裁定减刑、假释的；

（三）提请对罪犯减刑、假释违反法定程序，或者没有完备的合法手续的；

（四）提请对罪犯减刑的减刑幅度、起始时间、间隔时间或者减刑后又假释的间隔时间不符合有关规定的；

（五）被提请减刑、假释的罪犯被减刑后实际执行的刑期或者假释考验期不符合有关法律规定的；

（六）其他违法情形。

第六百三十七条 人民法院开庭审理减刑、假释案件，人民检察院应当指派检察人员出席法庭，发表意见。

第六百三十八条 人民检察院收到人民法院减刑、假释的裁定书副本后，应当及时审查下列内容：

（一）被减刑、假释的罪犯是否符合法定条件，对罪犯减刑的减刑幅度、起始时间、间隔时间或者减刑后又假释的间隔时间、罪犯被减刑后实际执行的刑期或者假释考验期是否符合有关规定；

（二）执行机关提请减刑、假释的程序是否合法；

（三）人民法院审理、裁定减刑、假释的程序是否合法；

（四）人民法院对罪犯裁定不予减刑、假释是否符合有关规定；

（五）人民法院减刑、假释裁定书是否依法送达执行并向社会公布。

第六百三十九条 人民检察院经审查认为人民法院减刑、假释的裁定不当，应当在收到裁定书副本后二十日以内，向作出减刑、假释裁定的人民法院提出纠正意见。

第六百四十条 对人民法院减刑、假释裁定的纠正意见，由作出减刑、假释裁定的人民法院的同级人民检察院书面提出。

下级人民检察院发现人民法院减刑、假释裁定不当的，应当向作出减刑、假释裁定的人民法院的同级人民检察院报告。

第六百四十一条 人民检察院对人民法院减刑、假释的裁定提出纠正意见后，应当监督人民法院是否在收到纠正意见后一个月以内重新组成合议庭进行审理，并监督重新作出的裁定是否符合法律规定。对最终裁定不符合法律规定的，应当向同级人民法院提出纠正意见。

第四节　社区矫正监督

第六百四十二条　人民检察院发现社区矫正决定机关、看守所、监狱、社区矫正机构在交付、接收社区矫正对象活动中违反有关规定的，应当依法提出纠正意见。

第六百四十三条　人民检察院发现社区矫正执法活动具有下列情形之一的，应当依法提出纠正意见：

（一）社区矫正对象报到后，社区矫正机构未履行法定告知义务，致使其未按照有关规定接受监督管理的；

（二）违反法律规定批准社区矫正对象离开所居住的市、县，或者违反人民法院禁止令的内容批准社区矫正对象进入特定区域或者场所的；

（三）没有依法监督管理而导致社区矫正对象脱管的；

（四）社区矫正对象违反监督管理规定或者人民法院的禁止令，未依法予以警告、未提请公安机关给予治安管理处罚的；

（五）对社区矫正对象有殴打、体罚、虐待、侮辱人格、强迫其参加超时间或者超体力社区服务等侵犯其合法权利行为的；

（六）未依法办理解除、终止社区矫正的；

（七）其他违法情形。

第六百四十四条　人民检察院发现对社区矫正对象的刑罚变更执行活动具有下列情形之一的，应当依法提出纠正意见：

（一）社区矫正机构未依法向人民法院、公安机关、监狱管理机关提出撤销缓刑、撤销假释建议或者对暂予监外执行的收监执行建议，或者未依法向人民法院提出减刑建议的；

（二）人民法院、公安机关、监狱管理机关未依法作出裁定、决定，或者未依法送达的；

（三）公安机关未依法将罪犯送交看守所、监狱，或者看守所、监狱未依法收监执行的；

（四）公安机关未依法对在逃的罪犯实施追捕的；

（五）其他违法情形。

第五节　刑事裁判涉财产部分执行监督

第六百四十五条　人民检察院发现人民法院执行刑事裁判涉财产部分具有下

列情形之一的，应当依法提出纠正意见：

（一）执行立案活动违法的；

（二）延期缴纳、酌情减少或者免除罚金违法的；

（三）中止执行或者终结执行违法的；

（四）被执行人有履行能力，应当执行而不执行的；

（五）损害被执行人、被害人、利害关系人或者案外人合法权益的；

（六）刑事裁判全部或者部分被撤销后未依法返还或者赔偿的；

（七）执行的财产未依法上缴国库的；

（八）其他违法情形。

人民检察院对人民法院执行刑事裁判涉财产部分进行监督，可以对公安机关查封、扣押、冻结涉案财物的情况，人民法院审判部门、立案部门、执行部门移送、立案、执行情况，被执行人的履行能力等情况向有关单位和个人进行调查核实。

第六百四十六条 人民检察院发现被执行人或者其他人员有隐匿、转移、变卖财产等妨碍执行情形的，可以建议人民法院及时查封、扣押、冻结。

公安机关不依法向人民法院移送涉案财物、相关清单、照片和其他证明文件，或者对涉案财物的查封、扣押、冻结、返还、处置等活动存在违法情形的，人民检察院应当依法提出纠正意见。

最高人民法院关于适用《中华人民共和国刑事诉讼法》的解释（节选）

（2020 年 12 月 7 日，最高人民法院审判委员会第 1820 次会议通过《最高人民法院关于适用〈中华人民共和国刑事诉讼法〉的解释》，自 2021 年 3 月 1 日起施行）

第一百七十二条 被采取强制措施的被告人，被判处管制、缓刑的，在社区矫正开始后，强制措施自动解除；被单处附加刑的，在判决、裁定发生法律效力后，强制措施自动解除；被判处监禁刑的，在刑罚开始执行后，强制措施自动解除。

第五百一十五条 被判处无期徒刑、有期徒刑或者拘役的罪犯，符合刑事诉讼法第二百六十五条第一款、第二款的规定，人民法院决定暂予监外执行的，应当制作暂予监外执行决定书，写明罪犯基本情况、判决确定的罪名和刑罚、决定暂予监外执行的原因、依据等。

人民法院在作出暂予监外执行决定前，应当征求人民检察院的意见。

人民检察院认为人民法院的暂予监外执行决定不当，在法定期限内提出书面意见的，人民法院应当立即对该决定重新核查，并在一个月以内作出决定。

对暂予监外执行的罪犯，适用本解释第五百一十九条的有关规定，依法实行社区矫正。

人民法院决定暂予监外执行的，由看守所或者执行取保候审、监视居住的公安机关自收到决定之日起十日以内将罪犯移送社区矫正机构。

第五百一十六条 人民法院收到社区矫正机构的收监执行建议书后，经审查，确认暂予监外执行的罪犯具有下列情形之一的，应当作出收监执行的决定：

（一）不符合暂予监外执行条件的；

（二）未经批准离开所居住的市、县，经警告拒不改正，或者拒不报告行踪，脱离监管的；

（三）因违反监督管理规定受到治安管理处罚，仍不改正的；

（四）受到执行机关两次警告，仍不改正的；

（五）保外就医期间不按规定提交病情复查情况，经警告拒不改正的；

（六）暂予监外执行的情形消失后，刑期未满的；

（七）保证人丧失保证条件或者因不履行义务被取消保证人资格，不能在规定期限内提出新的保证人的；

（八）违反法律、行政法规和监督管理规定，情节严重的其他情形。

第五百一十七条 人民法院应当在收到社区矫正机构的收监执行建议书后三十日以内作出决定。收监执行决定书一经作出，立即生效。

人民法院应当将收监执行决定书送达社区矫正机构和公安机关，并抄送人民检察院，由公安机关将罪犯交付执行。

第五百一十八条 被收监执行的罪犯有不计入执行刑期情形的，人民法院应当在作出收监决定时，确定不计入执行刑期的具体时间。

第五百一十九条 对被判处管制、宣告缓刑的罪犯，人民法院应当依法确定社区矫正执行地。社区矫正执行地为罪犯的居住地；罪犯在多个地方居住的，可以确定其经常居住地为执行地；罪犯的居住地、经常居住地无法确定或者不适宜执行社区矫正的，应当根据有利于罪犯接受矫正、更好地融入社会的原则，确定执行地。

宣判时，应当告知罪犯自判决、裁定生效之日起十日以内到执行地社区矫正机构报到，以及不按期报到的后果。

人民法院应当自判决、裁定生效之日起五日以内通知执行地社区矫正机构，并在十日以内将判决书、裁定书、执行通知书等法律文书送达执行地社区矫正机构，同时抄送人民检察院和执行地公安机关。人民法院与社区矫正执行地不在同一地方的，由执行地社区矫正机构将法律文书转送所在地的人民检察院和公安机关。

第五百三十四条 对减刑、假释案件，应当按照下列情形分别处理：

（一）对被判处死刑缓期执行的罪犯的减刑，由罪犯服刑地的高级人民法院在收到同级监狱管理机关审核同意的减刑建议书后一个月以内作出裁定；

（二）对被判处无期徒刑的罪犯的减刑、假释，由罪犯服刑地的高级人民法院在收到同级监狱管理机关审核同意的减刑、假释建议书后一个月以内作出裁定，案情复杂或者情况特殊的，可以延长一个月；

（三）对被判处有期徒刑和被减为有期徒刑的罪犯的减刑、假释，由罪犯服刑地的中级人民法院在收到执行机关提出的减刑、假释建议书后一个月以内作出裁定，案情复杂或者情况特殊的，可以延长一个月；

（四）对被判处管制、拘役的罪犯的减刑，由罪犯服刑地的中级人民法院在收到同级执行机关审核同意的减刑建议书后一个月以内作出裁定。

对社区矫正对象的减刑，由社区矫正执行地的中级以上人民法院在收到社区矫正机构减刑建议书后三十日以内作出裁定。

第五百三十九条 人民法院作出减刑、假释裁定后，应当在七日以内送达提请减刑、假释的执行机关、同级人民检察院以及罪犯本人。人民检察院认为减刑、假释裁定不当，在法定期限内提出书面纠正意见的，人民法院应当在收到意见后另行组成合议庭审理，并在一个月以内作出裁定。

对假释的罪犯，适用本解释第五百一十九条的有关规定，依法实行社区矫正。

第五百四十三条 人民法院收到社区矫正机构的撤销缓刑建议书后，经审查，确认罪犯在缓刑考验期限内具有下列情形之一的，应当作出撤销缓刑的裁定：

（一）违反禁止令，情节严重的；

（二）无正当理由不按规定时间报到或者接受社区矫正期间脱离监管，超过一个月的；

（三）因违反监督管理规定受到治安管理处罚，仍不改正的；

（四）受到执行机关二次警告，仍不改正的；

（五）违反法律、行政法规和监督管理规定，情节严重的其他情形。

人民法院收到社区矫正机构的撤销假释建议书后，经审查，确认罪犯在假释考验期限内具有前款第二项、第四项规定情形之一，或者有其他违反监督管理规定的行为，尚未构成新的犯罪的，应当作出撤销假释的裁定。

第五百四十四条 被提请撤销缓刑、假释的罪犯可能逃跑或者可能发生社会危险，社区矫正机构在提出撤销缓刑、假释建议的同时，提请人民法院决定对其予以逮捕的，人民法院应当在四十八小时以内作出是否逮捕的决定。决定逮捕的，由公安机关执行。逮捕后的羁押期限不得超过三十日。

第五百四十五条 人民法院应当在收到社区矫正机构的撤销缓刑、假释建议书后三十日以内作出裁定。撤销缓刑、假释的裁定一经作出，立即生效。

人民法院应当将撤销缓刑、假释裁定书送达社区矫正机构和公安机关，并抄送人民检察院，由公安机关将罪犯送交执行。执行以前被逮捕的，羁押一日折抵刑期一日。

第五百六十八条 对人民检察院移送的关于未成年被告人性格特点、家庭情况、社会交往、成长经历、犯罪原因、犯罪前后的表现、监护教育等情况的调查报告，以及辩护人提交的反映未成年被告人上述情况的书面材料，法庭应当接受。

必要时，人民法院可以委托社区矫正机构、共青团、社会组织等对未成年被告人的上述情况进行调查，或者自行调查。

第五百八十条 将未成年罪犯送监执行刑罚或者送交社区矫正时，人民法院应当将有关未成年罪犯的调查报告及其在案件审理中的表现材料，连同有关法律文书，一并送达执行机关。

第五百八十一条 犯罪时不满十八周岁，被判处五年有期徒刑以下刑罚以及免予刑事处罚的未成年人的犯罪记录，应当封存。

司法机关或者有关单位向人民法院申请查询封存的犯罪记录的，应当提供查询的理由和依据。对查询申请，人民法院应当及时作出是否同意的决定。

第五百八十二条 人民法院可以与未成年犯管教所等服刑场所建立联系，了解未成年罪犯的改造情况，协助做好帮教、改造工作，并可以对正在服刑的未成年罪犯进行回访考察。

第五百八十三条 人民法院认为必要时，可以督促被收监服刑的未成年罪犯的父母或者其他监护人及时探视。

第五百八十四条 对被判处管制、宣告缓刑、裁定假释、决定暂予监外执行的未成年罪犯，人民法院可以协助社区矫正机构制定帮教措施。

第五百八十五条 人民法院可以适时走访被判处管制、宣告缓刑、免予刑事处罚、裁定假释、决定暂予监外执行等的未成年罪犯及其家庭，了解未成年罪犯的管理和教育情况，引导未成年罪犯的家庭承担管教责任，为未成年罪犯改过自新创造良好环境。

第五百八十六条 被判处管制、宣告缓刑、免予刑事处罚、裁定假释、决定暂予监外执行等的未成年罪犯，具备就学、就业条件的，人民法院可以就其安置问题向有关部门提出建议，并附送必要的材料。

后　记

2019年12月28日，《中华人民共和国社区矫正法》得到全票通过。尽管《社区矫正法》中并未有条文明确社区矫正制度的性质，但从立法理念、结构布局、用词造句和法条规定来看，已经蕴含社区矫正的性质不能仅仅局限于刑罚执行，即立法并未强调刑罚本质属性惩罚性、赋予社区矫正工作人员警察身份和刚性监管措施、风险防控手段及处罚手段，相反，立法则凸显了外延更加广泛的刑事执行。同时该法单设“法律责任”一章，第六十一条规定：“社区矫正机构工作人员和其他国家工作人员有下列行为之一的，应当给予处分；构成犯罪的，依法追究刑事责任：（一）利用职务或者工作便利索取、收受贿赂的；（二）不履行法定职责的；（三）体罚、虐待社区矫正对象，或者违反法律规定限制或者变相限制社区矫正对象的人身自由的；（四）泄露社区矫正工作秘密或者其他依法应当保密的信息的；（五）对依法申诉、控告或者检举的社区矫正对象进行打击报复的；（六）有其他违纪违法行为的。”这就意味着社区矫正机构及依法接受委托的司法所成为刑事执行的工作主体，亦成为责任主体。

根据我们查阅的已公布的法院判决书，社区矫正机构及依法接受委托的司法所工作人员因玩忽职守、滥用职权、受贿、贪污等犯罪行为被追究刑事责任的案件已有多个，若加上媒体报道的案例，社区矫正工作人员因渎职被问责（包括行政问责）的案件数量会更多。社区矫正工作中的执法风险防控问题成为社区矫正工作人员非常迫切的需要。全国政法队伍教育整顿启动以来，社区矫正工作队伍中存在的程序意识不强、专业能力不足、工作力量薄弱等诸多问题被逐一暴露，引起了社会各界的广泛关注，也让广大社区矫正工作人员接受了一次深刻的“法治思维和法治能力培训”。正所谓“危机往往是转机”，经历过这次新时代政法战线激浊扬清式的队伍教育整顿活动，相信广大社区矫正工作人员能够认识并坚持做到两个方面：一是持之以恒狠抓学习，强本领，不断增强自身社区矫正工作的执法意识和执法能力。社区矫正工作人员应牢固树立刑事执行工作的办案意识，增强认识规律、找准规律的能力，通过把握社区矫正工作的规律，理解社区矫正工作的特点，学会运用法学、心理学、社会学等诸多方面的知识，以及相关的科学技术和方法，去研究社区矫正对象的犯罪成因性问题，制定针对性、科学性、有效性的矫正方案去消除诱发犯罪因素；二是持之以恒抓业务，强效能。要充分认识到社区矫正是我国刑事司法制度的重要组成部分，刑事执行工作要严格按照社区矫正工作法治化、规范化的相关要求，注重办案程序，能准确、灵活、能动地运用法律解释问题和解决问题，通过法治化方式提升执法效能来最终努力实现《社区矫正法》的法律效果和社会效果的统一。只要我们每一名社区矫正工作者都能牢记并做到这两个方面，就能够有效避免或者降低社区矫正工作的执法风险，远离渎职犯罪。

此外，检察机关的法律监督对完善社区矫正制度也发挥了积极作用。检察机关在社区矫正领域的刑事执行检察工作，主要内容还是发现和纠正社区矫正工作存在的各种问题，对涉嫌构成职务犯罪的有关人员进行立案侦查，追究刑事责任。这从表面上看似乎是对社区矫正工作人员“鸡蛋里挑骨头”“挑刺、找麻烦”，因此很多社区矫正工作人员对检察机关的法律监督工作有本能的抵触情绪也不足为奇。但是通过本书第六章的内容，我们希望广大社区矫正工作人员能够认真换位、换角度来思考，检察机关的刑事执行检察工作在社区矫正领域，它的本质就是坚持以标准化促进规范化，通过监督来统一执法尺度，规范自由裁量。例如最高人民检察院会同公安部研究制定刑事案件立案追诉标准；会同最高人民法院先后就办理行贿、渎职、危害食品安全、环境污染、侵犯知识产权等刑事案件适用法律问题出台司法解释 32 个，明确追诉和定罪量刑标准。这些标准的建立，其实就是为政法部门及其工作人员更好地依法开展各项工作提供了基本依据和有力抓手，实现了政法工作的稳定性、连续性和普遍适用性，也提高了政法工作的法治化水平，同时还形成了一个“双赢、多赢、共赢”的政法工作大格局。所以，正是基于此，我们应该明白这样一个道理，检察机关的法律监督其实是帮助社区矫正机构及其工作人员建立了一套司法审查机制，对社区矫正工作的权力界限、程序正当、行为处置等内容进行了法律上的明晰，这就同时为广大社区矫正工作人员建立了规避执法风险的一个保护机制，能有效避免在开展社区矫正工作中出现的不作为、乱作为、作为不当等问题。

在《社区矫正法》通过之后，再加上政法队伍教育整顿活动启动，中央司法警官学院司法人权研究中心主任贡太雷，社区矫正宣传网和公众号创办人纪金锋，中央司法警官学院司法人权研究中心兼职研究员敖翔，山东省烟台市经济技术开发区政法委郑人仁，江西省金溪县司法局危攀攀，山东省淄博市临淄区司法局孙毅，四川省崇州市司法局赵爽，安徽省阜阳市司法局社区矫正支队吴永好，江苏省南通市通州区委党校周娟，浙江警官职业学院郑艳、劳杰星，出于健全社区矫正制度的责任感和使命感，商量编写一本社区矫正工作人员警示教育读本，为社区矫正工作人员如何防范社区矫正工作执法风险提供鲜活的案例指导和启示思考。

从收集案例素材、确定编写人员、商讨编写体例，再到明确分工撰写，反复多次修改，推敲遣词造句，直到最后的统稿，我们始终以一种认真负责的态度进行编写工作。本书是在纪金锋、危攀攀、赵爽、周娟收集了大量法院判决的基础上，集结了司法警官院校和司法行政机关、检察机关、纪检监察等实务部门的智慧力量编撰而成。具体分工为：纪金锋、敖翔、周娟：玩忽职守类犯罪（第一章）；郑艳、敖翔：滥用职权类犯罪（第二章）；郑人仁：受贿类犯罪（第三章）；郑艳、劳杰星：贪污类犯罪（第四章）；贡太雷：无罪篇（第五章）；孙毅：检察机关的法律监督（第六章）。社区矫正相关法律法规由纪金锋、周娟整理。各章作者完成初稿后，吴永好进行了校对和草拟标题，由周娟对书稿进行了初审，然后由敖翔和孙毅统一修改，最后由贡太雷和敖翔统稿和定稿。我们在编写过程中，参阅、借鉴、引用了大量国内专家、学者以及实务工作者的学术成果，吸收了检察系统、纪检部门同志的意见和建议，在此表示真诚的感谢！

编写团队有心有力，愿为我国社区矫正事业和理论实践研究增砖添瓦，愿与社区矫正工作者一道共同提升社区矫正工作的高质量和新水平。囿于时间仓促、智慧有限，难免出现思虑不周，恳请大家海涵并交流指正，以期共同为社区矫正治理领域做出更优质的智力服务。

编者